災害と防災　これまでと今

――土砂・洪水災害、地震・津波災害、原発災害

志岐 常正：著

本の泉社

はしがき

この本は、いろいろなところで、災害被災者、復旧や防災の諸問題に取り組んでおられる市民、土木・建築、地域デザイン、裁判関係者や、それらに関する研究者から良く出される質問や疑問に、できるだけ答えたいとの思いから書いたものです。とくに、これらの人々の多くが「分かったようで分からない」と感じておられることに、「ああそうだったのか」と得心していただくことを願ってのものです。体系的学術書ではありません。普通の意味での普及書でもありません。行政の広報や類書に良く記されているようなことはなるべく省略し、漏れているような問題を重点的に検討します。

生の自然の理解には地質学の知識が必須ですが、一般の人々だけでなく、近接分野の研究者、技術者にとっても近づきにくいもののようです。これらの人々に参考にしていただきたいと思うことについては、できるだけ丁寧に記述します。地質学に近い専門分野である地球物理学や地理学、あるいは土木・建築の関係者が地質学に対して持っておられる疑問、疑念に対しても、この機会にお答えや説明をしようと思います。

近年の被災者から、「予想もしなかった」との声がしばしば聞かれます。一方、専門家にとっても、いわゆる「想定外」事態が起こっています。これまでの防災には、明らかに盲点があります。とくに、あの東日本大震災で発生した〝想定外〟問題と、原発再稼働問題の議論でみられる状況とが、私に筆を執らせました。

科学は大変な発展をしています。しかし、細分化して、盲点が多くなっています。一方では、専門を越えて総合的に論ずることの重要性も、近年、論じられています。しかし、災害・防災を複雑系の問題として見つつ、地質学的切り口に現れる問題を議論、解説しようとする著作はほとんどないようです。そのために生ずる盲点や「想定外」問題を検討・補足することは、地質学の基礎に始まって、その実学的諸問題にも関係してきた者の社会的責任だろうと思います。このころ、災害が日本のどこかで毎年のように起こります。しかも、頻度が高いだけでなく、巨大なものが起きる怖れが大きくなっています。これに対する防災の努力はいろいろなされてはいます。しかし、どうも「自分の生命は自分で守れ」という、いわゆる「自助」、とくに避難の問題に偏っているように、私には思えます。

災害が起こらないように、また起きても軽微で長引かないようにするには、それなりの方策、とくに地域や国の構造の改革が必要です。とくに、東京や大阪、名古屋などで起きる災害を小さくするには、それらの都市としての構造を抜本的に見直さねばなりません。現実には、それに反することが、国家的事業としても進められています。その典型例が、巨大災害の発生リスクが高い東京や大阪でのオリンピックや万博の開催計画です。もちろん、オリンピックは古代ギリシャや2017年のソウルオリンピックのように、平和の象徴としなければなりません。そうするのはヒトです。しかし、地震や大洪水、酷暑の発生は防げません。東海道リニア新幹線も、ルートの地質条件からは暴挙と言わねばなりません。

もっと重大なのが原発の再稼働です。規制委員会は「安全とは言っていない」と言いながら、再稼働の事実上の容認となる答申を繰り返しています。それを根拠に、すでにいくつもの原発が再稼働しました。

これらの場合、関係者は、災害の危険性を必ずしも忘れているわけではないのでしょう。「万全など無理な話だ」と思いつつ、「その話は忘れないとやっていられない」ということではないでしょうか。しかし、現実は厳しいのです。原発の過酷事故が起こらなくても、日本の経済、国の財政が破綻するような巨大な自然現象は、そのうちに必ず起こります。遅くとも今の子どもの世代はそれに遭い、「生きるも地獄」の社会に生きねばならないでしょう。世界中がそうなる怖れもあります。しかも、「持続的社会」への努力が、２０１０年代のなかばを過ぎてから、世界各地で急速に危機に瀕しています。

このような危機意識から書かれた本は、いくつもあります。しかし、日本や世界の政治や経済活動の〝ノー天気〟とも言える状況を見ると、もっと、もっと警鐘が鳴らされなければならないと思います。

「真実は常に具体的である」と言います。この本では、本としての体裁を無視して、近年の被災と今後の被災リスクの具体例を、各種の災害ごとに、一つか二つ紹介します。他の各地の問題について考える参考になるかと思うからです。

地球科学の術語には、概念の不統一や分類の混乱などが少なからずあります。学術語として近年用いられている術語に、日本社会で一般に使われてきたのと違う内容になっているものがあります。これらは、自然の複雑性や研究の発展を反映しているので仕方がない面もあるのですが、一般の理解を妨げていることは否めません。新しい用語には、テレビで出てくるのに高校の教科書や辞典に載ってないものがあります。

そこで、本書で用いる用語のうち、〝自然災害〟に関する基礎的術語の一部について、各節の始めに若干の解説をしておきます。また、巻末に用語の説明をつけました。ただし、筆者個人の主観で書いています。

この原稿の執筆中にも、九州その他で過酷な水害が起こりました。このような事態のなかで、少しでも早くとの思いから、本書の執筆に焦りがあることは否定できません。充分に整理されているとは言えません。筆者の思い込みもあるでしょう。今後、読者からの批判や希望を得て、修正などの機会が得られれば幸いです。

なお、本文中に「囲み記事（コラム）」として、いくつかのコメントを載せました。本文や「コラム」中の（注）は、脚注や参考書などをまとめて章の後ろに記していることを、また、（用）は巻末の「用語解説」を参照していただきたいことを示します。

本書の執筆は、奈良大学名誉教授（地理学）池田碩氏の強力なお勧めによってはじめられました。同氏の絶え間ない教示と激励に加えて、妻初子の忍耐と協力がなかったならば、この本の完成はなかったでしょう。ともに深い感謝を捧げます。何人かの専門家、国土問題研究会の会員や市民の人々には、原稿の各所について専門的、あるいは読者の立場からのご意見をいただき、参考にすることができました。本の泉社の代表取締役の新船海三郎氏や制作の田近裕之氏ほかには、執筆者のいろいろ厄介な要求に協力をいただきました。厚くお礼を申したいと思います。

災害と防災　これまでと今

——土砂・洪水災害、地震・津波災害、原発災害

目次

目次

I　災害とは何か　――自然の激動と社会の災害――

一　災害は何故起こる

〝災害に立ち向かう〟といった発想がしばしばなされます。この言い方に、私は少し違和感があります。というのは、たとえば地震は自然現象ですが、震災は外から襲ってくるのではなく社会現象であって、自分たちが要因を造る面が大きいからです。災害を引き起こした自然現象と災害とは、概念として区別されねばなりません(注1)。

災害の要因や分類については、半世紀近く前、住民の生命、生活を護る研究と実践活動にほぼ一生を捧げられた故木村春彦さんが、1900年代までに出されたいくつもの案や諸定義を、科学史的に記述されています(注2)。

私は、かねて、災害要因を自然的素因、自然的直接因、社会的素因、社会的直接因の4つに分けて捉えることが有効だと主張しています。以下の記述も、基本的にこれに従いますが、表1のように、少しだけ語を補足して使います。なお、〝直接因〟という語は一般に使われている術語ではありませんが、〝直接〟の文字から、意味を受け取っていただけるでしょう。

災害の自然的誘因、直接因は、しばしば突発的に発生します。その予測に失敗すれば被害が出ることは避けられません。逆に予測ができれば、あるいは普段から想定して適切な対策をとっていれば、被害はそれなりに小さくできます。予測や想定が適切にできるかどうかは、社会のあり方の問題です。

災害が〝進化〟し、巨大化しています。それは災害が起きる要因が、社会とともに〝進化〟し、巨大化しているからです。一方で、人類の科学文明の進化、発展は、皮肉にも、当の人類の文明が破滅する、いくつかの要因をつくるに至っています。

「苦闘するものが、苦闘する者のために考える」という言葉をどこかで聞いたことがあります。良い言葉です。ただし、科学的に考えねばなりません。その〝科学的〟という内容が問題です。防災のためには、表Ⅰ―1のいろいろな要因が働くメカニズムの実態を、しっかり知らねばならないでしょう。そのために必要な経験的知識とその教訓などを、要因別に検討してみましょう。

〔注（引用・参考文献などを含む）〕

1：地震や火山噴火のような自然現象の名前は、日本では気象庁が付けます。「兵庫県南部地震」は気象庁が付けた名前です。「阪神・淡路大震災」はマスコミが付けたものです。自然現象と災害の区別が明確だと言う意味で、良かったと思います。「東北地方太平洋沖地震」と「東日本大震災」の区別も同様です。

「関東大地震」と「関東大震災」では、同じ「関東」という字が使われました。当時、憲兵隊や市民による虐殺事件までが、天災の一齣のように扱われて、ろくに裁かれもしませ

表Ⅰ―1　災害要因

自然災害	人災
自然的素因 自然的誘因・直接因・拡大因	社会的素因 社会的誘因・直接因・拡大因

んでした。その背景には、人の命が軽かったこととともに、災害が社会現象であることの認識が薄かったことがあったのかも知れません。

2：木村春彦『災害総論――総合科学的災害論の構造化の試み』法律時報・臨時増刊『現代と災害』49巻4号、日本評論社、1977年。

木村さん自身は、要因分析を避け、自然や社会に存在する災害発生因子を多様な切り口で見て、具体的に枚挙しています。極めて有用です。

二　天災、人災

以前、よく、災害を天災と人災に分けての論議がなされました。これらの言葉が、今でも使われることがありますので、ここで触れておきます。

「天災」という言葉は、寺田寅彦も使っています。この〝天〟は、古代中国では、人の運命の支配する天帝や神のことであり、宿命といったものを指すニュアンスを持っていました。寅彦の「天」は災害の要因としての自然を指すわけですが、あえてこの言葉を使ったのは、災害が不可抗力だという意味ではなく、戦争との違いをはっきりさせるためだったと思われます。戦争は人間がつくるものだから防げるはずだという認識がそこにありました。そして彼の意図は、災害の努力、今の言葉で言えば減災を訴えることにありました（注3）。

しかし、〝天災〟という語は、不可抗力による災害という意味に解釈され、責任逃れのために使われることがあります。そこで、災害の主因に自然的要素でなく人的要素が大きかったことを指摘するため生まれたのが「人災」という言葉です。責任の所在と災害発生後の対策の追求には有効でしょう。しかし、防災努力の具体化のためには、このような分類は単純すぎます。

最低、素因と誘因ぐらいは区別する必要がありましょう。

［注（引用・参考文献などを含む）］
3：寺田寅彦『天災と国防』寺田寅彦全集、第7巻、岩波書店、319頁、1997年（初出：1936年）。

三　「災害」の見方の発展

災害に関する世界や日本の人々の思想や、第二次世界大戦後の日本におけるその発展は、池田清「災害資本主義と復興災害」（注4）の第1章に簡潔にまとめられています。

戦後しばらく、日本で各種の災害が頻発しました。それらの構造の分析に基づき発行された『災害論』（佐藤・奥田・高橋、1964年）（注5）では、災害の3大要因を素因、必須要因、拡大要因ととらえていました。この著作は、災害を必須にし、拡大するのが人為であるという寺田寅彦の指摘を再確認しました。

1960年代終わりごろから1980年代初めにかけて、災害を受ける側にそれを災害とする社会的条件が造られること、資本主義社会の不均等発展によって災害に脆弱な地域がつくられることなどが指摘されました。

阪神・淡路大震災発生は、災害に関する日本の人々の意識を一挙に変えたようでした。被災者や社会的弱者を包み込む住民運動が高まりました。被災者は災害問題の客体ではなく主体だという考えが広がりました。しかし、まちづくりや防災の問題に関してまで、この考えが浸透しだしたと言えるのは、東日本大震災以後のことかも知れません。

なお、佐藤ほかが『災害論』を書いたころは、階級が支配者と被支配者の二つに単純に分かれており、公害や、地球温暖化などの環境問題が顕在化していなかった時代でした。世の中は今より単純でした。

［注（引用・参考文献などを含む）］

4：池田 清『災害資本主義と「復興災害」人間復興と地域生活再生のために』水曜社、242頁、2014年。

このなかで、たとえば、西山卯三『新しい災害、西山卯三著作集3地域空間論』第13章、勁草書房、1968年。島恭彦『災害の政治と経済「戦後民主主義政治の検証」』筑摩書房、44―47頁、1970年などが紹介されています。

5：佐藤武夫・奥田穣・高橋裕『災害論』勁草書房、349頁、1964年。

Ⅱ　いわゆる自然災害　その実態 ―― 山から平野へ、海まで ――

Ⅱ―1　自然災害 ―― 定義と基本的性格

自然の激動が、災害発生の誘因あるいは直接因として重要な役割を果たす場合、その災害を自然災害と呼びます。実際には社会的要因、とくに素因の役割がゼロということはありません。これら要因の絡み具合が問題です。

たとえば土石流災害について言えば、その直接的要因が、住宅地背後の山地・山腹崩壊に始まる土石流の襲来であることは言うまでもありません。山腹崩壊や土石流は、自然現象と言えます。しかし、それには、記録的豪雨という直接因（誘因）以外に、山地の崩壊性や土石流の材料物質蓄積などの素因が働いており、さらに、山林乱伐など、人為的な素因が絡んでいます。言うまでもなく、近年の記録的雨の発生の背景には、地球環境温暖化があり、それには人間の働き、つまり社会的要因が関係しています。

そもそも、とくに日本では、まともに自然が残っているところはほとんどありません。各地で、古代から自然改変がおこなわれてきました。それで、大和の盆地や大阪、京都などの周辺では、ちょっとした丘は、みな、地質調査の前に、まず古墳でないかと疑わなければなりません。河川にいたっては、利根川や淀川を始め、多くの川の主要部が運河と呼ぶのが実際に合っています。海岸も、そのある位置からして、人による自然改変の影響をまともに受けています。自然災害には社会的素因が深く関わっています。

Ⅱ—2 極端気象現象と災害

近年、気象について、新しい言葉がいろいろ現れました。「ゲリラ豪雨」もその一つです。これはマスコミが造った言葉のようです。気象の専門家の間では、雨の降り方が、極端だというだけでなく、数日間（統計的には72時間）の降雨量が、それまでの最大（極値）を越える現象を「極端現象」というようです。定義はともかく、極端に激しい豪雨が、非常に狭い局所で、しかも短い時間に起こるのが、近年の降雨の特徴です。

記録的な大豪雨は、過去にもなかったわけではありません。たとえば、１９５３年には、九州北部筑後川流域、和歌山県有田川上流域、京都府南部などで大豪雨があり、甚大な被害がでました。台風の発生数、日本列島への襲来数は増えたわけではないようです。また、豪雨が、不連続線にそって、台風によって、あるいはこれらが絡みあって起こることは昔から変わりません。不連続線に沿う豪雨が、広島災害の場合のように、しばしば長く続くのは、不連続線がその延びの方向に移動し、北や南に移動しないためですが、これも昔からあったことです。

しかし、近年では、そのような豪雨の頻度が増えただけでなく、個別地域の過去の降雨記録がしばしば更新されています。

２０１７年九州北部水害の際の豪雨は最大時間雨量１２０ミリメートルに達しました。時間雨量１００ミリメートル程度の豪雨は、場所は違えてですが、同じ２０１７年夏だけでも何度も起こりました。極端気象現象が増加傾向にあることは否定できず、それが今後も増加する可能性は高いと言わざるをえません（注１）。地球環境温暖化が関係しているに違いありません。

これは、もちろん、今後の治山・治水、都市その他地域のあり方などに関して意味するところ重大です。日本全国各地のダムで、時間雨量１２０ミリメートルを想定して設計されたものがあるのでしょうか。ほとんどが１００ミリメートル以下なのではないでしょうか。

竜巻も増えています。昔は、竜巻の被害は、北

《コラム》「地球温暖化」は事実か

地球表層環境は、約5000年前の温暖期を経て、大局的には寒冷化に向かっていると考えられます。これは数十万年オーダーの話です。今問題になっているのは、そのなかでの温暖化です。それに、人類の活動、とくにCO_2その他の温室効果ガス排出が重大な役割を果していることは、もはや全世界的常識と思います。これに否定的な見解を主張する科学者がいたことも事実です。気温の方がCO_2濃度上昇より先に上昇しているなどの具体的なデータに基づいていると言っていましたが、その後のガス濃度や気温、海水温などの推移はこのような見方を許しません。データの扱い方が問題です。３～４年のオーダーでの変動は、他の因子がからむ複雑系（用）のゆらぎ現象だと思われます。数十年、数百年オーダーの変化と一緒にしてはいけません。

もうひとつ、単純な論理の問題ですが、もし太陽の活動の変動の方が、今の地球温暖化に、より重大な役割を果たしているとしても、それは、人間の活動による温暖化を否定することにはなりません。何をしなければならないかは明確です。

米大陸の乾燥地の話だと思っていました。このごろは日本でもよく起こります。関東地方の平野部に多いようです。竜巻の発生とその進路はカオスです。確率的にしか予測できません。しかもエネルギーが大きく、木造家屋では、耐震化ぐらいの補強では被害を防げません。対策としては、被害の社会的保障、保険の拡充整備ぐらいしか、私は思いつきません。

［注（引用・参考文献などを含む）］
1：強い熱帯性低気圧をアメリカではハリケーンと言い、インド洋やオーストリア近海ではサイクロンと呼びます。気象学的には台風と同じです。

Ⅱ—3 土砂災害

一 山地・山麓の崩壊と土砂流出

「土砂」

災害関係者は、山地などの崩壊によって生まれた土砂や岩屑を、構成物の径に関係なく「土砂」と呼びます。また、山崩れ、土石流、地すべり、崖崩れその他で生ずる土砂による災害を、まとめて「土砂災害」といいます。しかし、岩礫《がんれき》を多く含む土石流堆積物などにこの名称を使うと、誤解や混乱が生まれるように思います。

地質学には「砕屑性堆積物」、あるいは「砕屑物」という術語があります。粘土粒子、砂粒、石礫《せきれき》、岩塊などを総称します。なお、「堆積物」は生物遺骸の層や化学的沈殿物なども含む、もっと広い名称です。

「土砂」の移動、運搬

砕屑物の移動・運搬形態は、大きく集合運搬と各個運搬とに分けられます。前者は、マスウェイスティング、マストランスポートなどとも呼ばれますが、多量の砕屑物が、水とともに一つの集団をなして、重力によって流れ下るものを言います。生じた堆積物も集団をなし、不均質です。斜面崩壊堆積物や、土石流堆積物（やかましくいえばその頭部）がその典型です。

これに対し、風や河川流、海流などのなかに位置した砕屑物が、空気や水の流れによって、個別に運ばれることを各個運搬（個別運搬）と言います。もちろん、その元の空気や水の動きには重力も関係しますが、砕屑物粒子の動きを直接に支配しているのは、それらと気や水などとの相互関係です。大きく、滑動、転動、躍動（跳動）、浮動（浮遊）などに分けられます。これらのうち浮流以外の運搬を掃流運搬といいます（注2）。

これらの働き方の違いによって、砕屑物の粒度（粘土、シルト、砂、礫、岩塊など）による分離（粒度分級）が起こります（それで、自然界にそのような名前の砕屑物集団が生まれるのです）。

山地崩壊・斜面変動

山地の峰や尾根に近い頭谷や谷のなか、その他の斜面では、地盤やその構成物が、よく重力の作用で斜面の下方へ向かって運動します。一括して呼べば「斜面変動」ですが、運動のメカニズムは多様で、いろいろに分類されます。表と図にその一例を示します（表Ⅱ—1、図Ⅱ—1）。

「斜面崩壊」という言葉もあります。広義には山地斜面の崩壊全般に使われますが、狭義にはあまり窪みがない急傾斜地が崩壊すること、つまり「崖くずれ」とほぼ同義です。ただし、自然斜面についてだけ「崖くずれ」と呼び、人工斜面については「のり面崩壊」と言って区別することがあります。

急な斜面では、高所でなくてもよく崩壊が起こります。崩壊で生じた土砂（砕屑物）は、ときに直接に被害を与えますが、しばしば土石流、土砂流（後述）をなして谷を下って平地に至り、住宅地などを襲います。つまり、災害の直接因となります。地震、豪雨が崩壊の直接の引き金であれば、それによる災害は「地震災害」とか「豪雨災害」などとも呼ばれます。

表Ⅱ—1　斜面変動の種類と一時的特徴

	形態		運動		水との関係		環境との関係			発生状況	
	平面形	断面形	運動形	速度	含水量	流水状況	傾斜	地質	植生	場所	引金
崩壊	馬蹄形～不定形	円孤状～板状	土塊の塑性流動	大	中	浸透水＋（伏流水）	大	小	大	谷頭～渓岸	パイピング
地辷り	馬蹄形	円孤状	辷動	中～小	中	伏流水＋（浸透水）	中	大	小	山腹～山麓	辷り面の含水膨潤
土石流	帯状	蛇状	集合流動など	中	大	表流水	中～小	中	中	谷頭～山腹凹部	山腹崩壊など

※木村春彦氏の論文を参考。

土石流・土砂流

豪雨で渓流の頭部などが崩壊すると、そこから土砂や石礫、岩塊などが混ざって流れ下るのが土石流です。その流れ全体の形状や流れた後の地形が大蛇を思わせることから、南木曽その他各地で〝蛇抜け〟と呼ばれてきました（注3）。

土石流は非常に多様です。流れとその運搬砕屑物の泥分（粘土分とシルト）や砂と石礫の構成比

図Ⅱ－1　斜面変動・土石流模式図

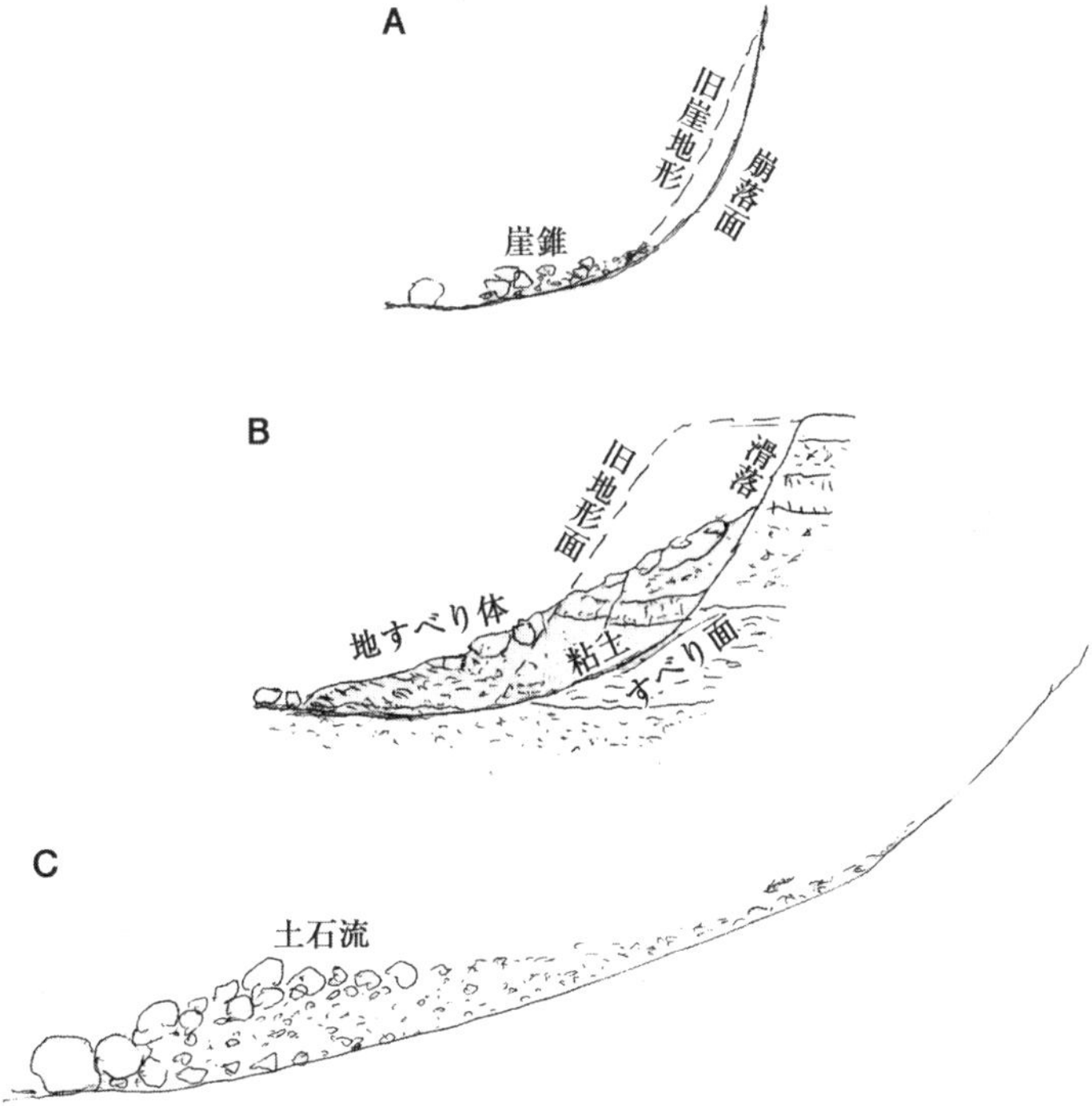

A：崖崩壊堆積物　B：滑落した地すべり（匍行は示していない）
C：土石流　停止しかけの状態（上下方向拡大）

が、岩盤の風化具合、地形とくに渓流の傾斜、降水状況などによってさまざまに変わります。一つの流れのなかでも、岩塊は先頭や上（表層）、サイドなどに集まり、後方には土砂ばかりになることは、以前から知られています。しかし、石礫の供給が多ければ、〝蛇〟の腹部の堆積物でも礫層になって不思議でありません。

土石流専門研究者は、土石流を、構成物でなく、物理的（流体力学的）性質で分類していますが、その分類名の一つには、「石礫型」と、構成成分の名が用いられています。本書で扱う花崗岩地帯のマサ起源の砂ばかりの流れは、物理的にはこれに入ると思われますが、これに「石礫型」という語を使うには違和感を覚えます。この本では、分類に拘泥して細かいことを言わず、大まかな粒度組成によって記述します。

つまり、土砂（泥分を多少含む砂）が水とともに流れ下るのが土砂流で、岩塊や礫が多いのが土石流です。この呼び方だと、要するに、後述の風化帯Ⅴ（やⅣ）のマサからは土砂流がくる、風化帯ⅢやⅡからは土石流がくるということになります。

実際問題としては、部分によって粒度組成が違う個別の〝蛇抜け〟（体）を、どう呼ぶかが問題になるでしょう。個別のパルスについて、構成物の粒径に着目して、おおざっぱに土石流、土砂流と呼んではどうでしょうか。部分によって粒度組成の特徴が違えば必要に応じ、呼び方を変えてもよいでしょう。本書ではそうします。

地すべり

地盤の動きのうち、普段はゆっくりと動くものを、日本では昔から「地すべり」と呼んできました。そのなかには、すべり面ですべるものだけでなく、すべり面がない匍行（クリープ）の現象も含まれていたと思われます。〝普段は〟と言うのは、急に早くすべりだす（そして崩壊に至る）こともあるからです。何100年もほとんど停止していることもあります。専門学界では、この用語の使用範囲は非常に広く、落石など以外のほとんどを含めて呼びます。欧米では典型的な慢性的すべりが少ないので、この語の使用範囲が広くなったのかと思います。その使用方が日本に逆輸入されたのかも知れません。

実際に山の斜面が崩壊する時には、地盤のなかのどこかにすべり面ができて、そこからすべり落ちます。ですから、この動きを「滑落」と呼んでもおかしくはないかもしれません。たとえば、後で触れる紀伊山地での大崩壊を、かつて小出博さんは「破砕帯地すべり」と呼びました。狭義の地すべりの発生は、地質条件に大きく支配されます。日本で地すべりが起こるところは非常に広範ですが、どこでも起こるわけではありません。

地すべりの動きや停止には、地すべり面の粘土（モンモリオナイト）の含水が決定的に関係します。動きを止めるには水を抜くのが効果的です。ところがそれをしてはいけない場合があります。新潟県や長野県に広く分布する新第三紀層の地すべり地帯には、世界に冠たるコシヒカリの稲田があります。地すべり地なので、山間でもたっぷりと水があります。この水を抜くわけにはいきません。隣り合う田の境界が変動して厄介ですが、喧嘩しながらでも、おいしいお米を作り続けていただきたいと思います。

　地すべり災害と言えば、１９８５年７月に、長野市善光寺の北の山腹で発生した「地付山地すべり」が想いだされます。このとき、特別老後老人ホーム松寿荘で26人の犠牲者をだした事態は、社会的要因による全くの人災でした（注４）。自然の地盤の動きは、地質コンサルの調査によって、滑る範囲までぴったりと予測されていました（図Ⅱ―２）。設置された計器が異常を示しており、市民が早くと言っているのに、担当行政は躊

図Ⅱ―２　地付山地すべり災害

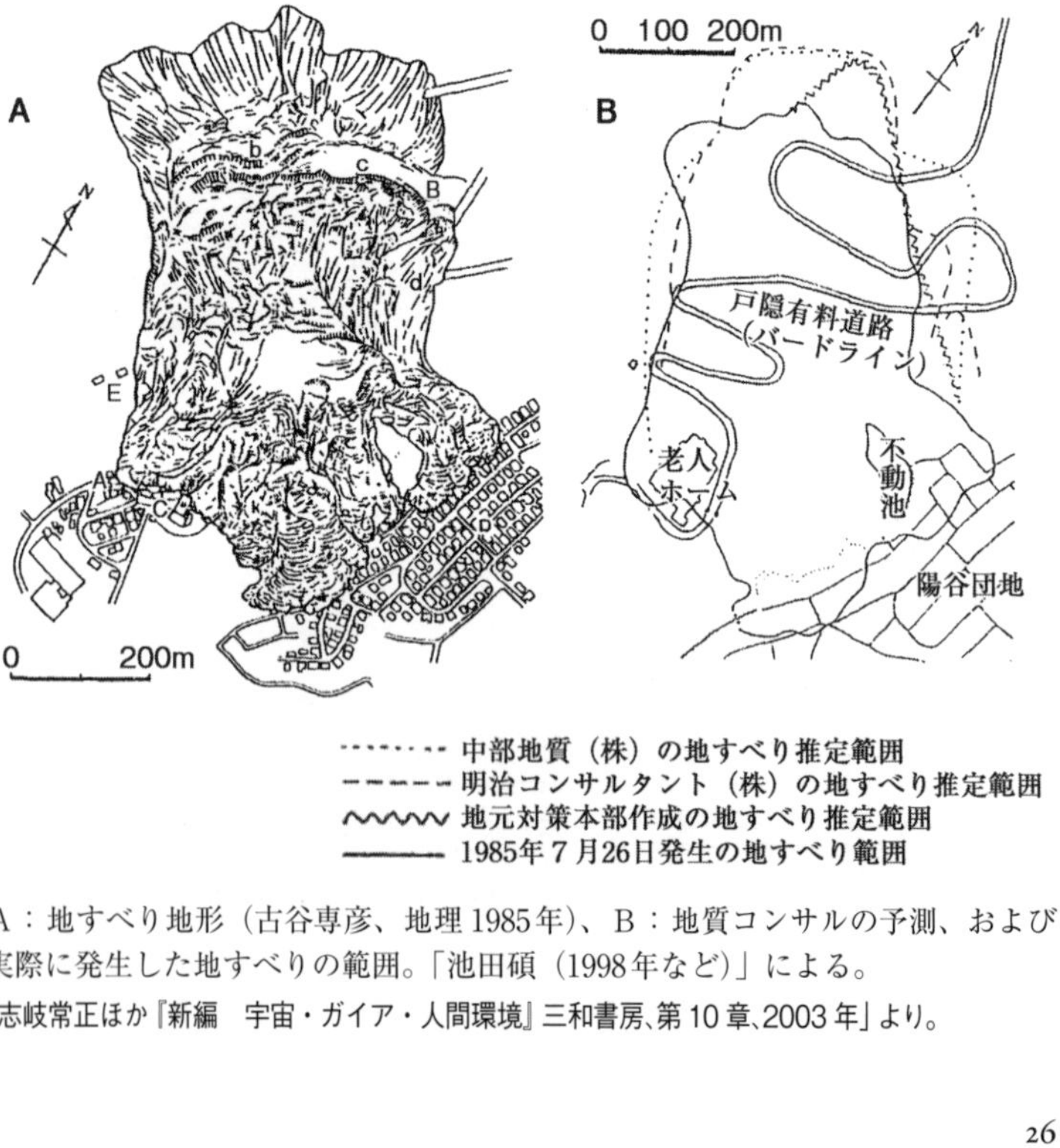

A：地すべり地形（古谷専彦、地理1985年）、B：地質コンサルの予測、および実際に発生した地すべりの範囲。「池田碩（1998年など）」による。
「志岐常正ほか『新編　宇宙・ガイア・人間環境』三和書房、第10章、2003年」より。

躇して避難指示をだしませんでした。

〔注（引用・参考文献などを含む）〕
2：中間的な場合があるから厄介です。たとえば、層流状集合流動と呼ばれるものでは、そのなかでの砕屑物の濃度が各個運搬の場合より充分高く、典型的な集合運搬より低いため、密度の違う層をなしています。後述の「土砂流」には、そのようなものを含みます。
3：日本では、大量の水を含むものを、形状には関係なく、古くから山津波と呼びました。
4：内山卓郎『地すべり災害と行政責任――長野・地付山地すべりと老人ホーム二六人の死』緑風出版、1999年参照。

二　風化と崩壊

崩壊危険度区分

行政のハザードマップなどでは、山地や崖地形の「崩壊危険箇所」が、赤、黄色などに色分けして示されています。大いに参考になります。しかし、この図は「基準マニュアル」での区分に従って画かれたものです。地形や地質、風化状態、人間側の土地管理などの条件は、ほとんど考慮されていません。後で触れる斜面崩壊の免疫性も考慮されていないでしょう。機械的に使うのでなく、地域住民自身による、さらに細かい調査が必要です。そのまとめに際しては、「崩壊危険箇所」とは別に、後で述べる危険のグレイゾーン分けの概念が生かされると良いと思います。なお、風化状態に関しては、本当は、次に書く「風化帯」の区分をすることが望まれますが、これにはある日数の現地調査が必要です(注5)。

風化帯区分、風化度

1960年代から1970年代にかけて、山地の凡化の調査と風化帯区分がさかんにおこなわれました。たとえば島根県の風化花崗岩山地については、当時島根大学におられた三浦清さんが、ここに三つの風化帯(Ⅰ、Ⅱ、Ⅲ)が識別され、それの分布が地図と断面図に示されました。画期的仕事でしたが、その後、あまり引き継がれていないように思われます。

筆者は、国土問題研究会が天理市東部山地のダム問題に関わる調査をしたとき、その地域の花崗岩質火成岩・変成岩の風化帯を5つに区分しました。それ以来、各地の深層風化を観察すると、どこ

《コラム》 岩盤分類、岩級区分

「岩盤」と「地盤」は、もちろん意味が同じではありませんが、以下の記述では、厳密には使い分けません。

岩盤、地盤の実際の挙動の性質は、「弾性」、「脆性」、「塑性」、「延性」、「粘性」(用)などの重なりあったものです。大雑把にいうと、岩盤は、短周期の応力に対しては弾性を示し、長周期の応力に対しては粘性流体のように流動します。これらについては、巻末の「用語の説明」に記します。また、後の図(図Ⅱ−3)を参照してください。

日本の業界では、岩盤を、その硬軟の程度により、AからDまでの6段階に“岩級区分”するのが一般的です(表Ⅱ−2)。この区分での“硬”“軟”とは、岩盤の割れ目(断層や節理)の粗密やその充填物の状態のことです。割れ目と割れ目の間の岩石の堅硬さが定義に入っているかは、まちまちです。いずれにせよ、新鮮で未風化でも節理がなく、かつソフトな新生代後半以後(およそ2000万年前以降)の地層には適用できません。

岩盤をその性質で分類する方法、あるいは“はかり”は、ほかにも各種あります。地球史を反映した地質的特徴と“強度”とを組み合わせ、弾性波速度との関係も組み入れた岩盤分類もあります。いずれも土木工事や施工方法を検討するためのものです。しかし、山地とその構成物を風化状況で分けて記述するには、そのための方法や基準が必要です(注6)。

の花崗岩でも、ほぼ似たような分帯が可能なようです（図Ⅱ―3）。
　風化帯と風化度とは別です。前者は山地や露頭のオーダーでの区分であり、後者は、その局部の、供試体サイズについての区分です。これ

図Ⅱ―3　花崗岩山地の風化帯の発達模式図

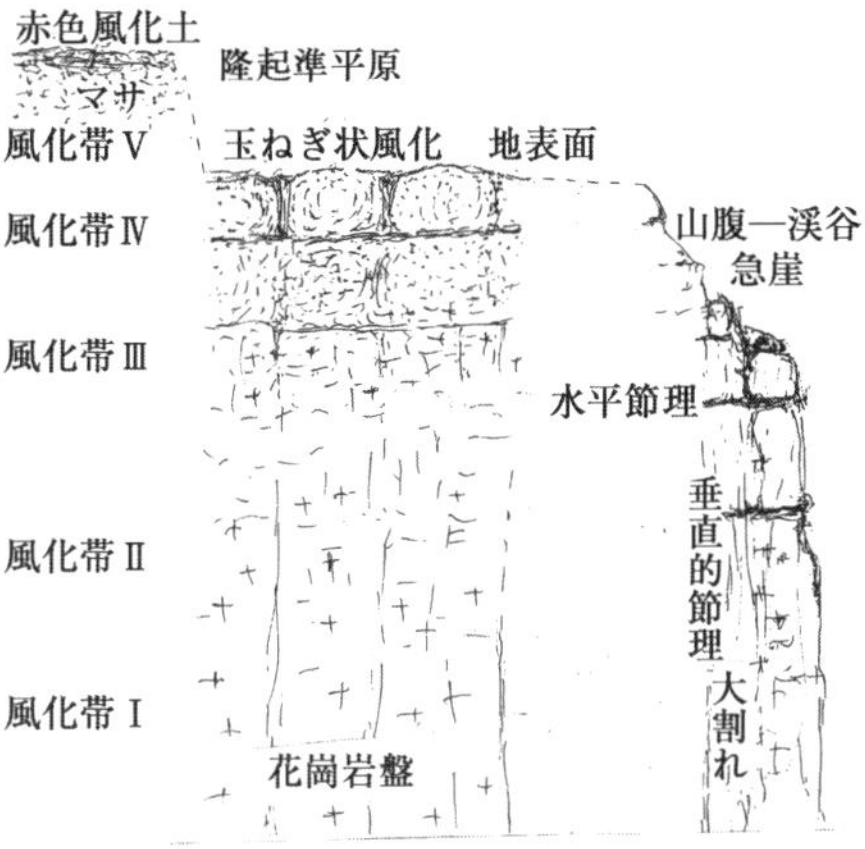

花崗岩山地の風化帯の発達模式図。深部は縦を縮小。空白は省略部分。

表Ⅱ―2　岩盤の岩級区分

区分	硬軟の程度	風化、変質の程度	割れ目の状態
A	きわめて硬い	新鮮 未風化	亀裂少なく（おおむね 20 ～ 50cm 間隔）、密着している
B	硬い	おおむね新鮮 亀裂面に沿って若干風化	亀裂間隔 5 ～ 15cm、一部開口している
C_H	やや硬い	割れ目に沿って風化進行 一部変質	割れ目発達、一部開口部に粘土挾在、割れやすい
C_M	やや軟らかい	風化変質進行大、ハンマーでたたくと簡単にこわれる	開口亀裂が目立ち、含水した粘土が挾在
C_L	軟らかい	岩構造はのこしているが内部まで風化し指圧でつぶれる	粘土化した土砂で割れ目が密着している
D	部分的には土砂状	全体が破砕されて風化変質が著しい	土壌化が進んでいる

工学的立場から岩盤の“良好”度に主体をおいた区分。一般に良く使われる例。「三木幸蔵『わかりやすい岩石と岩盤の知識』鹿島出版会、1978 年」より。

らはダムやトンネルなどの土木建設工事関係で広く使われている岩級区分（表Ⅱ―2参照）とも視点が違います。目的によって使い分ければよいと思います。

具体的に言えば、風化帯Ⅱ～Ⅳ、とくにⅢでは、その部分による不均一性が大きく、部分によってはかなり堅硬な風化度ⅡやⅢの状態であるのに対して、その周囲では風化度Ⅳや、場所によりⅤまで風化が進んでいるのが普通にみられます。このような場所では、その場の岩盤の風化状況を岩盤区分で表そうとすると困惑することがあります。風化度を記載し、風化帯を設定すれば、地域の風化帯区分地質図を画くことが可能になります。風化帯ⅠやⅤでは、風化度の不均一性はほとんどありません。

このような風化帯の分布は、豪雨や地震の際の土石流の発生や、その性質、組成を大きく支配します。これらの風化帯分布をマップに画くことが、今後の土石流、土砂流の予測のために有効です。これまでの例のように3区分で画くよりは、5区分ないし、土壌を含めて6区分する方が、崩壊予測や防災計画作成上は有用です。

風化の不連続性

岩盤の構造、構成岩石の種類、具体的には、物理的・化学的性質などによって、風化、浸食の受け方が異なり、岩石塊や砂粒、粘土、イオンなどの出しかたも異なります。たとえば花崗岩は、日本では、風化によって、基盤岩や岩塊から、小さい径を経ることなく、いきなり砂（マサ）になるのが普通です。〝砂〟と言っても、径2ないし4ミリメートルの、堆積地質学でグラニュールと呼ばれるサイズ、ないしそれよりやや細かい粗粒砂です。元の花崗岩の「石目節理」（41頁参照）や結晶のサイズによって規制されるからです（図Ⅱ―4）。

なお、石英の結晶は、風化作用や運搬過程の磨耗では、径1ミリメートル以下にはなりません。これが、一般に中粒砂に石英が多くなる機構の一つです。

砕屑性堆積物の供給源規制

大きい岩塊は近くから、小さい礫は遠くからきたものと思っている人が多いでしょう。しかし、斜面ではそうはなりません。岩や礫は大きいほど大きな高低差を転がり落ちます。重力エネルギーによるのだからです。この傾向は土石流の構成にも強く現れます。とくに、先頭に巨大な岩塊が集まります（前出図Ⅱ―1参照）。このことは防災上重要です。一方、扇状地から海岸までは、下流ほど細かい砕屑物が分布します。日本では、運搬の過程での破砕や磨耗はあまり働きません。河川の長さが短く、勾配が比較的に急であるため、基本的に粒経の違いによって物理的に淘汰されるからです。そこで供給源地の地質の特性、とくに風化の不連続性が堆積物に大きく影響することになります。これを〝供給源規制要素〟（“Provenance factor”，“Source rock control”）と言います。土石流では淘汰があまり大きくは働きませんが、

図Ⅱ―4　花崗岩の“石目節理”

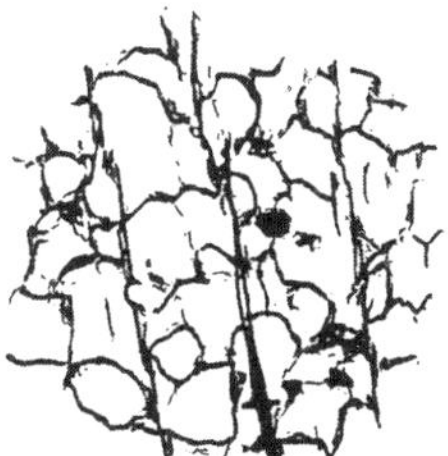

原図：『国土問題 63』

供給源規制はかなり働くので、流下する土石流の構成や破壊力などの場所による違いが生まれます。

ところで、礫と、一般に言う砂との中間のサイズであるグラニュールは、流水の条件によって、礫よりも砂よりも運搬されやすく、また堆積しやすい粒径です(注7)。花崗岩が風化すると、グラニュールや、それに近い粒径である粗粒砂がからなるマサが大量に生産されることは、土砂流対策上重要です。

0次谷の崩壊・土石流発生リスク

地形学で、谷を1次、2次などと分けます。1次谷が合流したものが2次谷です。何次だろうと、急な谷の口に家屋を建てようとする人はあまりいないでしょう。もちろん土石流が出て危険だからです。このようなところは、急な崖の下とともに、行政がハザードマップでレッドゾーン（危険地帯）に指定しています。

注意していただきたいのが、ごく小さくて警戒から外れがちな谷です。0次谷といいます。急な斜面に、少し凹んでいるところがよくあります。このようなところも、水が集まるので崩れやすいのです。先祖からの古い家屋は、このようなところを避けていることが多いようです。今の人は、その空いていたところに民宿を建てたりします。こういうところに泊まっていて豪雨警報が出たら、少し早めに、古い母屋の方に移ってください。

斜面崩壊と土石流災害の免疫性

山の斜面崩壊には免疫性があります。それが土石流による災害の免疫性に影響します。この概念は小出博さん（注8）によって提起され、その後の応用地質学的調査に大きな影響を与えました。現象的に免疫性が現れるのは、崩壊して〝なくなったものは崩壊しない〟からです。その後に風化が進み、あるいは崩落物が谷や斜面に溜まれば、つまり材料が生産、蓄積されれば、いつか崩壊します。つまり免疫性は失われたということです。崩壊しないで残ったものがあれば、次の豪雨の際には崩壊しやすい、つまり〝免疫性が得られていない〟のです。各地被災地の復興を考える際に、この概念を有効に生かすことが望まれます。

一方、地すべりには免疫性がありません。むしろ「アレルギー性」があり、止まったり、動きだしたり、速度が急変したりします。

［注（引用・参考文献などを含む）］

5：岩石の風化に関する古典的参考書。
松井健『風化のサイクルについて』風化研究会誌、No.1、2–6頁、1974年。
松尾新一郎監訳・Dorothy Carroll著『岩石の風化、ラテイス』246頁、1974年。
松尾新一郎監訳・C.D. Ollier著『風化――その理論と実態、ラテイス』417頁、1971年。

6：三木幸藏『分かりやすい岩石と岩盤の知識』鹿島出版社、318頁、1978年。

7：木村春彦『分級機構について――堆積機構の基礎的研究（その7）――』地質学雑誌、1956年。

8：小出博『応用地質――岩石の風化と森林の立地』形成選書、古今書院、177頁、1952年。

三　巨大崩壊 —— 地質構造支配

山地の崩壊について、前に記した諸事項は、みんな地質的問題ですが、以下ではとくに巨大規模の崩壊に関係する地質構造に関する問題に絞って見ます。

日本で起こる山地斜面崩壊で、その巨大さが注目されるものと言えば、先に地すべりに

写真Ⅱ－1

a：1953 年有田川上流花園村の大崩壊。大崩壊は皆伐や樹齢と無関係に起こっているように見える。右下方寄りや、左上方寄りに通常のサイズの山崩れが見える。

b：大崩壊で生じた天然ダムの一つ。

ついてちょっと触れた、紀伊――熊野山地で起こる地すべり性大崩壊でしょう。近年では、2011年に三重県の十津川流域その他で多数の巨大な崩壊が起こりました。各所で崩壊土砂が川を堰き止め、巨大なダムを造りました。同様なことは、明治22年（1889年）に十津川上流で起こりました。この時の洪水で、下流の州に古代からあった熊野本宮の社屋が流され、場所を川岸に移して再建されました。

右の頁に掲げたのは、1953年の和歌山県有田川上流の花園村の大崩壊と天然ダムの写真です。注目されるのは、規模の桁外れの大きさです（写真Ⅱ―1）。

小出さんは、この大崩壊を「破砕帯地滑り」と位置づけました（注9）。さらに、この破砕帯が、四国から九州まで延びているとしています。確かにその後に高知県で起こった繁藤斜面崩壊などはそういう位置で起こっています。しかし紀伊――熊野での大崩壊に比べると小さいように思います。構造地質学的に見ると、これら崩壊地の地質地盤には断層や亀裂が多くありはしますが、昔考えられた「御荷鉾《みかぼ》構造線」のような、これら全体を通す一本の大断層があるわけではありません。

この点で、かつて「紀州四万十団体研究グループ」が指摘していたのですが、花園地域の地盤の割れ目には、ある種の粘土鉱物があることが気になります。そう言えば、紀州の山中では、ところどころ、小鳥が飛び込むと有毒ガスで死ぬ穴があります。一種の温泉作用です。これで割れ目の充填物に滑りやすい粘土鉱物が生まれているのではないかと思います。

山地斜面の崩壊や地すべりのメカニズムに地形や地質構造が大きな役割を果たすことは間違

いありません。2011年の十津川流域などでの大崩壊も、断層面や地層面が「流れ盤」をなすところでよく起こっているようです。ただし、当然ながら、流れ盤であれば必ず崩壊するわけではありません。一方、流れ盤でなくとも崩壊が起こったところがあります。対照標本を調べることは、科学的研究の常識です。崩壊したところに隣接しているのに崩壊しなかったところに、とくに目を付けて調査することが、今後、崩壊リスク分布を探る方策として重要でしょう。

写真Ⅱ−2

元国鉄名立駅からみる「名立崩れ」崩壊地

写真Ⅱ−2は、元国鉄時代の信越線（現えちごトキめき鉄道）名立駅から北方を写した写真です。向こうに崖、手前に段丘のような地形が見えますが、どうやら、この段丘のようなものをなすのが、全部、１７５１年５月20日（宝暦元年４月25日）に起こった高田地震の時の崩壊物のようです。この大崩壊は、名立崩れと呼ばれて、人々に記憶されています。舟で沖にでていた人々が、異変を感じて海岸に戻って見たら、村落がなかったと伝えられています（注10）。

この崩壊は、豪雨でなく、地震によるものでした。地震に伴う巨大崩壊は、歴史時代にいくつも報告されています。

［注（引用・参考文献などを含む）］
9：小出博『日本の地辷り――その予知と対策――』東洋経済新報社、２５９頁、１９５５年。
10：中村慶三郎『名立崩れ――崩災と国土』風間書店、２３０頁、１９６４年。

四　花崗岩地帯の山地崩壊

日本の花崗岩地帯では、豪雨に際して山腹崩壊がよく起こり、土石流・土砂流や、土砂を多量に含む洪水による災害が発生します。これには、以下に記述するような、花崗岩特有の風化が関係しています。１９７２年の修学院災害、１９７４年、１９７６年の小豆島災害、

《コラム》　花崗岩でも巨大崩壊

花崗岩地域でも、桁外れに巨大な崩壊が起こることがあります。その例が、兵庫県一宮での1976年の崩壊です。この崩壊では、小学校の校舎が土砂流に流されました（写真Ⅱ－３　a－c）。この崩壊地では、深層風化がとくに深かったのですが、断層破砕の影響があったと見られます。ただし、崩壊のメカニズムには、河川の側方浸食による急斜面の失脚も関係したでしょう。なお、この場所には、700年ほど前の崩壊の伝承があり、「抜山」と呼ばれていました。

写真Ⅱ−3

a：崩壊の初期

b：発達した崩壊、左下方に流された小学校校舎

c：流され折れた小学校校舎

兵庫県一宮での花崗岩の大崩壊と、流された小学校校舎
（一宮市、稲田信明氏撮影）

２０１４年広島土石流災害など、みなそうでした。２０１７年の九州北部での水害も、朝倉での被害は花崗岩山地の崩壊による土砂災害でした。これらについては、後ですこし具体的に述べますが、その前に、花崗岩の風化や崩壊などにかかわる一般的な事項のうち、先に触れなかったことについて説明します。

花崗岩の深層風化、マサ

花崗岩の風化が著しく、砂の集合物のような状態になったものを、昔から真砂土（マサ）と言います。実は、これと、これからもたらされた堆積物とが、野外で見分けられないことがあります。今でも、辞典によっては、両者をまとめてマサ、あるいはマサ土と呼んでいます。

風化によってマサが発達したところでは、それが崩れると、ほとんど砂と水ばかりが流れ下る場合があることは良く知られています。それで、広島災害で、家屋被害に果たした大岩塊の破壊的役割が当初注目されなかったのではないかと思います。人々の頭が花崗岩山地→マサ→土砂流と反応したようです。広島災害地の緑井地区での堆積物は、実際に、ほとんど土砂ばかりでした。しかし、後で述べる八木地区の扇状地頭部の新旧堆積物の礫質の部分は、「土石流」と呼ばれるべきものだと思います。

深層風化の自然史とメカニズム

昔、中学校では、花崗岩の風化のメカニズムを、構成鉱物、とくに石英と長石の熱膨張率の違いで説明していました。太陽熱を受けての膨張が違うので無理が生じて、これらの境で割れるというものです。しかし、このようなメカニズムが働くのは、地表から2～3メートルに過ぎません。深層風化の説明にはとうていなれません。

花崗岩はマグマが地殻の深いところで、冷えてかたまり、また上昇して地表に現れたものです。この過程での冷却と圧力低下が、内部での亀裂発生、機械的風化を起こすことは容易に考えられます。しかし、それだけが要因なら、日本以外の世界のどの花崗岩体でも深層風化して不思議でありません。日本での花崗岩の深層風化は、深度１００メートルにまで達することさえあります（図Ⅱ—５）。このような風化は、世界各地の花崗岩の風化を調査、研究された池田碩さんによれば、世界的には特殊です。池田碩さんの著書（注）を参照してください。何故日本でそうなるかについては、列島の自然史が関係していると考えざるをえません。

その秘密は日本列島の気候変化と地質構造運動にあるでしょう。

後でまた述べますが、新生代の終わり（鮮新世）ごろ、日本列島の本州、四国、九州などが、２～３００万年規模の長期にわたり準平原の状態にありました。そ

図Ⅱ—5　神戸市鶴甲山　ボーリング柱状図（一部）神戸市港湾課提供

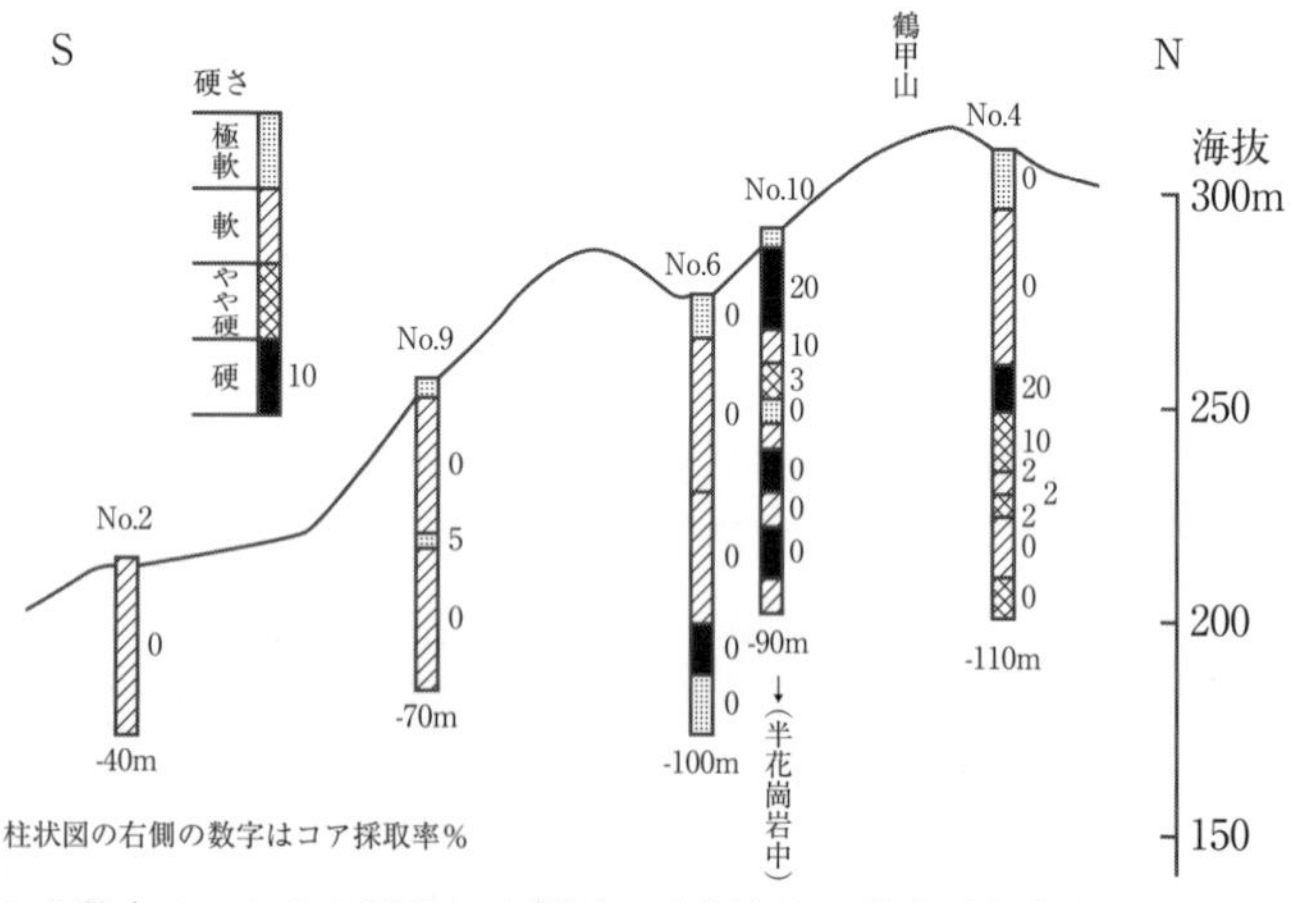

地表から数十メートルの深度まで「軟」に分類される地盤が存在する。
NO.6 地点では、100m 深度でも「極軟」の部分がある。半花崗岩は全般的に硬いが「硬軟」の部分が不規則的に分布。「硬」の部分もコア採取率は低い。

の期間、温暖、多湿な気候条件で、風化が地表から深層へ進行したに違いありません。その後、地球表層環境全体の温度が全体的に低下しますが、その間にも温暖な間氷期には、風化は進行したと考えられます。

この風化は、主に長石結晶のCaをつなぐ腕がCO_2イオンによって切られることによって起こったという説があります。CO_2イオンは地下からきたと想定されています。しかし、六甲山地などは別として、マサが発達するどの花崗岩体にも、地下からの温泉作用のようなものがあるわけではありません。マグマ自身にもCO_2は含まれるでしょう。しかし、主要な供給源は植物とその遺体だろうと思います。昔には、花崗岩山地にも豊かな植生があったはずです。

問題は、そのCO_2イオンの通り道です。潜在的にでも通り道がなければイオンといえども深部に入れません。その発生には地質構造運動による破砕作用（断層破砕帯や節理の発達）、地下水の作用などが関係しているに違いありません。断層破砕帯でこそマサが深くまで発達していることは、先の裏六甲山や兵庫県の大崩壊地の状況から察せられます。しかし、マサがあるのは断層破砕帯だけではありません。もっと広域的な剪断が関係しているでしょう。岩盤の削剥、相対的上昇に伴う除荷などによる節理（割理）もあります。これは、風化につれて見やすくなります。ともあれ、日本の花崗岩にはミリメートル間隔の節理が2方向に潜在していますす。〝マイクロフラクチャー〟と呼んでも良いでしょうが、要するに〝石目〟です。石工さんは、昔からこれを知っていて、そこに鑿を当てて石を切り出していました。ですから、前述のように私はこれを〝石目節理〟と呼んでいます（前出図Ⅱ―4）。

花崗岩の節理

花崗岩の風化は、節理の入り方だけでなく、結晶鉱物の大きさや種類によっても違います。一般的にいって、細粒花崗岩は粗粒花崗岩より風化しにくく、マサになりにくいと言えます。しかし、断層や節理（割れ目）の入り方が大きく関係することは確かです。

たとえば六甲山地の花崗岩について、先に紹介した池田碩さんが長らく強調していますが、東部の表側と裏六甲で花崗岩の風化の仕方が全く異なり、表六甲の花崗岩は大割れを、裏六甲では小割れをします。その違いによって、地震や豪雨を受けての崩壊の仕方が違い、麓の扇状地の発達状況や土地利用、被災仕方まで規制しています。しかし、この節理の入り方の場所による違いの地質学的理由は、良く分かっているとは言えません。

一般に、岩盤に入る節理の成因にはいろいろあります。たとえば玄武岩のマグマから冷却し、固結するときに生ずる六角柱状冷却節理はよく知られています。これと似た垂直的な節理は花崗岩にも発達します（前出図Ⅱ—3）。ただし、断面は玄武岩の場合のようなきれいな六角形にはなりません。一方、これに直角の、つまり地表面に平行的（多くの場所で水平的）な節理が垂直節理を割っています。この点も玄武岩と同様です。広島北部震災のときには、土石流の構成物として落下（流下）してきた大岩塊に、この二つの節理によって生じたことが明らかなものがあります。

これらの節理の発達により堅硬な岩盤にでも発生する岩塊は、地盤の崩壊、土石流発生、その免疫性になどと関係して注意すべきです。

一方、除荷による内部応力の開放は、地表面に対し直角方向なので、節理が地表面に平行に生まれ、岩盤が板状（シート状）に割れて、はがれやすくなります。〝シーティング節理〟などと呼び、地表面が水平的なら水平的に発達しますが、山の斜面の肩の部分や、谷の頭や側壁では、傾斜した斜面に沿ってのクリープ性ずれの原因にもなります。広島災害地の花崗岩にも発達しています。

花崗岩山地での岩塊の生産

一～三節で述べたような風化や節理の発達の結果ですが、花崗岩山地で硬い岩や、ショックを受ければ外れやすい状態の岩塊があるのは、a尾根、b地形の肩、c肩の下の谷底の両岸などです。

a：花崗岩山地の尾根では、しばしば〝風化の逆転〟と言われる現象が起こります。そこでは水が地表から1～2メートルの間には含まれにくく、三で記した水平的節理を流れます。そこが先に風化し、その上の板状部分では、水平的・垂直的節理から玉葱を剝くような状態で風化が進行することになります。結果として、そのコアの部分が球状に硬いままで残っていて、豪雨や地震に際し、まま崩落します。

b：崖あるいは垂直的急斜面で、岩盤に前記の垂直的節理が発達していると、トップリングと呼ばれるメカニズムその他で、柱あるいは板状の岩盤が外れて落ちます。

c：谷の底でも、bのような地形があったり、そうでなくとも、岩盤の一部が突出していたりすると、上方から流れ落ちてくる岩塊などにぶつかられ、岩塊を生じます。谷が砂質その他の堆積物で埋められていても、それに含まれていた岩石が、上方からの土石流で掘り出され、流下します。

土石流で流下してきたこれらの岩塊を見ると、割れ面の新鮮さ、汚れ方、風化の仕方などからa、b、cのどれであるかが分かるものが少なくありません（写真Ⅱ—4）。どこから来たかまで推定できることもあります。災害発生後、早い時期にそれを観察、調査しておけば、山に登れなくとも、土石流発生のメカニズムの復元や、山の岩塊の残存状態（免疫性、アレルギー性の状態）の推定に役立つでしょう。

〔注（引用・参考文献などを含む）〕
池田　碩：『花崗岩地形の世界』古今書院、206頁、1998年。

写真Ⅱ－4　2014年広島土石流災害地
八木町三丁目

岩盤から外れ、おそらく土石流第3波で流れてきた岩塊（手前の人物の横）。もとの水平的節理面を手前側（上流側）へ向けて横たわる。

大八木規夫：『花崗岩山地の解体過程について――信楽山地南縁・田上山地を事例に――』1―22頁、1976年。
大八木規夫：『花崗岩類地帯の崩壊と風化帯構造の関係――島根県大原郡地方の一例――災害地質討論会論文集、山地・丘陵地に発生する災害に関する諸問題』26―42頁、1967年。
『島根県加茂・大東花崗岩類地帯における風化帯の構造と崩壊、防災科学技術総合研究報告』14号、113―127頁、1968年。
大八木規夫・内田哲夫・鈴木宏芳：『加茂・大東地方花崗閃緑岩地帯における風化帯の粘土鉱物（第1報）――風化生成粘土鉱物とその生成系列――』国立防災科学技術センター研究報告、第2号、21―44頁、1969年。
柏木日出治：『花崗岩の風化の研究（予報）』広島大学地学研究報告、No.12、319―342頁、1963年。
木宮　一彦：『花こう岩類の物理的風化指標としての引張強度――花崗岩の付加・第1報――、地質雑、81』349―364頁、1975年。
『三河高原の風化殻とその形成時期――花こう岩の風化・第3報――地質雑、87』91―102頁、1981年。
三浦　清：『島根県加茂町付近の花崗岩類とその崩壊について（Ⅰ）、（Ⅱ）、岩鉱』56～57頁、256―283頁、11―24頁、1966～1967年。
『深成岩の風化に関する研究――第1報　新第三紀末の赤色風化作用による江津深成岩からだの風化、応用地質』14巻3号、87―102頁、1973年。

五　2014年広島土石流災害

2014年広島土石流災害を〝自然災害〟の章で例とするのは、少し躊躇します。この災害が、社会的要因、とくに乱開発によって発生した「開発災害」であることを、ここでは問題にしなければならないからです。

災害の自然的素因——土石流扇状地の発達と開発

広島の今度の被災地に限らず、どこでも扇状地は見晴らしが好く、普段は土地が乾いています。それに、複合扇状地では、ところにより湧き水があります。ですから昔から住宅地として好まれてきました。たとえば平安京もそうです。しかし、もともとの成因が成因ですから、土砂災害に遭うところがあって当然です。

２０１４年広島土石流災害の被害状況については、災害発生直後から調査がおこなわれ、分厚い報告も出されています（注11）。その多く、とくにマスコミ報道では、花崗岩の風化により発達したマサ

写真Ⅱ−5

停止した大岩塊。古い扇状地の頂部から、少しだけ降ったあたり、小緩傾斜地、八木町三丁目、住宅地。

土が崩壊し、それによって発生した土砂流が住宅を襲ったことが注目され、強調されています。この強調は正しいと言えます。それは、この地方一帯が、もともとそのような自然環境下にあることを軽視した開発が、今回の災害の基本的要因だからです（注12）。

しかし、この災害の実態を現地で具体的に観てみると、そう単純ではなく、地区によって、またさらに細かい場所毎に多様です。ほとんどの場合、人命を奪ったのは砂でなく岩塊です。この問題は、今後の復興や安全な地域計画を考える上でも留意されねばなりません。

災害発生の直後から何人もの人が強調しているように、２０１４年の広島災害の被災地は、そもそも過去に繰り返し起こった土石流の堆積物からなる土地でした（写真Ⅱ—５、６）。

さらに深くみれば、この自然的素因、言い換えれば自然地理・地質学的災害リスク環境の形成は、２０１４年広島災害地の場合、中生代後半の白亜紀から新生代初め、つまり１０００万年オーダーの昔の、各種基盤岩の形成に遡ります。その後の準平原形成、深層風化、地殻変動、地盤斜面崩壊、土石流扇状地形成などは、すべ

写真Ⅱ—6

「城山」から見た阿武山山頂付近から流下する「蛇抜け」（広島市安佐南区八木四丁目）。
『現代の災害と防災――その実態と変化を見据えて――』p.2より（池田碩氏撮影）。

て、２０１４年土石流災害の素因です（注13）。

このこと、つまりこの地域に災害の自然的素因があることの認識は、以前には、地域の一般住民にも行政の幹部にも、薄かったと思われます。行政の問題担当部局は、土石流の流下や斜面崩壊の恐れを憂い、危険地域の設定に努力していました。しかし、それは実質的、効果的には働かず、危険な地域に開発が進められました。行政自身によっても住宅建設がおこなわれました。これが今回の災害のもっとも根本的な社会的要因でした。この意味で、２０１４年広島災害は、「開発災害」だったと言わねばなりません。

岩塊の恐怖

被災の実態は、地域やその局所によって多様です。崩壊の仕方や崩壊するもの、出てきた土石流に多様性があるのでそうなるのです。

たとえば、今回激しく被災した緑井、八木地区について、土石流が始まった崩壊箇所を見ると、山の稜線に近い谷頭とそれより１００メートルほど低い谷、および、それらよりずっと低い、住宅開発地の50メートルないし１００メートル上あたりに多いと言えます。地盤の風化の状況を反映していると思われるので、今後のためにも検討が必要です。

住宅開発地が山に這い上がっている高度に、緑井地区と八木地区とでは違いが見られますが、これは扇状地の発達状況を反映しています。

繰り返しますが、緑井地区や八木地区西部などでは、地質時代から大量の巨岩やマサ土が土石流、土砂流をなして流下し、扇状地をつくりました。八木地区東部でも土石流は起こります。しかし、緑井地区や八木地区西部などと異なり、礫といっても超巨大なものはなく、またマサはそもそも山で生産されてきませんでした。今回も、土石流は、概括的に言えば、狭い高位段丘のすぐ下の住宅の第1列に乱入して、そこで止まっています。八木地区の東部では、段丘の上に扇状地堆積物が発達していません。川（太田川）の作用以外に、後背の山が花崗岩でなく堅硬なホルンフェルスであること、つまり前記の〝供給源規制〟が効いていると考えられます。

土石流の性格は、場所だけでなく、時間的にも変わります。２０１４年災害では、土石流が3回流下しましたが、回ごとに性質が異なったという被災者の証言があります。このことは、国土問題研究会や京大防災研の現地調査でも堆積物の特徴から裏付けられています。第1波は大量の土砂（マサ）を含んでいました。これに対し、第3波は、水分の含有量が高いものでしたが、これに運ばれた巨大な岩塊が、建築物を突き破りました。おそらくは、第1、第2波で、谷の上流部の表層や谷底の土砂が、かなりに洗い出されてしまったのでしょう。これらの谷では、崩壊の免疫性がかなりにできたとみて良いかと思います。

附　花崗岩以外の岩盤について

これまでの地質専門家が一般的に持っていたイメージと異なることが、広島災害で起こったので、記述しておきます。

ホルンフェルス

マグマからの熱によって〝焼き〟(熱変成)が入った岩石がホルンフェルスです(注14)。ホルンフェルスは堅硬で風化や浸食に対する耐久性が高く、各地で残丘をなすというのが地質家の常識でした。しかし2014年広島災害に際しては、八木地区の裏山のホルンフェルスからも土石流が出ました。ただし、出た岩のサイズは、大きくとも径1メートル程度です。量も多くはなく、それによる被害も住宅地の一番山よりの2列目ほどで止まりました。そういえば、そのあたりの扇状地は、もっと西方の花崗岩地域よりは狭いのです。それでも、ここの土石流は、多くの地質家にとっては想定外の規模でした。

花崗斑岩

災害発生後、越智さんによって、花崗岩とホルンフェルスの境界に、花崗斑岩の大きな岩脈が発見されました。この岩も、その岩盤は風化しにくく、土石流や土砂流をあまり出さないと見做されてきた岩石です。2014年災害では、花崗岩よりも巨大な岩塊をなして流下しました。今後も注意を要します。

今後の問題

今、住宅地の立地、開発計画の再検討、開発規制などの社会的な方策がどう立てられ、実施されつつあるかが住民にとって問題です。その検討には、繰り返しますが、土地形成の自然

――人文史についての理解が広く進められ、被災リスクが細かく把握されることが肝要です。実は、場所によりますが、土石流がくるところと来ないところの違いは、細かい地形でかなり分かります。

ここで、広島北部での、いわゆる〝土砂流〟の特徴に関係して、あまり注目されていない問題に触れておきます。

国交省は、広島北部の災害地に計画した多数の堰堤を、2017年夏にすべて建設し終わったとのことです。その実行力には驚きました。正直なところ、計画どおりにできるのかなと思っていました。地元の人々にとっては一安心というところでしょう。

しかし、全国に、同じような密度でダムを造るべきなのかという疑問が、読者にもあるでしょう。私は、それは無理だし、そう考える必要は必ずしもないと考えます。

そこで想記されるのが、先に記した山地崩壊の免疫性や、土砂流・土石流災害の地域性です。

広島の斜面崩壊地の砂防ダム建設は、もう済んでしまったのですが、一般的に言えば、免疫性が得られた渓流には、

《コラム》　残留岩塊

山で硬い岩や、ショックを受ければ外れやすい状態の岩塊があるのは、前記（Ⅱ――四）のように、尾根、地形の肩、肩の下の谷底の両岸などです。広島の2016年災害では、これらから岩塊が落ちてきたわけです。土石流の流下後もこれが落ちずに残っていないか、あるいは下流に運ばれずに谷に残留していないかの点検、さらにはそれらの除去、運び出しなどが、前もってなされていれば、ダムの必要性や場所、種類（たとえば穴あきダムにする）、規模などの決定に役立ったかと思われます。ダム建設は非常に速やかに進められたようです。それはすごいことです。多分、行政としては、今の法制の下で選べる最善の方策を取ったのでしょう。しかし、上記の点検などが、限られた時間内でどこまでできていたのか、気になります。同じ問題はどこでも起こる可能性があります。

大きな防災ダムの設置を急ぐ必要はありません。ただし、免疫性ができたか否か、たとえば、土石流がでた谷に危険な岩がまだ落ち残っていないかは、現地を見なければ分かりません。どこにせよ、免疫性が得られたと判定される谷ならば、当分そこからは土石流がでないので、その谷川の流域は、今回被災したところでも、今後当分は、土石流被害は受けないと考えて良いわけです。ただし、土石をあまり含まない洪水や落石には備えねばなりません。

土石流、土砂流からの堆積物の構成を見ると場所により異なります。たとえば、土石流先頭の岩塊は、扇状地の頂部から少しだけ降ったあたりに停止し、集中的に堆積しています。砂はそこから抜け、土砂流をなして下流へ奔ります。ダムをつくるならば、流下するだろう土石流の性質と、流下につれての変化を予測して設置位置や種類、設計を考えるべきです。

たとえばダムの設置場所は、巨岩がほぼ停止するところのすぐ上あたりに選ぶのが効果的でしょう。谷の河床の傾斜が落ち、浸食域から堆積域へと変わる地点（木村春彦さん（1956年。前出注7参照）の言う「河川の節」）の少しだけ下あたりです。この地点がどこかは、2014年災害の際の岩塊の停止地点が示唆しています。普通の砂防堰堤と穴あき堰堤の組み合わせが有効ではないかと思います。

一方、土石流の中部から尾部（後流）は、後ろほど石礫の含有量が低く、私の呼び方では土砂流と言ってよいものです。今後も第1波ではそうでしょう。この部分は、水をたっぷり含んでいれば、川の流れのような性質ですから、流路を保証して下流に誘導できる可能性があります。ハードな計画を立てるうえで、このことは留意すべきです。

いざ土石流や洪水が襲来する際には、距離の1メートルの違いが生死を分けます。岩塊にぶつかられるか、土砂に埋まるか、床上浸水か、床下浸水かは、被災の仕方だけでなく、その後の復旧、復興にも大変な違いがあります。今後の災害についても、これらの予想を地区毎、家屋毎にすることが必要です。そのためには、現地での専門的調査と現地被災者などの証言などが求められます。

［注（引用・参考文献などを含む）］

11：たとえば、土木学会・地盤工学会調査団編『平成26年広島豪雨災害合同緊急調査団調査報告書』２９６頁、２０１４年。
池田碩『安佐南・安佐北区の「土石流災害」からの教訓と警鐘』、災害被災者支援と災害対策改善を求める広島連絡会『現代の災害と防災・減災』22―32頁、２０１５年。
災害被災者支援と災害対策改善を求める広島連絡会『広島土砂崩壊――都市近郊の大災害』１６１頁、２０１４年。

12：越智秀二『広島から見た現代の防災問題』災害被災者支援と災害対策改善を求める広島連絡会、84頁、２０１７年。

13：細かく言えば、古い扇状地が隆起した上に、新しく土石流が流れています。そうして、今後の災害の素因をなしています。

14：被災地八木地区の裏では、泥質岩および細粒砂岩起源のホルンフェルスが、花崗岩類の上を覆っています。この岩石については、他の報告中の地質図などに、ジュラ紀の付加体と記述されています。

六　2017年7月九州北部水害

この水害は、この本の執筆中に起こりました。その発生要因や機構については、豪雨が記録的であったことの他は、まだ調査・検討中ですが、土砂とともに多量の流木が流下して被害を大きくしたことが注目されています（写真Ⅱ－7）（注15）。

池田碩さんによれば、崩壊した山の基盤岩石の違い、すなわち朝倉では花崗閃緑岩、日田では溶結凝灰岩であることが、両地域の山の風化や崩壊の仕方に大きな違いを生じています。前者では、花崗岩の風化によって生じた大量のマサ土が土砂流をなして谷を流下し、住居などを埋めました。一方、日田の溶結凝灰岩では、花崗岩でのような厚い風化帯は発達しません。風化帯と岩盤の境は明瞭です。この境に沿って、上位の土壌を含む風化帯層が、樹木ごと、斜面に広げられたカーペットのようにすべり落ちました（写真Ⅱ―8ａ、ｂ）。このような違いは今後の防災上も重要です。岩石による違いは、時間が経っても変わるはずがないからです。

もう一つ気になるのが、同じ花崗岩質岩からのものなのに、朝倉と広島とで出た土砂の特徴

写真Ⅱ－7

発災から２ヵ月後も、佐田川（朝倉市）の水面を覆いつくす流木群（池田碩氏撮影）。

が違うことです。朝倉では、ねっとりとした泥分が砂利にへばりついていて、被災者やボランティアの人々を泣かせました。それで、2ヵ月経っても道路脇には土砂が数メートルの高さに積み上げられているという状況になりました。一方、渓流などに岩塊があまり露出しなかったことも、広島災害など、他の地の土石流災害との違いです。

写真Ⅱ―8ａ

朝倉市花崗質岩山地斜面の崩壊・土石流跡。崩壊が多発した斜面上部はスギ・ヒノキの植（造）林地（池田碩氏撮影）。

写真Ⅱ―8ｂ

日田市安山岩斜面の崩壊跡。薄く広く崩壊・石礫を多く出した（池田碩氏撮影）。

ともかく山には泥が多くあったわけで、これは風化が進み、土壌がよく発達していることを示します。花崗閃緑岩は花崗岩類の一種ですが、風化の仕方が典型的な花崗岩より化学的です。ただしその違いは大きなものではありません。新第三期、中新世以降の準平原面が、その後なかなか隆起しなかったために、長く化学的風化を受け、V風化帯の土壌化が進んでいるのかも知れません。なお、池田さんによれば、ここの風化帯のうち、マサ化している厚さは10メートルほどで、厚さだけについて見れば特別とは言えません。私は、ここでの風化と崩壊の特徴には、植生が関係しているのではないかと思っています。次に、これについて少し述べます。

［注（引用・参考文献などを含む）］

15：広島土石流災害でも、谷にもよりますが、流木は大量にでました。流木が出るのは、昔からあったことですが、近年とくに顕著になったように思われます。

七 治山・治水と植生問題

流木発生について

「治水は治山にあり」とは古くからいわれている格言です。ここで治山とは、いうまでもなく「山を荒らすな」ということです。

日本では、戦後の復興期に木材需要が伸び、スギやヒノキの植林が全国で展開されました。しかし、木材の輸入が自由化されて外材輸入が急増すると、人工林は手入れが行き届かなくなり、荒れるにまかされるようになりました。これが山地斜面の崩壊や、それに伴って流木がでる要因（素因）であることは間違いないと思います。それにしても、2017年の九州北部災害での流木の多さをみると、もう少し検討を深める必要があるように感じます（注16）。

筑後川流域は、1953年にも大水害を経験しています。この水害の発生当初、戦中の山林管理悪化と戦後の乱伐で山が荒れていたのが、山地の崩壊や下流地域の洪水災害の原因であると、もっぱら言われました。これに対し、小出博さんは、事実としては、山は荒れてはいなかった。「山林乱伐説」は、河川管理者が災害の要因を戦争に押しつけて、責任を免れようとするものであると指摘しました。

表Ⅱ―3は、昔、木村春彦さんが、1965年などの南木曽災害での例などを元に、樹林の場の条件やその管理と崩壊性との関係を表にまとめられたものです。しかし、一斉造林された針葉樹幼生林が弱く、広葉樹、壮齢林が強いといったまとめは、なるほどと言った感じがします。

その後、降雨による地表浸食の強度や、地下伏流水の流れ方へ

表Ⅱ―3　森林管理状態と崩壊頻度の関係

	小 ←	崩壊頻度	→ 大
林　齢	壮齢林	老齢林	幼齢林
樹　種	広葉樹	混交林	針葉樹
伐採法	択　伐	間　伐	皆　伐
植林法	混　植	天然更新	一斉造林
害虫駆除	天敵利用	放　任	薬剤散布

「木村春彦『木村春彦論文集』同編集委員会、1980 年」より。

の影響などが東京農工大その他でずいぶん研究されているようです。農業試験場では、根を抜くときの抵抗の測定による地盤強度（抜根強度という）の評価が、しっかりした実験計画の下に系統的に進められているとのことです。

斜面崩壊と植生の状態との関係といえば、私は、植生の種類や生育状態だけでなく、枯死後の根茎も問題ではないかと思います。自然に枯死した古木の根は、次第に透水性の良い腐朽セルローズの束となり、流水を通過させやすく、かつ洗脱されやすい状態になります。伐採された樹木の根でも同じです。右に人工の幼生林が弱いことに触れましたが、私は、この林が皆伐され、その後一斉造林されると、その斜面はとくに崩壊しやすくなるのではないかと考えます。この考えを、私は１９７２年に京都市左京区で起こった土砂水害の背景を調査したときに持ちました。以下に、そう考えた経由を簡単に述べます。

樹林の皆伐・一斉造林

１９７２年に京都市左京区で起こった修学院災害に際し、集水地の花崗岩山地でいくつもの崩壊が発生しました。その複数因子の複合については後で述べますが、植生との関係について気付いたのが、針葉樹林の〝皆〟伐と〝一斉〟造林が繰り返された斜面の崩壊です。統計的な研究はしておりませんが、当時、林地管理者の「一乗寺北中会」の皆さんと一緒に歩いて確認を得たので、これらの相関は間違いありません。

伐採された樹木の根は、時間が経つと腐ります。前記のように、次第に水が通りやすく、かつ洗脱されやすい状態になります。雨が降れば水をしっかり含みます。修学院災害の場合には、皆伐後すぐに、一斉に植えられた新しい樹木の根が、25―30年ほど経って、伐り跡と同じ深さまで地中に入り、元の地盤のがさがさのマサの部分と一緒にまとまって、水をたっぷり含んだカーペットのような状態を造ったと思われます。そうなると、皆伐のすぐ後より、かえってはるかに滑り落ちやすくなったのではないでしょうか（図Ⅱ―6）。結果的に、檜の幼生林が、各所で地盤ごと（浅く）崩壊したのでしょう。

　修学院災害の場合には、降雨量が、今でいう「極端気象」ほどではありませんでした。それでも崩壊が起こった素因には、このような経過による、崩壊しやすい層の形成があったと思われます。

図Ⅱ−6

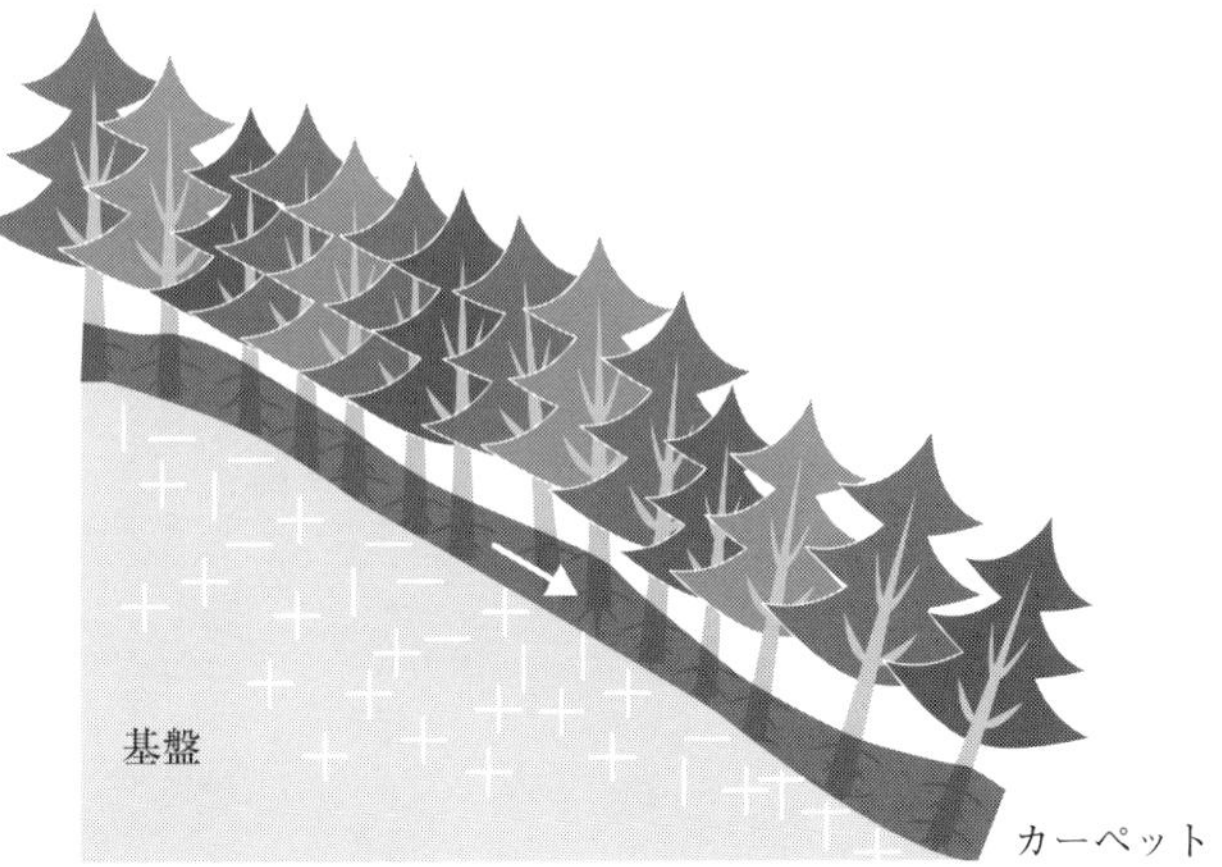

皆伐と一斉造林を繰り返した山腹でのすべり落ちやすいカーペットの生成、概念図。カーペットは（土砂が入っているが）高含水。普通の表層板状帯（体）と中間帯の滑落とは状況が異なります。

先に触れた1965年の南木曽国有林での多数の崩壊には、風化地帯斜面での林道設置が大きく関係していました。しかし、大きな崩壊には、皆伐とその後の一斉植林が、素因として働いたのに違いありません。

ところで、一斉造林されなくとも、根茎が残る限り、皆伐の影響は現れるでしょう。これが、皆伐が崩壊と相関するメカニズム（要因）としてはかなり重要なのではないでしょうか。そうならば、植林後、かなり年が経った林でも、非常な豪雨があれば崩壊するでしょう。

大量の流木が出た、九州北部水害の山地崩壊の場合はどうでしょうか。

現地で調査や聞きとりをされた池田碩さんによれば、ここでは樹林の一部は比較的若い針葉樹林です。しかし、かなりの部分は60―65年ほどのかなり長い間伐採されず、あまり管理されない状態にあったようです（写真Ⅱ―9）。この管理の悪さが、結構太い樹木が抜けて下流に流

写真Ⅱ―9

2017年の北九州豪雨の際の、針葉樹林崩壊と、崩壊土砂の果樹園への乱入の跡。福岡県朝倉。2018年9月、池田碩氏撮影。

れてきた要因であると言われているようです。それも事実でしょう。

　造林の前は、この斜面は雑木林だったそうです。それは皆伐されたと思われます。その根茎跡が、今どうなっているかが気になります。

　右の60～65という数字は微妙です。この本を書いている今は２０１８年です。皆伐が１９５３年北九州水害の前だったのか後なのかを知りたいものです。もし前ならば、１９５３年の豪雨の水は、皆伐で禿地になった山腹を崩壊させず、たいして浸食もせずに川に流れ込み、筑後川下流の水害をもたらしたということになるでしょう。これは、裸地にするのが崩壊の原因だという、これまでの一般的考えに必ずしも一致しません。

　樹林の皆伐が、１９５３年水害の前だったにせよ後だったにせよ、皆伐の影響は、今度の水害発生まで残っていたはずです。

　一度、皆伐されたところならば、その後60―65年生の樹林になっても、２０１７年の九州北部の豪雨は修学院災害の場合よりはるかに激しかったのですから、各所で地盤が滑り落ちたのは不思議でないと思います。なお、杉やヒノキの根は、どうせ風化度1や2の岩盤に深くは入りません。根の入る深さは年を重ねた木でも若い木とあまり変わりません。この点では、問題は年齢でなく、根の入る深さの揃いでしょう。

　なお、皆伐と一斉造林の繰り返し回数が増えれば増えるほど、含水カーペットのガサガサの度合いと含水可能量とは増大するに違いありません。さらに、〝30年ほどの周期で皆伐と一斉造林を繰り返せば、どの回の樹木の根も、より古い根の跡と同じ深さなるので一番いけない。〟

というのが私の考えです。

ともあれ2017年北九州水害での流木の多さは、林業経営と山林の管理との関係について、これまでよりも細かい検討の必要を示しているのではないでしょうか。前に、人工の針葉樹幼生林が弱いことに触れましたが、それは、この林が人工であることそれ自体よりも、むしろ、人工林が普通、皆伐されることが強く関係しているのかも知れません。なお、植生は、生きていても岩盤の風化、土壌化を進めることは常識です。

「拡大造林」

先に紹介した修学院災害の場合の山地の崩壊は、「皆伐」、「一斉造林」と言っても、実はその面積は他の地域の例に比べれば狭いものでした。狭いので多くの箇所を比較調査できたとも言えます。もちろん、もっと広い面積では、同じ事態がもっと広範囲で起こるわけで、さらに問題です。

この面積の問題は、他の崩壊要因についても関係するでしょう。徳島県鬼頭町の藤田恵さんは、以前から、土砂災害は「拡大造林」が元凶であると告発しています。そこで言われる「拡大造林」とは、造林する面積が広すぎるという意味ではなく、敗戦後の政策的に進められた天然の広葉樹林の広範皆伐、針葉樹の密植を指しているように思えます。「拡大造林」後の手入れ不足による山肌の「過大浸食」、山林崩壊による土石流発生、沢や河川への過大流入、民家などの被害、下流ダムへの堆砂、ダム災害などが、すべて、この「拡大造林」に発するという指摘です。その過程中に特徴的に見られることとして挙げられている事項には、たとえば幅員が広すぎる農林道の開設がありますこれには事業の広域化が関係しており、それ沿いの斜面の広い崩壊の素因であるに間違いありません。

択伐《たくばつ》ができないか

防災のためには、〝拡大皆伐〟、〝拡大造林〟でなく、間伐、できれば択伐方式が良いことは間違いありません。それで林業経営方式が成り立つ方策、政策の確立が望まれます。私には良く分かりませんが、多分、京都北山（写真Ⅱ―10）のように、丹精込めて一本一本を育て、高く売るのが一つの方策かと思われます。それがなかなか困難な背景には、社会的、とくに経済的事情があり、簡単な問題ではないのでしょう(注17)。

［注（引用・参考文献などを含む）］
16：古い１９５０年代の話ですが、京都府北桑田郡で多数の山崩れが起こったころ、村人は、「スギの良く育つところ」、「山の良

《コラム》　棕櫚と竹林

1953年有田川水害の際、農家の庭先の棕櫚がよく抜けて倒れ、そこで庭先が崩れたりもしました。それで、“棕櫚は根が浅いので良くないのだ。今後棕櫚は植えるな”という意見が出されました。これについて小出博さんは、“棕櫚は成長が早い。すぐ現金収入源になるから、山林を持たない人々にとって大事だ。棕櫚は積極的に植えるべきだ。”と言いました。小出さんらしい、何よりも生活を重視する意見でした。

同じような話ですが、豪雨の際、斜面で竹林が崩れることがあります。それを見て“竹は根が浅いから良くない”と言った学者がありました。話は逆で、崩れやすいところに、崩壊防止のために竹が植えられているのです。堤防の竹林についても同様なことがありました。「相関」と「因果」の関係をきちんと考えられない「専門馬鹿」現象の一例でしょう。

く肥えたところ」、「何時もは水が流れていないところ」がよく崩れると語っていました（北桑災害誌研究会、水山・志岐・堀井・八木。京都府上桂川水系における水害の研究。木村春彦論文集、１９８０年所収）。普通言われているところとまるで反対の見解です。崩壊直後の現地住民の証言ですから、注目すべき証言だと思います。

写真Ⅱ－10

京都北山の杉林

杉材加工

17：誤解があるかも知れないので念のために付け加えますが、植林後の管理は、もちろん重要です。放置して樹林を荒れさせれば大変悪いに違いありません。また、伐採したり斜面を削ったりしてできた裸地は、降雨があれば浸食されます。多数の小規模のガレ（溝）が平行に生まれます。谷の側面でも同様です。谷頭崩壊に始まる〝蛇抜け〟や斜面崩壊とは、規模や形が違い、被害もまるで違います。谷頭では、これらの箇所からよく崩壊が始まります。

さらに、はっきり言えば、北九州水害での流木には、伐採後、斜面に放置されていたのが流れだしたケースもあるように見えます。そうなった理由が何かあるのでしょう。

Ⅱ―4　地盤災害

地盤に起こる地すべりや崩壊、液状化・流動化、沈下などによって起こされる災害は、一括して地盤災害と呼ばれることがあります。そのうち斜面の地盤崩壊や地すべりについては、先に「斜面災害」として記しました。これらのうち急性のものは、普通、地震や豪雨が引き金（直接因）となって起こります。博多駅前道路陥没事故は引き金がなくて起こりました。

一　地盤の液状化・流動化

２０１１年東日本大災害の際、東京、千葉などの東京湾沿岸で液状化被害が発生したことは記憶に新しいところです。それ以前では、阪神・淡路大震災や、新潟地震災害の地盤液状化被害が有名です。阪神・淡路大震災では、六甲アイランドの埋め立て造成地盤は、沈下するだけでなく横にも動きました。この震災では、淀川の堤防の基礎地盤の液状化で堤防が壊れ、危うく大惨事になるところでした。液状化は、高い台地につくられた住宅地のちょっとした埋め立て地でも起こりました（注18）。

これらの事態は、いずれも地盤が劣悪で、地震があれば起こるのが当然のところで発生したもので、良く調べられています。今後の発生についても各地で警告がなされています。ところで、東京都の築地・豊洲市場問題などでは、液状化被害の恐れが検討されていないはずはありませんが、あまり問題にされているように見えません。大阪の万博会場敷地についても同様です。東京オリンピックの会場も心配です。なお、液状化は、大規模に噴砂が起きて地下に砂の層がなくなってしまえば別ですが、〝一度起これはもう起きない〟とは言えません。

［注（引用・参考文献などを含む）］
18：基礎地盤の液状化による家屋の傾きなどは、少し費用が要りますが、多くの場合、ジャッキを使って回復することができます。行政や専門家に相談してください。

二　地盤沈下、地表の沈下

大阪や新潟の地盤沈下は、基本的に、地下水、天然ガスや石油の汲み上げ、トンネルや坑道などが直接的要因です。被害の主な要因が人為ですから、これを〝自然災害〟と呼ぶのは実はおかしいのです。その防止策は、基本的には明らかですが、地下水の汲上げ規制などで地盤が上昇すると、皮肉にも、沈下状態に適合させて造った建築物が具合悪くなったりします。

東日本大震災地震の際の地表地盤の沈下には、液状化が関係している箇所もあります。この現象は、どこにせよ、地下の土砂を含む水が地表に吹き出る（噴砂する）場合には顕著です。しかし、もっと広い地域の全体的沈下は地殻の規模での動きですから防げません。地震の際の沈下からの地盤高の回復は、半分程度までは比較的急速ですが、結局は数百年オーダーの時間がかかります。回復した時が次の地震が近い時です。

三　良好地盤地域での想定外被害

一見地盤が良さそうに見えるところで、崩壊などの問題が起こることがあります。盲点をなしていて、想定外の事態になることがあるので、注意を促したいと思います。

兵庫県の台地で、神戸市が開発した、少し古い地盤の場所に住んでいる人から電話がかかりました。〝庭に穴があいた〟水を注いでみると、いくらでも入ります。神戸市に言っても信用してくれません〟というわけです。行ってみると、神戸市が信用しないのも当然で、そのようなことが起こるはずのない地盤のところです。しかし、穴が空いていることは事実です。柱の一本がその穴にかかっているのですから、放置できません。

この件は、市に一筆書いて対策をしてもらい、一応解決しましたが、何故穴が空いたのかは、今もって判りません。古墳か肥だめでもあったのかもしれません。

こういうことは、近畿地方など、開発が古い土地では、どこでもあり得ます。地質屋としても、現場も見ずに「地盤は良いはずだ」などと、うっかり言えないので用心しなければなりません。

たとえば、大阪府枚方の段丘上の開発地など（写真Ⅱ―11）、もともと水がなかったのに、潅漑が進み、一時田圃が開けました。今では、どこに溜め池があったのか、肥だめがあったのか。整地されたら、簡易ボーリングでもしないと判りません。こういう所に建てられた家屋は、何年かのうちに傾いてきたりします。地震に際しては、他の場所より被害が大きくなって当然ですから物騒です。

もう昔の状況を憶えている古老もいなくなってしまったでしょう。これを知るには、古い地形図を探して見る他はありません、市役所や大学などで古い資料が見つかれば幸いです。

先に広島災害に触れましたが、ホルンフェルスは堅硬な地盤をなす岩石の典型です。チャートはさらに硬い岩石です。ところが、いくら硬くても、破れ目が多ければ、よく崩壊します。断層破砕帯では当然そうなります。たとえば京都盆地の周りには活断層がめぐっており、そこにはがさがさな〝元堅硬地盤〟があります。

岐阜市の御望山に計画されているトンネルの通過地域でも、ガサガサに破砕されているチャート岩があり、国交省の検討会で問題にされました。その結果、ルートが変更され、麓の団地の危険は多少軽減されたものの、別の検討会の答申により、断層の集中域へトンネルを突っ込むことになりました。トンネルの安全管理やメンテナンスのためには、むしろ最悪のルート

写真Ⅱ－11

大阪府枚方の台地に“戦後”建てられた公営住宅。“戦前”からの住宅は、台地の裾の、洪水被害を避けられ、一方では水を得られるところに集中。1960年代の光景。

と言えます。

もう一つ、２０１６年熊本地震の際に、多くの地質関係者が注目した問題を紹介します。

地盤、なかでも堆積層の物理的性質には、水の含まれ方が決定的に影響しますが、一般的にいうと、堆積の時代が古い地層ほど、地圧その他、続成作用を受けて硬くなっています。

ところが、その具合について関東や関西で造られた常識が、九州の中部の西寄り、とくに熊本地方では成り立ちません。原因は自然史（ネオテクトニク運動と水文）の特異性にあると考えられます。

たとえば、近畿地方で大阪層群などと呼ばれる地層や段丘堆積層の固さには、海水面が下がった氷河期に地下水面が下がって、古い層ほど何度も乾いたことが影響していると思われます。これに対して、九州西北部は全体的に沈降傾向にあります。さらに、被害が激しかった益

図Ⅱ―7

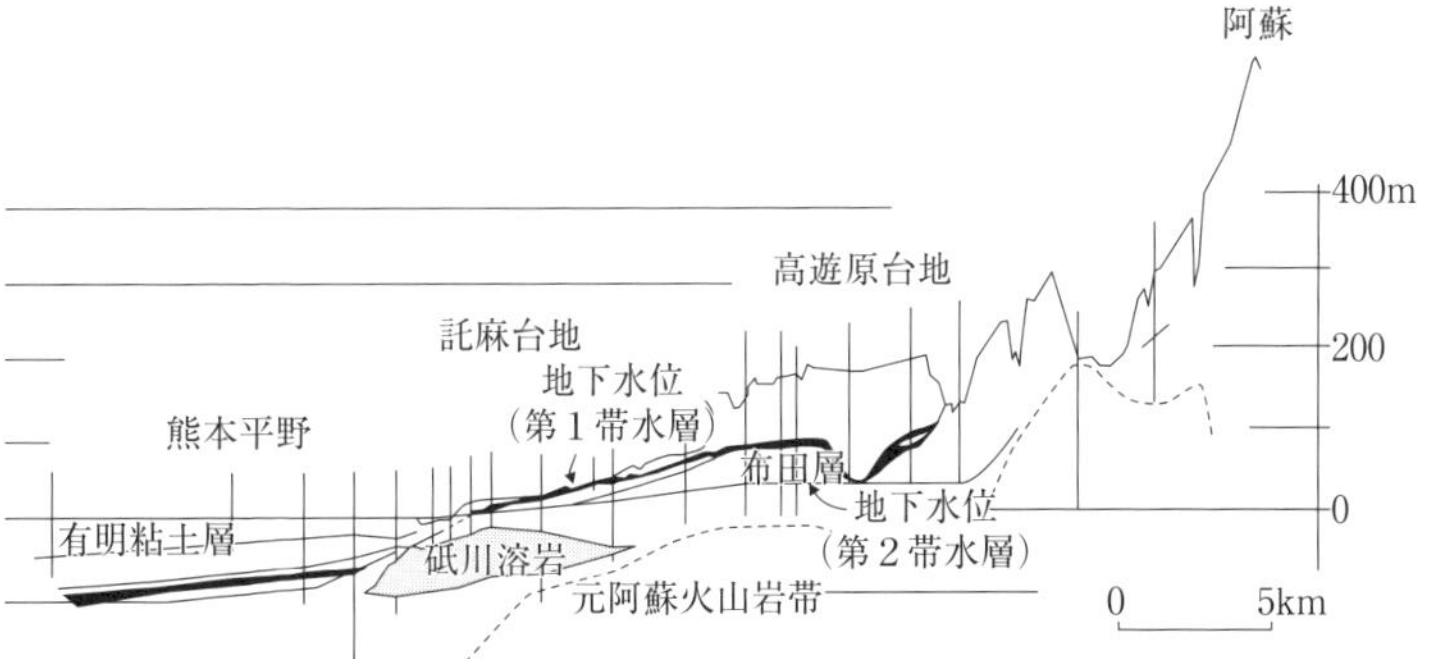

現在の阿蘇―熊本地下水断面図。託麻台地の地下水位は非常に浅く、凹地形部では地表面に近い（1993 年 10 月測定）。「熊本県・熊本市『平成６年熊本地域地下水統合調査報告書』1995 年」に基づく。「『国土問題 63』国土問題研究会」（一部省略）。

城地域などは、少し古い地層からなる託麻台地に位置しますが、この台地では阿蘇山からの地下水が長く流れ続けていて、硬くなる機会がなかったと考えられます（図Ⅱ—7）。

この問題は、2016年熊本地震災害の被害分布を観るときや、今後の地震防災的地域計画を考える際に、注意されねばなりません。

Ⅱ—5　河川災害

一　日本の治水問題

日本の川は滝だ——〝治水〟、どだい無理な話

明治の日本に来て河川の治水、整備に大きな尽力をしたデレーケが「日本の川は滝だ。」と言ったという話は有名です。国土が低平なオランダから来た彼が、この嘆きのような言葉を言ったというのはもっともです。日本の河川のこの特徴は、日本列島がアジア大陸縁辺の島弧であり、今も隆起や沈降が激しく、山や谷が発達するという自然条件によるわけで、いやだと言っても仕方がありません。平野部の洪水（用）について言えば、縄文時代の全世界的海進以後に、山からの土砂で埋め立てられてできたのが日本の平野です。もともと、土石流や洪水が氾濫することでできた土地なのに、その水をなだめすかし、土砂や水の氾濫も抑えようというのが〝治水〟です。あえて言えば、どだい無理なことをしようというのです。

京都府の福知山から北へ、日本海に向けて流れる由良川流域を行くといつも思うのですが、ここでは、どんな洪水も左右の堤防の間（堤外地（用））に止めてそれより堤内地（用）に出すまいとするならば、場所によっては、堤防を両側の山麓ぎりぎりに設置せねばなりません。つまり人が住むところが無くなります。この河は特別ですが、日本の山間平地を流れる河川は大なり小なり似た条件にあります。

１９７０年代の初め、桂川の上流の大堰川に日吉ダムが建設されることになりました。この時、ダム建設予定地では、土地収用問題からだけでなく、浸水被害が増えるということで、猛反対が起こりました。一方、予定地の下流の亀岡の人たちは大賛成しました。亀岡盆地では、下流の京都盆地までの保津峡で水が塞かれるために、しばしば湛水被害に苦しめられてきたからです。ここは一級河川ですから、管理者は国交省、つまり国ですが、京都府は、亀岡の人々の要請に応え、一度、川浚えと称して保津峡の最上流部の川底の岩を少し削ったりしたものです。

ところで、保津峡の疎通を良くすれば、そこからでた洪水が、京都市右京区で桂川堤防に当たる水の勢いが激しくなります。そこの堤防を頑丈にすれば、宇治川や木津川との三川が合流する八幡町（今の八幡市）あたりが危なくなります。そこを安全にすれば枚方あたりが危なくなる。そこを護ればさらに下流が心配ということで、どうしたら良いのか実に難問です。京都府から検討を依頼された調査団一同、嘆息したものです。

京都府の蜷川知事の考えでは、行政は〝小の虫を護る〟。〝下流は力を持っているから、下流にしわ寄せすれば、なんとかしおる〟ということだったようです。これは今に続くダム問題にも関わる問題でしょう。
　要するに、淀川水系に限らず日本の河川はどれも大きな水害の危険をはらんでいます。このことを一番良く知っているのが、当然ながら国交省です。何十年も前から、淀川の堤防のあちこちに看板を立てて、そのことをアピールしています（写真Ⅱ―12）。堤防が破堤したら浸かる地域には、標識を設置して、予想される水位を示しています。もちろん、今ではホームページで広報に努めています。そのことを知っている市民は多くないようです。

写真Ⅱ－12

宇治川堤防上に立てられた浸水リスク予想水位を示す標識。京都市観月橋すぐ下流左岸。この付近の予想水深は５ｍ。

治水の歴史

　明治以後、日本の人口は2倍、3倍と増えました。土地利用が広がり、複雑化しました。「洪水を住宅地域に一滴も入れてはならぬ」など、ように、どだい無理な話になったのです。
　それにつけて、人命や経済的損失のリスクが高まりました。だからでしょう。今の国交省は「洪水を完全に管理するのが河川管理者としての国交省の責任である以上、洪水は堤内地にいれてはならぬ」という考え方に戻っているようです。そうして、あくまでもダム設置計画に固執します。「河川の幅を今以上に広げることができないとすれば、ダムに頼らざるを得ない」ということだろうと思われます。

次の章で記しますが、ダムに頼れる時代はとうに過ぎました。いやでも総合治水を目指さなければなりません。

総合治水の考え方は、決して新しいものではありません。我が国で、大規模な土木工事で治水をおこなった成功例としては、４００年以上前の武田信玄の釜無川治水や加藤清正の白川の治水はよく知られています。自然の強大な力に無理に逆らわず、土地の流水などの特質をうまく生かしたことが、今も注目されています。

九州佐賀藩の成富兵庫による佐賀平野の河川改修事業では、日本一の干満差を持つ有明海奥の佐賀平野の、扇状地帯、自然堤防地帯、デルタ地帯の遷移帯の特質が、よく把握されていました。たとえば、扇状地帯で河道の「瀬替」（分岐・付け替え）をおこない、本川の中流地帯では堤防を乗越堤や霞堤（用）にして洪水を越流させるなど、多様な方策が、個別地域の地形などの自然条件に沿って展開されています。洪水を溢れさせると言っても、水害弱者であるデルタ地帯の集落は、遊水池の機能を避けるなどの方策で護られているのです。

これら先人の知恵は、明治の初期まで生かされていました。デレーケも、日本の河川の特性に応じた治山・治水事業を進めようとしました。しかし、西欧留学から帰国した技術者の多くは、進んだ合理的技術にのみ関心を持ち、日本古来の治水の考えを無視しました。治水を、ただ洪水被害を防ぐことだと捉え、必ずそれを達成するとの信念をもって、一滴も水を漏らさぬ連続堤防の建設に邁進しました。

しかし水害はしばしば起こりました。一方、たとえば武田信玄の釜無川治水は、今日に至るまで、有効に働いています。「どこが違うのか」。「明治以来の近代工法には、何か問題があるのでないか」。この疑問から、治水工法の見直しが、東京大学工学部の河川学の教授2代（安芸皎一、高橋裕）に渡ってなされました。これが、小出博や木村春彦、大熊孝その他の、より〝在野〟的な研究者による国土と河川の総合研究と相まって、今日の総合治水、さらには河川観の発展、普及に繋がったと言えると思います(注19)。

写真Ⅱ－13

昭和54年の堤防工事の際に
姿を現した槇島堤の遺構

宇治市槇島における太閤堤（宇治川堤防）の断面：中心部には礫が積まれている（宇治市教育委員会 2009『宇治川太閤堤跡』より）。

話は戻りますが、1896年（明治29年）に制定された河川法の考え方は、洪水を氾濫させず、一時間でも早く海まで送ろうということでした。そのためにはできるだけ川幅を広げ、河道を直線化しました。これには、前記のように、人口が急速に増え、居住地が平野一杯に広がったことが関係していると思います。それまであった不連続堤(用)を連続堤にかえ、それまであった樹木や竹林を伐りさえしました。それで、それまで、洪水が堤防を越えた時に濾《こ》されていた石礫が、そこに止まらないで、人家や田畑がある堤内地に溢れでるようになりました。

実は多くの堤防は、土砂を集めて盛り上げただけです（写真Ⅱ―13）。それで大きいわりに切れやすいのです。しかし、大きな堤防ができると多くの人々は安全になったと思います。それまで誰も住まなかったところに人が住むようになりました。一方、河川の自然堤防の上などは、中小の豪雨による洪水では冠水しないところでした。集落はそのようなところから次第に広がります。ところで、封建時代から、生業の都合で流水のそばに住んでいた人たちの集落には、明治以来の河川改修の結果、かえって水が集まりやすくなった場合があるのではないでしょうか。

第二次大戦後、それも高度成長が始まってから、新しく、住居地の安全度・危険度（グレイ度。後述）の地域間格差が生まれました。とくに大阪周辺では、沼地や蓮池であったところが、土地代の安さから、まず〝開発〟され、「文化住宅」が建ち並びました。台所排水（汚水）が、すぐ横の沼に流れ込み腐臭を発していました。もちろん、何時湛水災害が起きても不思議ではありませんが、それがなくとも、健康に悪影響がでる環境です。しかし、私の知る限り、多くの住民は、台所排水が家屋から出てからどうなっているかを、気にも留めていませんでした。

「我が家の押し入れは〝何故か〟湿気が高い」とこぼしていましたが。

新河川法

明治以来の河川改修にもかかわらず各地で水害が発生することや、地域環境保全への社会的関心の高まりは、やがて、国交省の専門家たちの河川管理の考え方にも影響を及ぼします。１９９７年には、河川法も改正されるに至ります。当時、「新河川法」と呼ばれたこの法では、河川管理の目的に、治水、利水だけでなく、これに環境の整備と保全を加えることが定められました。環境をむしろ最も重視するという説明がなされることもありました。さらに、管理者や専門家だけでなく関係住民の意見が充分に聴かれねばならぬことが、高く唱われました。

２００３年に京都と滋賀で開催された第３回世界水フォーラムで、日本海

《コラム》　淀川水系流域委員会の宮本博司さんの一文

淀川水系流域委員会で、事実上の最後の委員長を務められた宮本博司さんが、2001年に京都新聞に一文を寄せられました。国土交通省の淀川河川事務所長当時のことです。淀川に限らず、河川整備のあるべき姿がまとめられています。その大略を紹介します。

「私たちは、あまりにも人間の目先の利害で川を改造しすぎたように思います。もちろん洪水防御や水供給は大切ですが、その目的のために川を排水路的、用水路的に整備してきました。この結果、地域社会からの川へのさまざまな負荷ともあいまって、川の姿はゆがめられ、生態系は病んでいます。河川の整備や利用について見直し、修復する必要を通切に感じます。

これまで私たちは川を制御しようとしてきました。しかし、川を知り尽くすことはできません。大雨による洪水などの自然現象の前には、人間はあまりにもひ弱です。今、もしも昨年の東海豪雨規模の大雨が淀川流域に降れば、堤防が切れて壊滅的な被害が生ずる危険は極めて大きいのです。洪水に対して非常に脆い状況です。

「川を制御する」発想ではいつまで経っても「もろさ」を子や孫に残すことになります。「川に生かされる」発想で、洪水があっても被害が最小限で済む地域環境整備をするよう、方向転換をすることが大切だと思っています。」

沿岸地域のある河川工事事務所の人が、「敵は内部にあり」と発言されました。「敵」とは国交省内部の保守派を指すことは明らかでした。そんなこと言って大丈夫なのか？　と思ったものです。

この「新河川法」の考え方に則り、淀川の改修、管理を実現しようとして、国交省淀川河川事務所が設置したのが、「淀川水系流域委員会」（写真Ⅱ―14）でした。この委員会は、広い情報公開と住民参加と言う点からも、また、国交省の既存の改修計画にとらわれず、それを客観的、批判的に検討したことでも、画期的なものでした。

ところが、この委員会が、数年の討議を経て打ち出した答申は、時の

写真Ⅱ―14　淀川水系流域委員会

第61回淀川水系流域委員会の光景。2007年9月19日（水）京都市みやこめっせ。多数の市民がつめかけた。委員会は前方奥の円卓。

国交省が受け取るものとなりませんでした。答申にある「新しく計画されているダムは原則として造らない」が気に食わなかったからのようです。この顛末については、委員会に参加した一人、古谷桂信さんによってまとめられた著書に詳しく書かれています(注20)。

その後の淀川の管理は、実際上、旧い河川法時代の、洪水を一瞬でも速く海に流そうとする考え方に戻っているように見えます。日本の政治状況、とくに政権のあり方が、河川工学技術にさえも影響しているのでしょうか。

近自然工法

1980年代になって、スイス、ドイツ、オーストリアなどで「近自然河川工法」の概念が生まれました。日本にもその影響が及び、1991年には建設省が、「多自然型川づくり」の名称で、これを導入しました(注21)。「近」という字には、「人間が一度でも手を入れてしまった自然は、神の創造物である自然ではない」という気持ちが込められているのかも知れません。自然に対する畏敬の念という点では、東洋思想の逆輸入のようにも見えます。

外国で盛んになってから、それまで敬遠してきた総合治水、「自然と人との共生」の概念を、それも形だけ取り入れる風潮には、今更という感じがします。コンクリートを剥がして石積みに変えたり、自然石を河川敷に置いたりすれば「近」自然なのではありません。「工法」と言いますが、ポイントはハードでなく、ソフトの施策にあるはずです。

［注（引用・参考文献などを含む）］
19：日本の治水・利水、河川問題一般に関わる問題を扱った図書として、たとえば左記のようなものがあります。
小出博『日本の河川——自然史と社会史』東京大学出版会、２４８頁、１９７０年。
佐藤武夫『水害論』三一書房、１９５８年。
高橋　保『洪水の水理——被害の評価と対策——』近未来社、３９６頁、２０１０年。
高橋　裕『国土の変貌と水害』岩波書店、１９７１年。
高橋　裕『川から見た国土論』鹿島出版社、２７５頁、２０１１年。
高橋　裕『川と国土の危機』岩波新書、１９１頁、２０１２年。
畠中武文『河川と人間』古今書院、３１５頁、１９９６年。
矢野勝正編著『水災害の科学』技報堂、７３３頁、１９７１年。
20：古谷桂信『どうしてもダムなんですか？』岩波書店、２１２頁＋３頁、２００９年。
21：山脇雅俊『自然工学——新しい川・道・まちづくり』信山社サイテック、２０９頁、２０００年。

二　「治水」は、治「土砂」にあり

ここまで「洪水」と書きましたが、河川を流れているのは水だけではありません。そこでいろいろな問題が起こります。洪水災害を防ぐには、水以外のものの果たす役割を重視しなければなりません。

土石流が出たときの洪水

上流で山崩れが発生した時の土石流や流木の恐ろしさは、２０１４年の広島北部災害や２０１７年の九州北部水害にみるとおりです。河川の下流に大洪水がでる時は、しばしば、上流で土石流が発生し、それから多量の土砂や流木が洪水とともに流下してくる時です。洪水全体の流量も、それで有意に増大するかもしれません。さらに、場所によっては、土砂の堆積で河床が上昇するでしょう。つまり、逆に洪水の安全流下可能断面が縮小します。そこへ再度、大洪水が来ることもあり得るでしょう。

河状変動、掃流力の増大

右に記したことは、災害の直接因に関係する問題ですが、もう一つ、素因として問題なのにあまり検討されていないのが、洪水による土砂、石礫の移動による河床状況の時系列的変動です。これが、行政による河川の設計・管理に際してどう検討されているのかは、率直に言って不安です。

宇治川の例を挙げましょう。この川では、下流の平野部の掃流力が、昔より増大しています。一つは天ヶ瀬ダムの設置の影響ですが、それだけでなく、砂州の除去、河底の掘り下げなど、

写真Ⅱ－15

塔の島委員会の際に筆者に渡された流量計算表では、塔の島付近の河床礫の平均径は3センチメートルとなっている。事実は、写真のように、これと非常に異なるが、改修計画設計者の、それが気にならない姿勢は気にかかる。おそらく、河床の礫経の違いは底面粗度（抵抗）にあまり影響なく、可能流量計算にも、ほとんど影響しないので平気なのではないかと思われる。

洪水がより多く、より早く流れ下るようにする努力が、営々となされてきたためです。宇治川の、平等院付近の塔の島や宇治橋一帯の河底からは砂がなくなり、径10センチメートルあるいはそれ以上の礫が敷き詰められた状態になりました（写真Ⅱ―15）。このことが、堤防改修やダムの流下能力増強の設計にどう考慮されたのか分かりません。

宇治川河川改修の途中で、コンクリート塊や、それより大きい砂袋が河床に置かれたことがありました。コンクリート塊の方は、大きさと並べ方とが影響して、ぽつぽつと流れ去り、まるで河の掃流力実験のようなことになりました（写真Ⅱ―16 a―c）。砂袋の方は、宇治川を良く

写真Ⅱ－16

a：宇治川塔の島横に並べられたコンクリート塊

b：宇治川塔の島付近に並べ置かれた砂袋（もっと上流にあったものは一部を残して流失した）

c：下流で発見されるaからのコンクリート塊

知る漁人が笑っていましたが、その予言どおり、いくつもの袋がちょっとした洪水で流れ去りました。

国交省の悪口をいうのが目的ではありません。問題は、同様な掃流力の変動が、全国の河川で起こっているはずだということです。設計、工事をした時でなく、その後の浸食、運搬、堆積による河状の変動が、どのように想定されているかに注意が必要です。

水害に関心がある住民も、改修終了時の洪水の疎通能力や水位にだけ注意を集中してしまいがちです。州の発達やそこでの樹木の生育は、よく問題になります。それは問題に違いありません。しかし、その除去や、石礫や砂の運び出しで河床を過大に低下させると、堤防決壊の可能性が増す場合があります。宇治川ではそれが現実の問題です。

三　堤防の破堤と水害

堤防決壊は、ダム決壊とともに、人工物に起こる問題であり、また、その発生には、人為的な素因が決定的役割を果たします。この点で、これらの決壊による災害は〝自然災害〟というより社会的要因による災害、言わば〝人災〟ですが、河川災害の問題には違いないので、ここで記述します。

河川堤防の決壊メカニズムは、大きく言って三つあります。国交省が河川管理に際して一番注意しているのは、決して水に堤防を越流させてはならないということのように見えます。この考え方から、運河や放水路と言っておかしくない人工河川でも、水や土砂石礫、流木の自然な動きを無視した河道改変が、しばしばおこなわれ、それが破堤の原因（素因）になっています。二三の例を挙げましょう。

長良川破堤：１９７６年9月12日、長良川の堤防が破堤し、岐阜県安八町一帯に甚大な被害をもたらしました。「安八水害」と呼ばれています。当時の河川法に基づく整備がなされていた一級河川の堤防決壊は、関係者にとってショックでした。

この破堤の原因は、裁判でもいろいろ論じられましたが、特定の地点が破堤したことや堤防が部分的に原型を残してブロック状に流されたことなどを説明するには、そこに丸池と呼ばれる池が存在したことに注目しなければな

図Ⅱ−8　長良川破堤部の新・旧堤防と丸池との関係

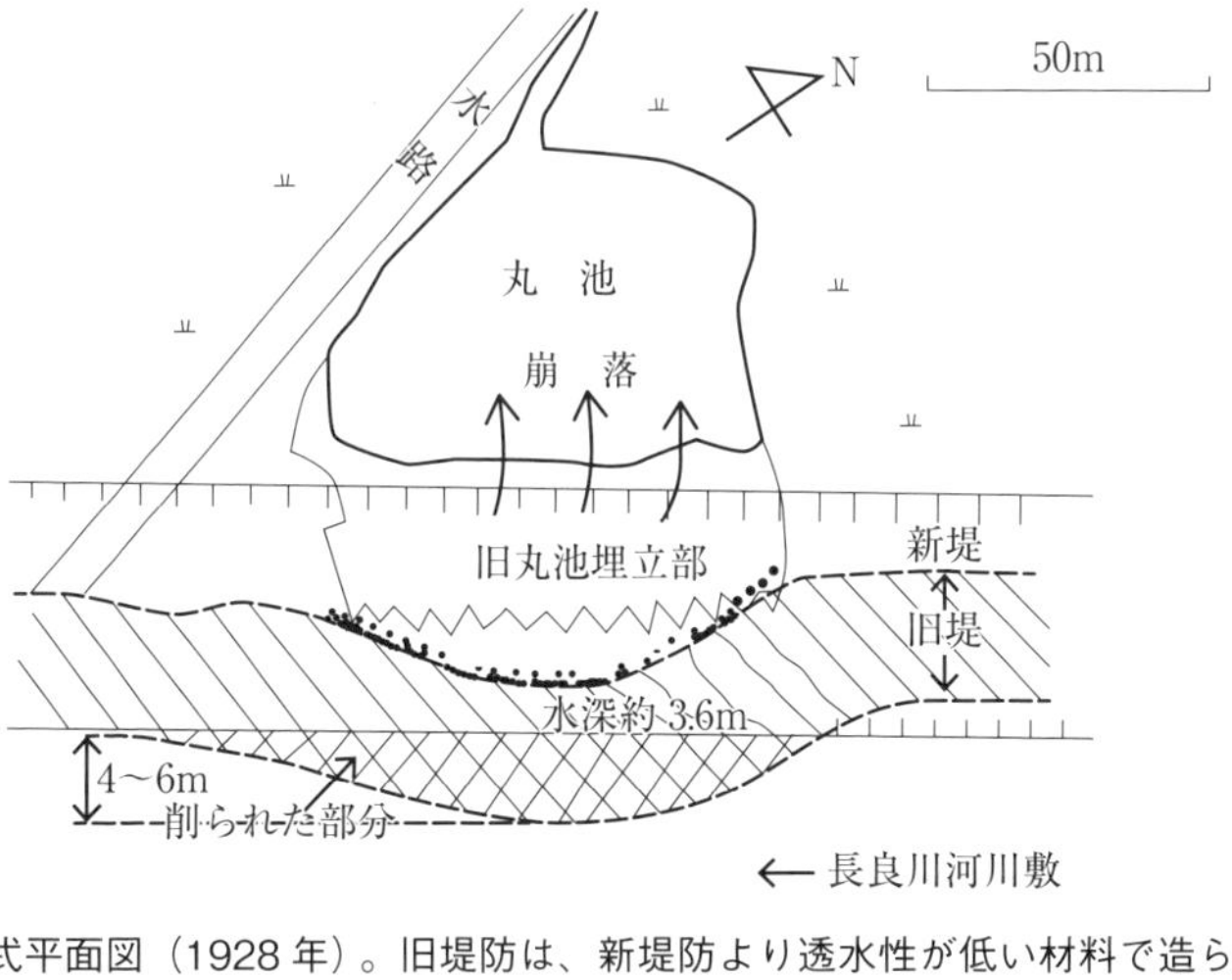

a：模式平面図（1928年）。旧堤防は、新堤防より透水性が低い材料で造られていたが、河川法による改修の際、河川敷側が大幅に削られた。「国土問題研究会。長良川水害破堤原因調査報告書『国土問題』1960年」による（簡略化）。

りません。この池は、かつて何度かの破堤に際して流水により掘られた落掘り（おっぽり）の跡と考えられます。堤防は、それを横切っていました。長良川の水は、堤防の下の、透水性の砂や砂利の層を通って、丸池と〝つうつう〟であったと考えられます（図Ⅱ―8）。

鬼怒川水害：落掘りは、2015年の鬼怒川水害に際しても形成されました（写真Ⅱ―17）。その際の水流と被害の激しさは、溢流による被災場所とは比較にならぬ大きなものでした。

ここで、長良川の教訓が想起されねばなりません。ただ復旧をするだけでなく、同じ場所で破堤が繰り返

写真Ⅱ－17　2015年鬼怒川水害に際し、生じた落掘り

破堤の激流によって洗掘された落掘り。2週間後も水がたまったまま。上方は、決壊後、大型土のうを積み完成させた仮堤。
『現代の災害と防災 ―その実態と変化を見据えて―』p.26より（池田碩氏撮影）。

されないような計画を望みます。

四　淀川水系の場合

淀川水系の水害

琵琶湖から流れでる瀬田川が、京都府に入って名前を変えて宇治川となります。これに、いわゆる三川合流地帯で、北から桂川、南から木津川が合流したのが淀川水系です。鴨川（北部では加茂川）は桂川に入っています。国交省の広義の淀川水系流域には、神戸市の西端までが含まれます。用水が送られているからです。

先に記したように、日本の川の管理はとにかく難問で、淀川水系も例外ではありませんが、この水系の場合、由良川に比べて有利な条件があります。流域が広く、太平洋側と日本海側にわたっていて、上流の複数の河川の気象条件が違うからです。たとえば琵琶湖に入る川の上流は冬に積雪するため、春に水の流出が増えます。もちろん梅雨や台風の雨も琵琶湖に入る河川の流域で降らないわけではありませんが、ともあれ、河川流域による雨の振り方の違いをうまく利用することができるはずです。そもそもこれが、「琵琶湖総合開発」を柱とする淀川水系治水の根本理念でした。

ところが、近年、あることに気づきました。この淀川水系の降雨の有利な特性は、これまで、国交省の近畿地建の洪水制御では、必ずしも良く生かせていないらしいのです。私は、以前、各河川の集水域の降雨状況が、時どき刻々淀川河川事務所かどこかに報告され、それと各ダムの湛水変化、各地の量水標の水位を本にシミュレーションがなされ、ダムの放水の指示がなされているものと思っていました。

ところが、国交省の人に聞いたところでは、少なくとも2013年当時までは、豪雨が降っても、ダムの放水に関係しての河川流量の経時的状況や予想を含めたコンピュータシミュレーションはなされておらず、ダムと量水標の水位の報告だけが頼りだったようです。

この情報技術時代ですから、事態はその後、急ぎ改善されていると信じたいと思います。他の水系ではどうなっているのでしょうか。

破堤と浸水リスク

前に触れましたが、国土交通省近畿地方整備局（近畿地整）は、何十年も前から、淀川（宇治川を含む）、木津川、桂川で大洪水が起きて各地で堤防が破堤した場合の浸水想定をして公表し、住民や自治体に注意、対策を呼びかけてきま

《コラム》 基本高水

個別の河川管理の基本とする洪水の高さ（流量変化のハイドログラフ）を「基本高水」と言います。個別の場所での堤防の設計、とくに天端までの高さを決めるための基本とする水面高は「基本高水位」と言い、それ以上に水面が揚がると堤防が危険となるとされています。これを越える流量や水位の洪水を「超過洪水」と言います。

こう聞くと、「基本高水」とは、自然科学的な根拠を持った基準値であるように聞こえます。実はそうでなく、流域の社会的な諸事情から技術的都合まで勘案して決めるものと思うべきです。ダム必要論の根拠とするためか、しばしば過大に設定されています。実際の破堤は、この値を水面が超えた場合にも、越えなかった場合にも起こっています。

した。

最近、日本各地で相次いで想定以上の豪雨による水害が起きています。この事態に対し、２０１５年に、水防法の災害規模想定が高められ、千年に一度の豪雨となされました。これを受けて、「近畿地整」も、淀川水系で基準とする大阪府枚方市の最大降雨量を、２００２年の「２日間で５００ミリ」から過去最大を上回る「24時間で３６０ミリ」に変えて検討し、その結果を２０１７年6月14日に発表しました。それによれば、各地で堤防が決壊した場合の最大の浸水深は、京都府木津川市で８・９メートル、宇治市で８・７メートル、大阪府高槻市で８メートルに達します。大阪市のＪＲ大阪駅周辺では、バスが運転席付近まで水没し、50センチメートル以上の浸水が３日間以上続くとされています（注22）。

近年の降雨の状況を見れば、これらの降雨予測の確率や想定最高値は、これで充分なのか問題でしょう。浸水高は、むしろ地形で決まる面が大きいでしょうが、それでも予測数字は控えめに過ぎるかもしれません。

ここで指摘したいことが一つあります。淀川整備枚方事務所の人たちが断言していますが、担当者は、堤防の破堤を絶対に許してはならないという立場であり、「切れるならここで」といった考え方はしていません。しかし、現実には破堤はあり得ることを否定できません。だから浸水想定がなされ、市民に警告がなされるのです。これは「嬉しくない現実」です。肝に銘じておくべきことです。

無理のしわ寄せ――宇治川

ここでまず、宇治川堤防の決壊が考えられるメカニズムを四つ、挙げておきます。

1：溢水による破堤。とくに、天ケ瀬ダムの放水路新設工事が終わり、1500トン／時放流が実際になされれば、これが起こることが非常に恐れられます。

2：洪水時パイピングによる破堤。これが今、溢水がなくとも起こりうる状況にあります。

3：天ケ瀬ダムより下流に入る支流、とくに志津川の上流などで大規模崩壊と土石流が発生した場合。流下土砂が河床を埋め、洪水の水位が上昇、溢水する（あるいは、破堤に至る）。

4：天ケ瀬ダム決壊。

3のケースについては、これまでほとんど検討されていません。

先に述べたように、淀川水系の治水には元々無理があります。それが、宇治川が、秀吉が造った人工河川であるからだということは、良く知られています（注23）。淀川水系流域の有利な点を生かそうとしても、宇治川がはらむ問題がネックとなって上手くいきません。しかし、秀吉や明治以後の改修工事によって、先に記した長良川や鬼怒川と似た問題が生まれたことは、あまり認識されていないようです。

具体的に言えば、まず宇治川の本川から巨椋池への流路が堤防で塞がれました、一方、堤防は、東の山地から巨椋池へ向かって流れていた川を跨ぐことにもなりました。本川の分流への流れ道も同様です。当然ながら、これらの元の河道を埋めた土砂は、その後、本川の堤防の下での、水の通り道になっています。つまり、長良川や鬼怒川と同様な条件があるわけです。堤防が切れるとすれは、これらの箇所です(注24)。この（2018年の）雨期までには、適切な対策がとられねばなりません。あせります。

スーパー堤防

スーパー堤防（高規格堤防）については、筆者には、今、意見を述べるだけの知識や経験がありません。一見、良さそうな案にみえますが、実施には大変な経費と時間がかかり、非現実的だと言われます。現在の進捗状況では、計画通りの整備には数百年から千年を超える年数を要するそうです。そもそも、住民に一時移動を強いねばなりません。その一方、新しく、近接地の内水災害の要因をつくりかねません。反対が起こるのは不思議でないでしょう。国交省が、スーパー堤防に固執するあまり、それ以外の耐越水堤防工法を認めないので、首都圏と近畿圏のいくつかの河川以外、多くの堤防強化工事が遅れているという話です。地域住民としては、これは困ります。そのためか、〝有害無益〟とさえいう人もいます。

ところで、堤防に限らず、自然地盤、土砂による盛り土、コンクリート、鉄材など、物理的性質の違うものを組み合わせる工法では、水漏れ、不等沈下や盛り上がりなどをきたす怖れがあることは否めません。技術的にも慎重な検討が必要です。スーパー堤防、高規格堤防についてはどうなのか。行政の、その工事に携わる技術者の間にも、批判や疑問を持つ人が少なくないようです。しかし、検討不充分なままで施工の実施が決定されることがあるようです。各地の現場の今後がどうなるか、注意、監視が必要と思います。

［注（引用・参考文献などを含む）］

22：浸水想定区域図は、国交省淀川河川事務所のホームページ（http://www.kkr.mlit.go.jp/yodogawa/index.php）で見ることができます。

23：小出博『利根川と淀川』中公新書、220頁、1975年。

24：紺谷吉弘『現代の災害と防災――その実態と変化を見据えて――』本の泉社、「第3章　自然及び人為的環境変化と災害――京都府下・宇治川流域における例――」、2016年。

五　下流の大きな平野の水害

被災グレイ地域としての大阪・河内平野

淀川水系の、さらに下流に下ってみましょう。

大阪府の低地部は全域が複数要因による災害リスクのある典型地、私がいう〝被災グレイゾーン〟です（グレイゾーンについては、Ⅳ章を参照してください）。大阪平野だけでなく河内平野も、縄文時代から歴史時代のはじめまで海でした。今も軟弱地盤が発達する低平地です。

もちろん、河内平野は大阪平野よりも早く陸地化しましたが、水が大阪城の台地の北を回ってしか流れ出なかったため、長く池や沼が残り、洪水・湛水被害も頻発しました。その後、市街化によって、雨水の地下への浸透も極端に少なくなりました。堤防が破れればもちろんですが、そうでなくとも、以前のシステムでは降った雨水を全部川や海に出すことができません。そこで近年、大阪では、地下に巨大な河川をつくりました（図Ⅱ―9）。また、市街地内の公園を「治水緑地」（はっきり言えば遊水地）として整備したりしています。さらに、たとえば大東市では、5階建住宅の棟の間の空間を、いざという時には水の貯留場所とすることになっています。

　このような、自然・人文史を持つ両平野は、ここでは地震による災害についての記述は省略しますが、各種災害に対して極めてリスクの大きい、私の言う被災グレイゾーン、それも黒さが、かな

図Ⅱ―9

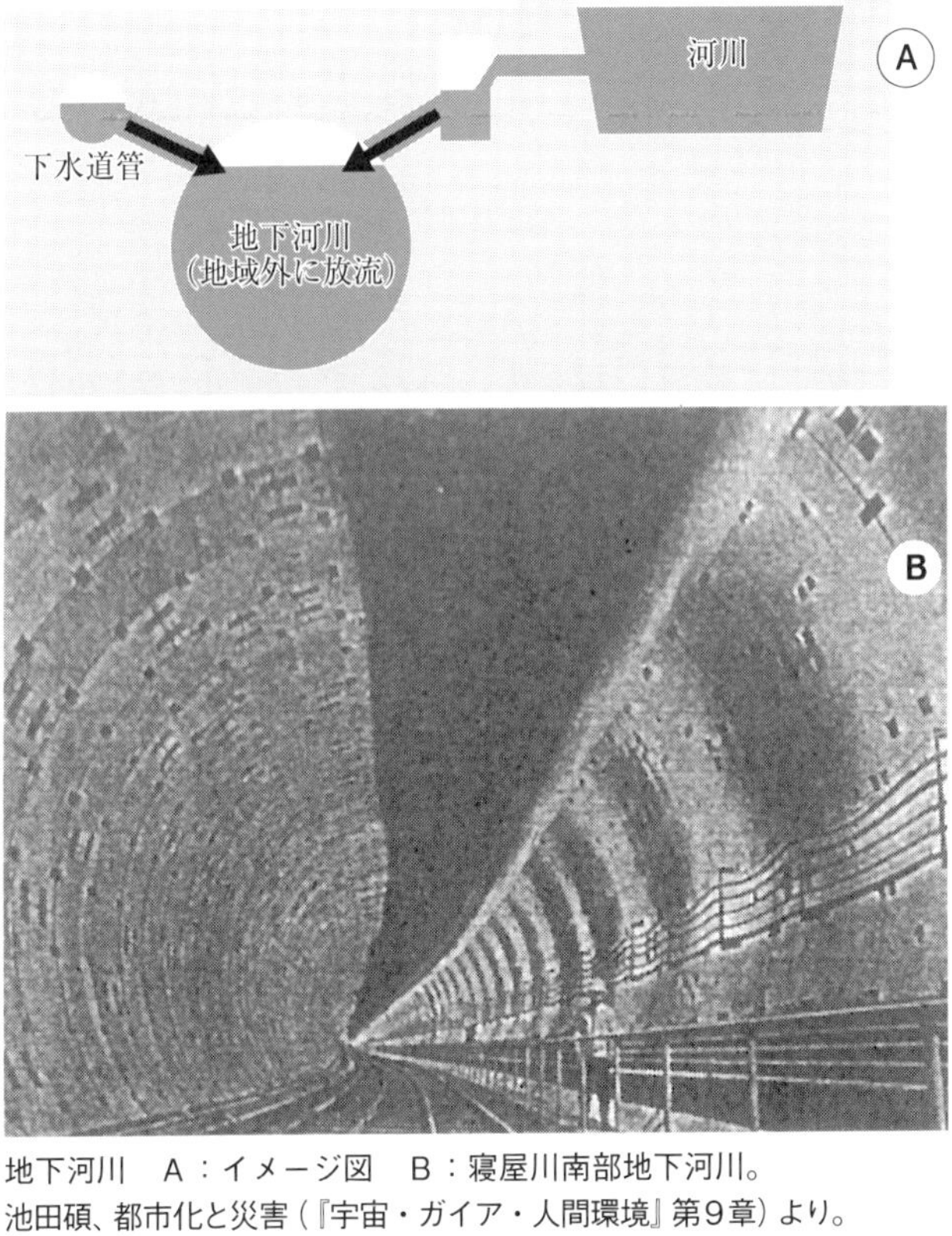

地下河川　A：イメージ図　B：寝屋川南部地下河川。
池田碩、都市化と災害（『宇宙・ガイア・人間環境』第9章）より。

り大きい地域をなしています。

行政の担当部局の人たちは、大きな危機感をもってハードな減災に取り組んでいます。しかし、これらの設備が、地盤液状化や停電などを伴う地震や津波、洪水浸水の際にどの程度、機能するのかは問題です。一方では、古い中心市街地や工場地帯の防災は、河田恵昭さんなどの警告や多くの積極的提案に関わらず、遅々として進んでいません。もう一つ問題なのは、市民が、現地のこの状況をどの程度知っているかです。さらに根本的に問題なのは、このような事情をお構いなしに、開発は開発として、当該の大阪市や大阪府によって大規模に進められていることではないでしょうか。

ここで気になるのが、直接因の重複パンチです。極端気象による洪水、地震と津波、あるいは火事が重なって起こる場合も想定しなければいけません。

もう一つ、注意しておきます。多くの市民は、洪水や津波による被災の程度は、海岸に近いほど高いと思っているようです。夢の島その他の干拓・造成地の被災リスクが高いことは事実です。しかし、新しい造成地は、干拓だけでなく盛土もされ、多少とも地盤改良されています。ですから、土地の高さ（海抜）を見ると、大阪市の中心街の方がかえって低いのです。洪水や津波の氾濫水はここに溜まります。ここに地下街が発達しています。

六　総合治水――減災のポイント

くどいかと思いますが、災害は、二つ以上の要因が重なると非常に起きやすく、また規模が大きくなります。上流での豪雨では、普通に山地崩壊や土石流が発生しますが、それは、下流の洪水の状況変化に関係します。記録的豪雨はしばしば台風で起こります。それは気圧低下による高潮を伴います。偶然に地震や津波が起こることもないとは言えません。地震による堤防地盤などの破壊や低下も起こりえます。豪雨による水害の想定には、これら総てによる多重パンチを考えねばなりません。行政やその研究機関による調査では、滅多にそれはなされません。

総合治水は可能でしょうか。完全を求めるとすれば、答えはノーです。総合治水を進めれば、それなりに減災ができましょう。しかし、日本の国土は、どうやっても、ときに激しい洪水災害が起こるのを、防ぐことはできないようにできています。それに、「地球温暖化」を止めることができなければ、話になりません。日本の人口減少は、やり方によっては、土地の防災的利用には一つの有利な条件になりえます。しかし、実際には、人口減少は、政府だけでなく民主的な地域防災力も低下させるでしょう。後で触れますが、すでにその兆しが現れています。

ともかく、これまでの土地利用のあり方を根本的に見直し、かつ個別の場所毎にデザインし直すことが必要です。もちろん、個別の地域では、今でも洪水災害の危険がないところがあります。「グレイ」の程度を下げる方策も立てられます。水というものは、滅多に低いところから高いところへは流れないからです。この当たり前のことが、一番大事です。

Ⅱ—6　火山災害

一　火山活動

日本列島には多くの火山が列をなし、また火山帯をつくっています。火山活動はそのなす山体が秀麗なだけでなく、山中湖や中禅寺湖のような美しい湖や池を生み、耶馬溪や玄武洞のような奇巌奇勝をつくります。火山活動は恐ろしい災害を起こしますが、一方、人々は、阿蘇や鹿児島などのカルデラのなかや、火山島の上にも生活を営んできました。

火山活動の規模や性質は多様です。火山の活動の性質、とくに爆発性かマグマをだらだら出すのかといったことは、それぞれの火山が出すマグマの化学的組成、水やガスの含み方などにより決まります。たとえば、ハワイのマウナロアや、日本の伊豆の三原山では、普段は火口を覗きこむことができます。このことは、それぞれの火山との日常の付き合いや、いざと言う時の避難の上で大事ですが、中・高校の地学で教えていただくとして、ここでは少し別の角度からの話を記します。

二　火山噴火の警報

２０１８年1月23日、草津白根山の本白根山でガス爆発があり、噴石で死傷者がでました。人が適切なことをしていたら出ないですんだ犠牲でした。この痛恨の事態から、多くの人々が、火山活動の予想、予知の問題に関心を持たれたように思われます。

この爆発は、前兆が全く気付かれませんでした。気象庁が噴火を確認したのは1時間も後のことでした。それで、世間では、火山の噴火予知は不可能だといった考えを抱いた人もあるようですが、その考えは極端です。

火山の噴火は、地下にマグマが溜まり、上昇しなければ起こりません。それは、火山の地下の地震波の伝わり方や、地表の微小な動きの観測により、かなりに良く知ることができます。日本では、活動の可能性がある火山がリストされ、24時間態勢で監視されています。これらの火山については、大きな噴火なら、時は特定できませんが、そろそろ危ないといった警報は出せるはずです。今回の草津白根山の噴火や、2014年の御岳火山の場合には、規模があまり小さかったので、予兆があっても観測にかからなかったのだと思われます。

物理的な観測機器だけに頼らず、人が常時、山を、それも本白根山をも歩き回って、肉眼で地表を観察していたら、あるいは何かの兆候を発見できたかもしれません。ですが、今の観測・調査の人員では、それは望むべくもありません。

今回の事態については、専門家の注意が、近年噴火を繰り返してきた北側地域に集中し、3000年間（あるいは1500年間）噴火していない本白根山の活動の可能性が軽視されていたという事情があるようです。これは、今後の火山噴火活動監視についての教訓となりました。多くの火口群を持つ火山については、長く噴火をしていないところについても、油断なく、常時観測や調査をしておかねばならないということです。ちなみに、1万年以内に噴火したことがある火山は、全国に111あります。

三　今後の火山大爆発の可能性

今、富士山が、江戸時代宝永年間に起こった規模の噴火をする恐れが指摘されています。2011年東北太平洋沖巨大地震や、予想される南海地震との関係が、歴史的経験上指摘されています。首都圏が都市機能麻痺の事態になる恐れが高いので大きな問題です。

世界的に見れば、1980年代以降には、火山災害による死者があまり出ていません。しかしこれは、たまたま噴火が少なかったからに過ぎません。イギリスのコベントリー大学のマシュウ・ブラケットという学者は、世界の危険な火山として、5つの火山、エトナ、ヴェスビアス、コンゴのヌイラゴンゴ、メキシコのポポカテペト、クラカトア、白頭山などを挙げています。そのうち白頭山は、中朝国境の長白山脈の主峰で、山頂にカルデラ湖をもつ美しい火山ですが、この火山には969年前後に、有名な1983年のクラカトア火山噴火の3倍以上の噴出物をだすという、過去1万年間で世界最大級の噴火の実績があります。最近の観測により、2010年代以降の活動再開の可能性が分かったそうです。もし大噴火をすると、日本にもその影響が及ぶ事態となるかも知れません。

先歴史時代の阿蘇山や、九州の南の喜界島などのカルデラ爆発は、これらとは比較にならぬ大きな規模のもの(「破局的噴火」)でした。九州南部にすでに縄文時代早期に栄えていた文化が、喜界カルデラの爆発によって消え果てたと考えられています。火山灰の被害は、本州の北部を除く全域に及びました。今、このような事態が想定される場所での原発の存在が問題になっています。

同様の爆発で世界的に有名なのが、エーゲ海のサントリニ島カルデラ爆発です。喜界島やサントリニ島のカルデラ大爆発は、それぞれ当時の文明を一つ滅ぼす規模のものでした。実は、地球上で起こり得る火成活動による最大規模の爆発とその被害は、この程度では済まないものです。とくに北米大陸のイエローストーン公園では、北米全体、ひいては全世界の現代社会を破局に至らせる大爆発が起こる恐れが指摘されています。これについては、後で触れます。

四　雲仙普賢岳噴火災害の教訓

ここで、雲仙普賢岳の噴火災害の例を取り上げましょう。いろいろと教訓になることが見られたからです（写真Ⅱ―18）。

この火山噴火災害の特徴は、溶岩流でなく火砕流（用）が流下したことと、その堆積物などが豪雨の際に岩砕流（注25）をなして下流の住宅地を襲ったことでした。この特徴は先に触れたマグマの性質に関係しますが、ここでは省略します。以下では、どち

写真Ⅱ―18

雲仙普賢岳噴火災害に際して、流下した岩砕流堆積物（水無川下流域）。普賢岳は遠く霞んで見える。右方の山は眉山。これがバリアーとなって、島原市街には、ほとんど被害がなかった。

らかというと社会的問題について少し記します。

私が当時注目したのは、当時実施された、救援・復興の緊急対策と中・長期展望のなかでの対策です。一口に言って、国交省（当時建設省）や地元自治体は、ただ頑張ったのではなく、これらを合わせて考えて計画を立て、取り組みました。たとえば水無川では、豪雨が降れば、まだ土石流が発生、流下する時点で、無線操縦のパワーシャベルまで投入して復旧工事を開始しました。その際、工事に従事する人々の命を守るためには、すぐ後に撤去するに決まっているコンクリート製シェルターを造ることを厭いませんでした。そして造ったダム群や導流堤は、当面だけでなく、１００年後までも有効に人々の命や生活を守れるものです。

導流堤は、短い堤防を逆ハの字型に並べられ、河川の霞堤のように、過大な土砂や水は隙間から溢れでるようになっています。これが連続堤でないことは、両岸の集落間の往来を可能にしています（図Ⅱ—10）。

導流堤に挟まれる土地は、住宅を建ててはもちろん危ないのですが、雨が降らない平常には、家畜を放牧することが可能だという意味では後述（Ⅳ章のⅣ—3—二）のグレイゾーンです。もちろん、導流堤の隙間を通って、ここに出入りできます。

なお、ここでは、災害を逆に利用しています。地震災害を起こした活断層露頭の保存は、各地でおこなわれていますが、土石流で埋まった家屋自体を保存し、災害記念館と結び付けて、観光客にも積極的にも見せているところはここが初めてではないかと思います。なかには心ない観光客が、被災家屋の前でVサインをして写真に収まったりするかも知れません。しかし、そのような人でも、災害の実態を観て、いくらかの防災意識を持ったり、後に災害ボランティアになったりするかも知れません。被災者の人々の判断と心に深く敬意を払いたいと思います。

いざ災害が起こればどこでも、首長を先頭とする自治体職員の苦労は大変なものです。雲仙普賢岳災害については、地元の住民の生活条件、生業などの復旧、復興の方策が具体的に工夫された点で、その後の参考になることが少なく無かったと思います。「仕事はできるだけ地元の業者に出す」などなどということは、当然でした。被災者住宅の居住性も、それまでのどの災害より良かっただけでなく、その後の複数の災害より良かったのではないかと思います。

ちなみに、いわゆる〝ボランティア革命〟は、1995年の阪神・淡路大震災に始まったとするのが一般的かと思います。しかし、この雲仙普賢岳噴火に災害の救援にも、ボランティアは多数駆けつけました。

まずかったのではないかと思うことも、ないではありません。

図Ⅱ－10

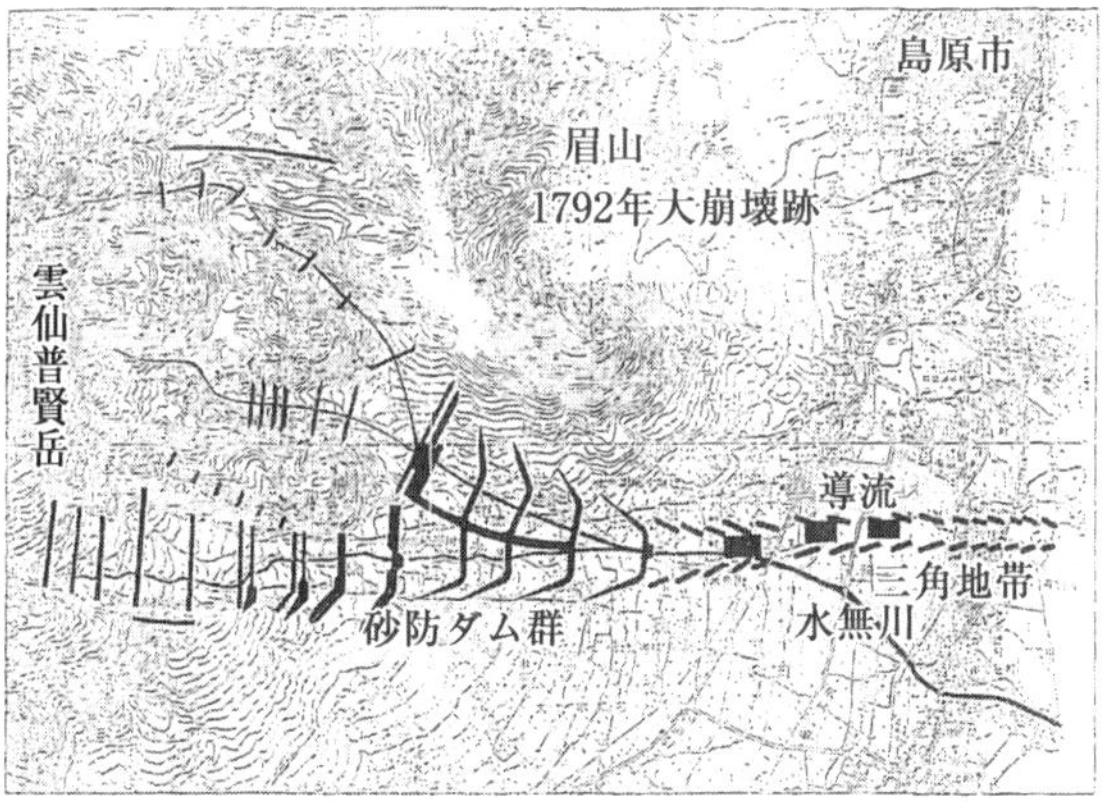

水無川流域の砂防事業の基本構想（国土交通省 2002 年 10 月 13 日発表）。三角地帯には土盛りして嵩上げ。

普賢岳の噴火当時、普賢岳北東斜面のかなり高いところに住んでいた人がいました。避難しなければならなかったのは当然ですが、問題はその後です。

行政は、中尾川（図Ⅱ—10からは、北に外れます）を下った土砂を浚《さら》い、さらに拡幅や掘削をしてでた土砂を使い、海を埋め立てて土地を造成しました。その土地を公園のようなきれいなものに仕立て、避難者たちの居住地としたわけです。一見立派な方策です。ところが、避難者のほとんどは高齢者でした。住み慣れた高地では、牧畜その他の生業で、独立して生きていけたのです。しかし、海岸に住まわされては、何もすることがありません。

元の高いところにも、もう土石流がこないところがあります。行政区画を越えれば、なおあり得ます。一見素晴らしい居所を与えられたのが、高齢者にとって果して幸福だったのか、気になります。

雲仙から神戸に逃げて阪神淡路大震災に遭った人がいます。次の噴火を心配されたのでしょう。しかし、雲仙岳の地下のマグマの溜まり方は、今、しっかりと観測されています。それでも時を特定した噴火予知はできませんが、大噴火の警告は必ず出されるでしょう。200年か、早くとも100年先のことだと思います。今、雲仙は、日本の何処よりもと言ってよいぐらい、好いところに戻っています。魚も肉も野菜も新鮮で美味です。台風はきますが、気候温暖、何よりも風光明媚です。温泉もあります。島原半島はユネスコ世界ジオパークです

［注（引用・参考文献などを含む）］
25：一般にいう土石流に入ります。

Ⅱ―7　地震災害

一　地震とは何？

地震を発生させる地殻変動こそ、火山活動にもまして、日本列島を形成し、気候風土、生活環境条件を生んだもっとも基本的な事象です。今、それが活発な時期の最中です。その研究は、日本では、当然ながら、世界をリードするレベルと規模でおこなわれています。それでも、いくつもの地震に際して、〝想定外〟の事態が起こりました。

〝テレビでの解説を聞いても分かったようで分からない〟。〝専門家や行政のいうことなど、果して信じてよいものか〟。そう感じている人々は多いでしょう。まして、専門家から〝想定外だった〟などと言われては戸惑うばかりでしょう。専門家は、よく〝日本全国どこでも地震は発生します〟と警告します。また、予知はできないとも言います。ところが、それを聞いた市民には、〝どうせ何処にいても同じだ〟というように受け取ります。それは困るのです。

地震ほど、一般市民や行政にとって良く分からない自然現象はないのでしょう。たとえば、熊本県は、熊本地震に襲われるまで、熊本は大規模地震発生の恐れがないとして、それを企業誘致の目玉にしていました。驚くべき事実です（注26）。

このような状況を心配してでしょう、多くの解説書がだされています。しかし、これらの解説書を読まれた方からも、思いもよらぬ質問が出されます。解説を書く専門家は、一般の人が何を分からないのかが判らないようです。そこで、この章では、すこし横の冷めた立場から、それらの質問に答えてみたいと思います。それには、またぞろ、はじめに基礎的な事項の説明が必要かと思います。面倒と思われる方は飛ばして読んでくださるようにお願いします。

［注（引用・参考文献などを含む）］

26：熊本地震で、布田川断層と日奈久断層という二つの断層が連動するよりかなり前のことですが、熊本県でのある裁判に関係して、ある〝専門家〟が、これらの断層の活動可能性を否定し、市街の北の断層の方を問題にしました。近い過去に活動した断層が危ないと考えていたようでした。この考えは、当時としても専門常識外で

図Ⅱ－11

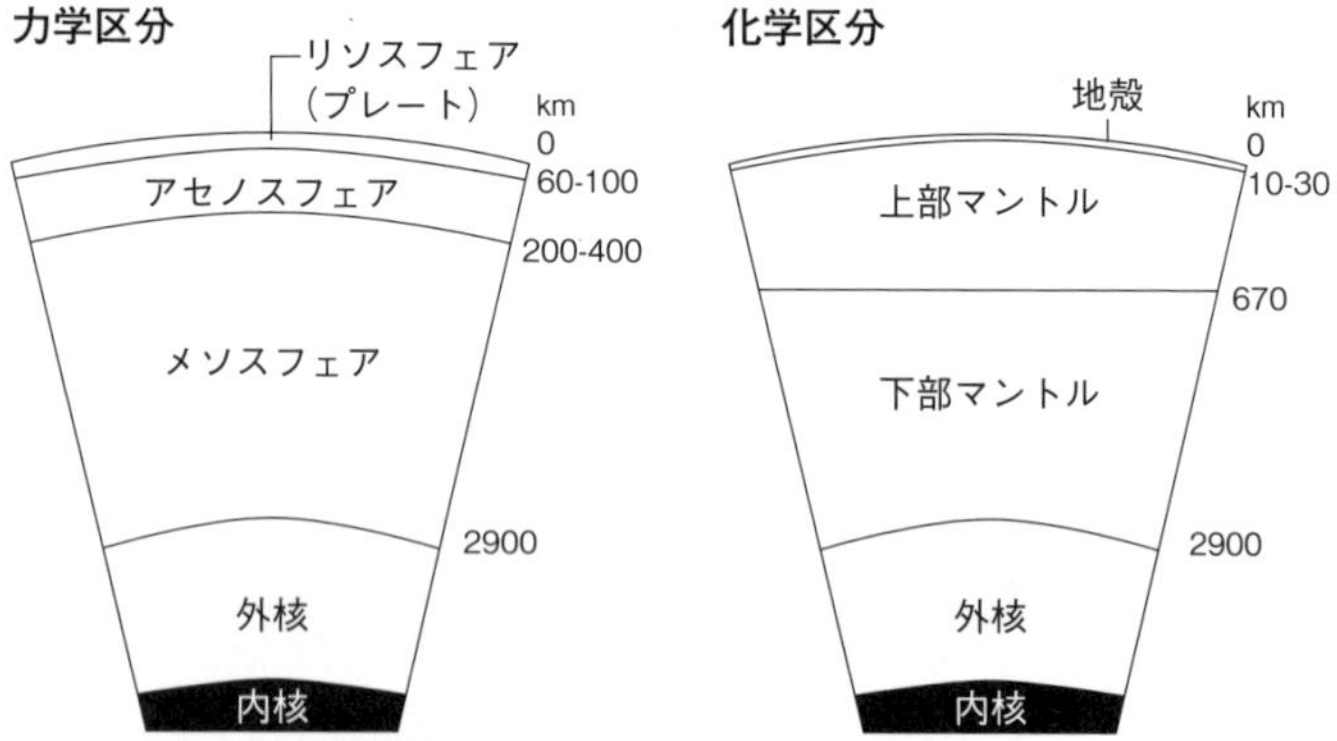

地球の構造に関する力学区分と化学区分。リソスフェアとアセノスフェアは、化学的性質の違いよりも力学的性質の違いを示し、地震波速度が異なる。リソスフェアを近似的に剛体の板として扱うのがプレートテクトニクス。
※力学区分のメソスフェアの内部変化を省略。

す。原告住民側は、布田川断層や日奈久断層が動く危険性を指摘し、今で言う連動の可能性にも触れました。しかし、裁判官には（無理もありませんが）、どちらの〝専門家〟の証言が正しいのか判りませんでした。同様な事態は、今でも原発裁判などで起こっています。

二　プレートテクトニクス

地震に関する本には、その基礎的知識として、プレートテクトニクスについて述べてあるのが普通です。この本では省略したいのですが、ちょっと触れておきます。まず図Ⅱ―11として地球の断面図を示します。また図Ⅱ―12には、1990年代に現れた、プレートテクトニクスを含む全地球テクトニクスについての考え（プルームテクトニクス）を紹介します。プレートテクトニクスは、地球規模の構造運動論であり、本来は（狭義には）前頁Ⅱ―11図のリソスフェアを剛体（注27、用）に近似して、その幾何学

図Ⅱ―12

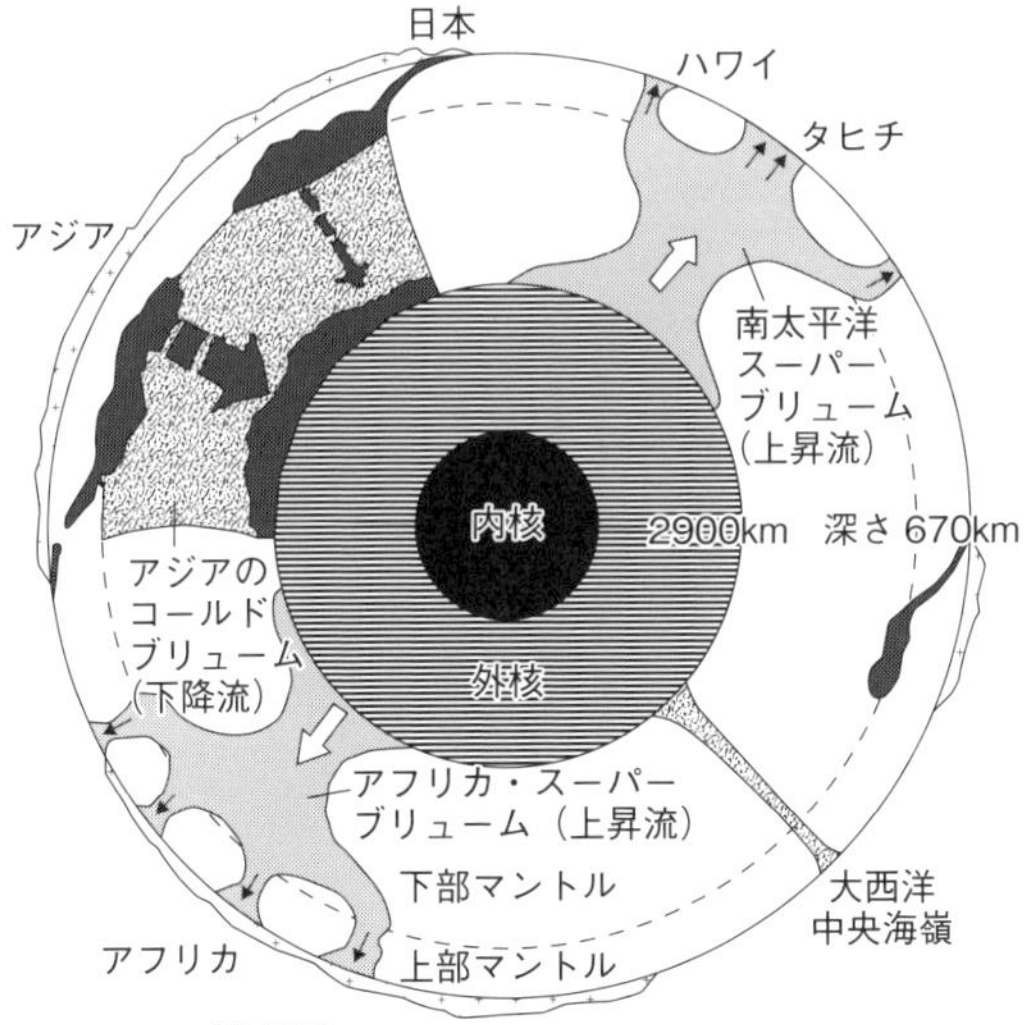

プルームテクトニクスの模式図
（「丸山茂徳・熊沢峰夫・川上紳一『地質学雑誌』100巻1号、1994年」による）

的相対運動を論ずるものです。しかし、まま、ごく狭いところの問題にまで直に持ち込まれます。それが多くの混乱の因となっていると思います。

［注（引用・参考文献などを含む）］

27：折れも曲がりもしないのが剛体です。リソスフェアは折れも曲がりもします。その他、弾性体、塑性体、粘性体などについて、自然に起こる斜面崩壊や地震、液状化その他の現象との関係を説明したいところですが、後の用語・語彙の説明を参照していただくとして、詳しくは専門書に譲ります。

三　断層と地震

断層の形式分類

教科書に、よく図Ⅱ－13のような図が載っていますが、これは正断層、逆断層、水平的横ずれ断層の区別が（いろいろなスケールで）あることを示しただけものです。この図では、断層というものが単純に平滑な面として画かれています。小さな断層が崖などでそのように見えることは珍しくありません。しかし、実際の地震を起こすような断層は、この図でイメージするような単純なものではありません。断層面には凹凸があり、大なり小なり破砕帯を伴います。大きく小さく分岐もし、複数で系をなします。

断層の地表近くでの現われ方について第5節で述べます。

地震と地震動

地震は、地殻を構成する岩盤（以下地盤とも言います）にストレス（応力）（用）が溜まって限界に達し、ついに破断することで起こります。その時地盤に生ずる割れ目やずれが断層です。破断に伴い振動（震動）が起こり、地盤のなかを伝わります。これらが地震と断層に関する一番基本的なことです。

ところで、地震で動くのは地盤であり、断層は境です。「断層が動く」とか「活動する」とか言いますが、〝境が活動する〟とは何のことやら、おかしな言い方だと思います。しかし、専門学術用語として通用しています。簡便なので、この本でも使います（注28）。

なお、以前には、一般にも学術的にも、地盤の振動（「震動」）を「地震」と言ったと思います。しかし、地震学での地震の定義は、何時の間にか変化しています。つまり、「破断」や「ずれ」と、それに伴う振動とを合わせて「地震」といいます。むしろ地盤の破断の方に重みがあ

図Ⅱ−13　地殻の応力配置と断層のタイプ

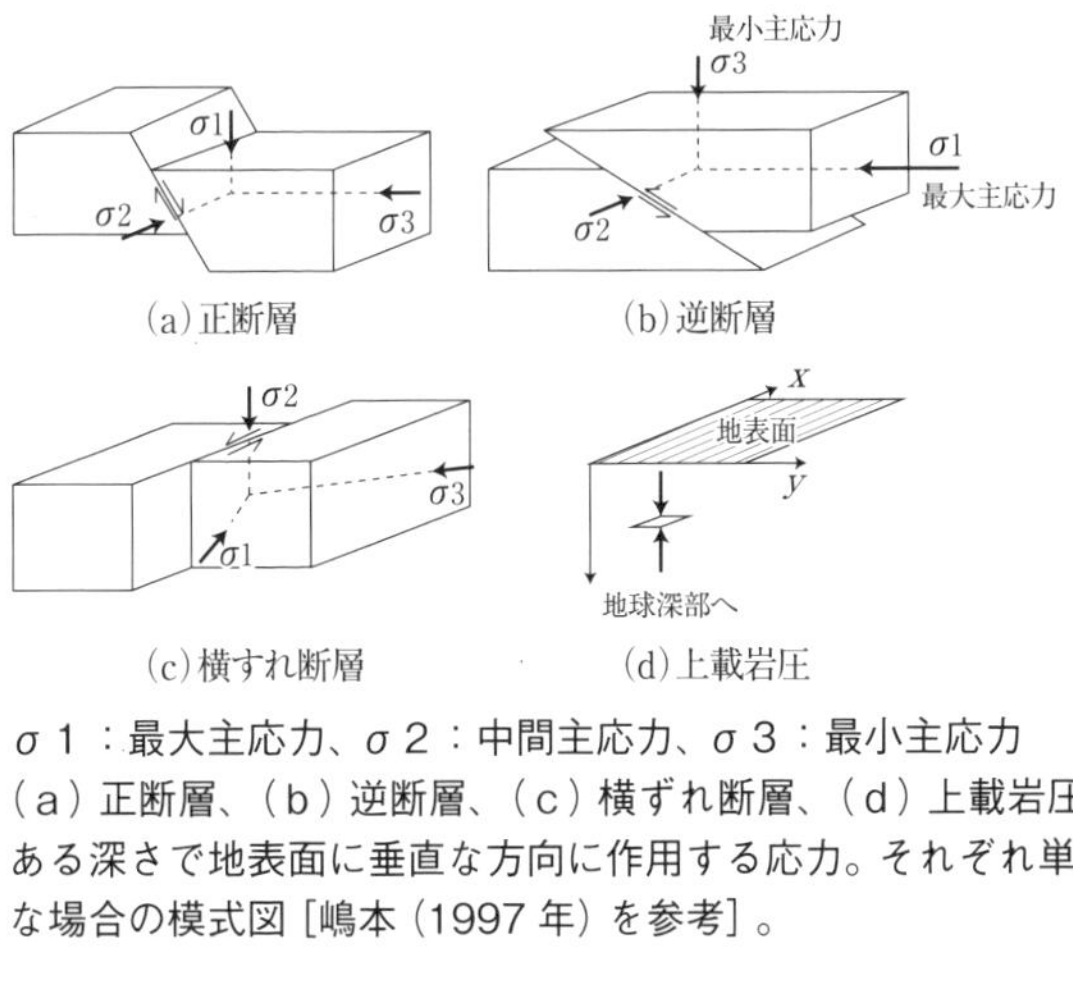

σ１：最大主応力、σ２：中間主応力、σ３：最小主応力
（a）正断層、（b）逆断層、（c）横ずれ断層、（d）上載岩圧、ある深さで地表面に垂直な方向に作用する応力。それぞれ単純な場合の模式図［嶋本（1997年）を参考］。

るようにさえ聞こえます。振動のことは「地震動」といいます。このことが、テレビや新聞の報道では解説されません。地震学者は、今の定義を当たり前に思っていて、ごく少数の人以外は、昔のような理解の人に混乱を与えていることに気づいていないようです。

活断層と地震

現在〝活動〟的であり、今後も〝活動〟を続けると考えられる断層を活断層とよびます（注29）。現在日本列島にかかっているストレスは、場所により少し違いがありますが、大まかに見て、数十万年前に発生したものです。そして、今もかかり続けており、この間に活動した断層は、今後も「活動」するはずの「活断層」です。このことが分かっていなかったころには、現在を含む一番新しい地質時代である第四紀（注30）に発生した断層を「第四紀断層」と呼び、また活動するかも知れない活断層としていました。今でも土木関係者がこの言葉を使うことがありますが、地質学では死語です。

なお、一度切れた断層は、応力がかかれば容易にずれます。その際にはそこから震動はほとんど生じません。しかし、ずれれば、その断層を跨いでいる構造物、たとえばパイプは切れます。土地の崩れやすい斜面は崩れます。震動がなくとも地震学の対象です。

一方、ずれなければ（活動しなければ）震動は出ないかというと、そうでもありません。兵庫県南部地震では、その際にはずれなかった甲陽断層の直上と両側2～3軒だけで、敷地に多くの亀裂が走ったり、家屋に被害があったりしました。多分、断層破砕帯を通って、地下から特殊な震動が上昇してきたのだと思います。

地震の縦波、横波などについては、どの教科書、解説書にも必ず書いてありますから省略します。ただ、これらと違う種類の振動もあること、それらも地震の被害を見る際に忘れてはなりません。たとえば、右に触れたように、断層破砕帯を通しておかしな振動が伝わってきて被害をもたらします。

表Ⅱ―5に、兵庫県南部地震の地盤のいろいろな動きと建物被害との関係を示しました。本当は、地震の被害について多くのことを書かねばならないのですが、今回は、ほとんど、その基礎としての地震や活断層に関する説明ばかりになります。

震源と震央

地震はある1点から始まり、破断が広がるにつれて発震（発振）する場所が延びていきま

表Ⅱ―5

地震動被害	建造物の共振	従来もっとも重視されてきた
	足払い倒壊	地盤の突然な動き、その向きの転換による。慣性で地盤の動きの反対方向に倒れる。
	突き上げ	震源断層直上部での、初動による突き上げ、放り上げ（山陵、岩峰の破壊）
	地面の波動	地表面に、水面の波と同様な上下の波が起こり、伝播したことが目撃されている
液状化、流動化被害		地盤の支持力低下で建造物はのめり込み、傾く（基礎が堅い地盤につけてあれば、逆に相対的に浮き上がる）
“地割れ”など		震源断層につながらない地表の“変位”でも、建物内に延びたり、塀を割ったりする

地震による地盤の動きと建造物などの被害――1995年阪神・淡路大震災の例による。

す。その1点が震源、その真上の地表の点を震央といいます。後で触れる共役断層（図Ⅱ—19ａ）では、一組の断層の交点です。熊本地震の日奈久断層と布田川断層は一見対をなすように見えますが、これらは厳密な共役断層ではなく、震源は二つの断層の交点から外れました。そう言えば兵庫県南部地震の震源となった明石海峡も、いくつもの断層が集中、交差するところです（図Ⅱ—14）。

図Ⅱ－14

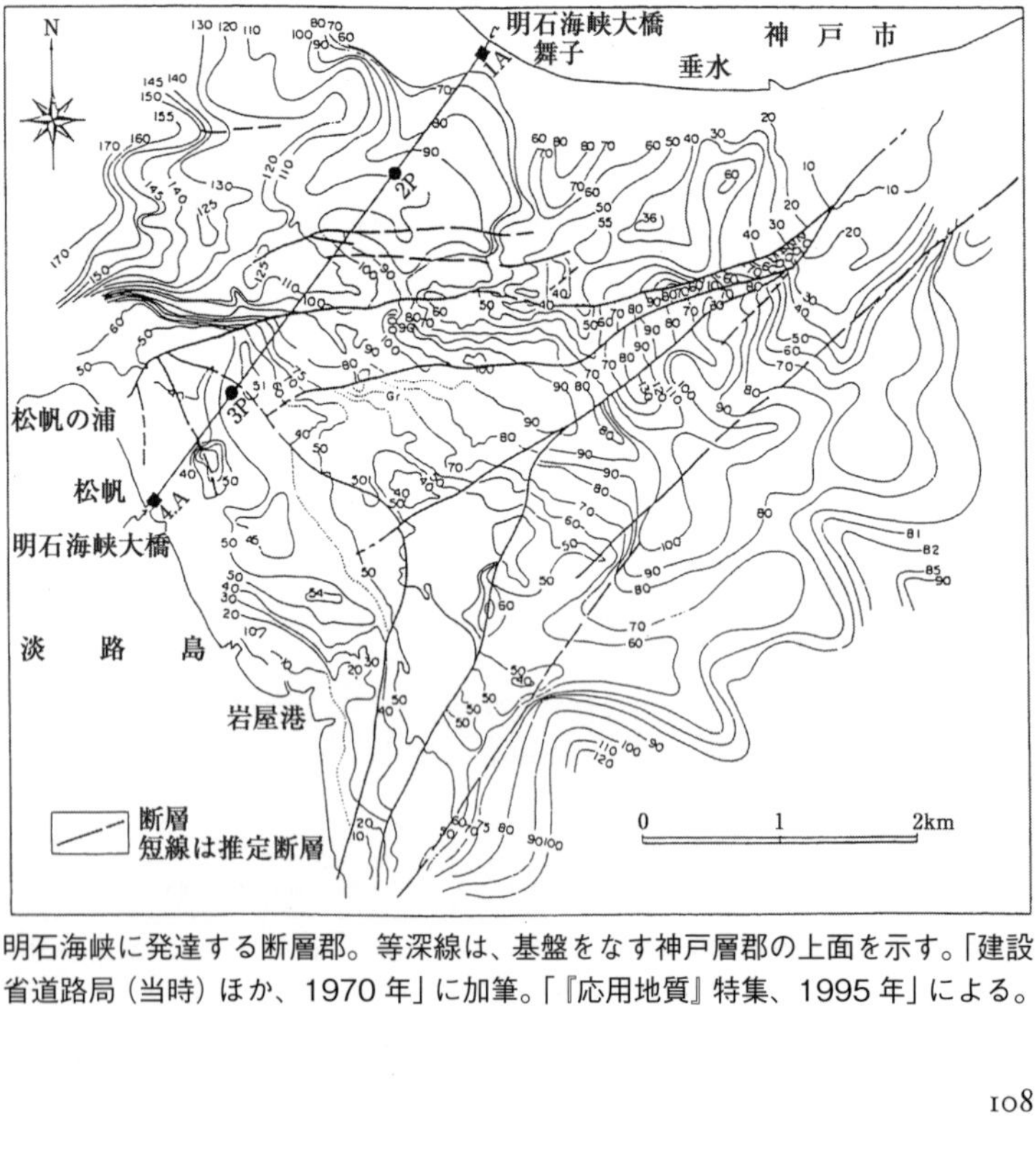

明石海峡に発達する断層郡。等深線は、基盤をなす神戸層郡の上面を示す。「建設省道路局（当時）ほか、1970 年」に加筆。「『応用地質』特集、1995 年」による。

震度

マグニチュードと震度の定義と区別もどの本にも書いてあるので、詳しくはそれらを観てください。大雑把にいうと、マグニチュードは地震の大きさ、震度はそれぞれの場所での震動を階級分けして示すものです。

震度には、当然に震動を発したところからの距離が関わりますが、その他、最大加速度、速度と断層距離の関係、地質条件などにより違い（散らばり）が効きます。マグニチュードの決定自体にも0・2程度の誤差が含まれます。この〝散らばり〟をどう見るかが、原発をはじめ構造物の安全を検討する上で問題です（Ⅲ―2参照）。

震源から2～3キロメートルぐらいまでは、断層からの距離（水平距離）によらず震度はほとんど変わりません。地下の震源からの垂直距離が変わらないからです。

なお、地震動は震源以外からも発します。地震動を発する断層の全体を震源断層、それが地表に達したものを地表地震断層と言います（図Ⅱ―15、16）。さらに、断裂が新しく地盤を割って延びていくと、そこで強いエネル

図Ⅱ－15

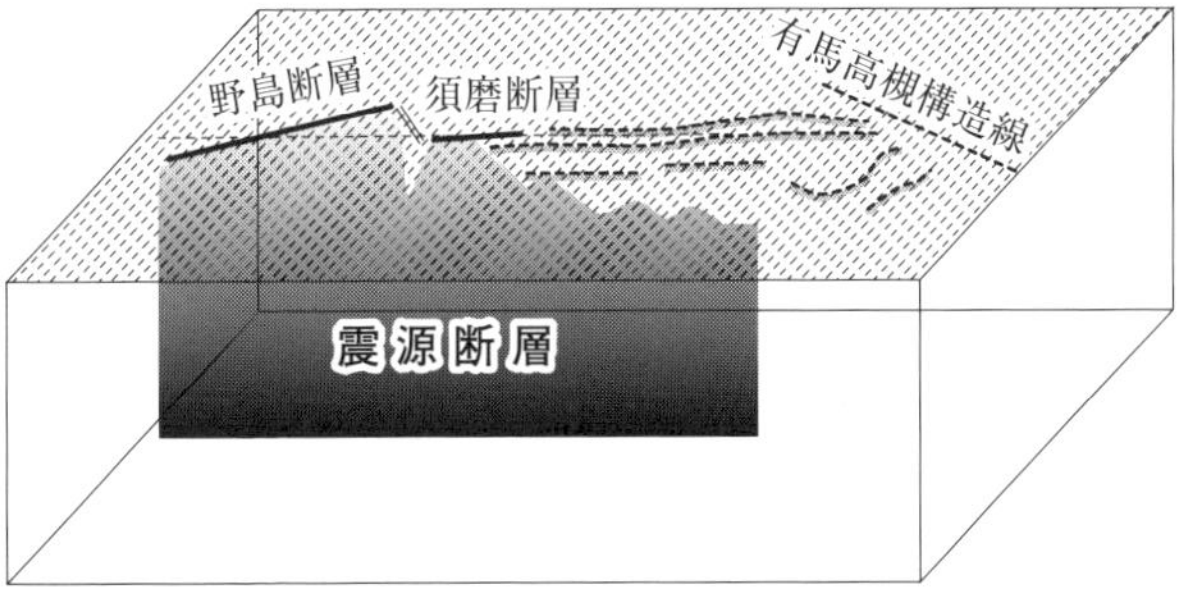

震源断層（兵庫県南部地震）と地表地層断層
（『国土問題』、「武蔵野実 1995 年」より）

ギーの地震動が起こります。つまり、活断層の場所よりも、まだそれが達していない所の方が、より激しい地震動に見舞われることが考えられます。

時どき、地震動の伝搬距離による減衰を計算するのに、〝距離〟をどこからどう測っているのかが怪しい報文（レポート）があります。震源（または震央）からの距離か（a）、地表地震断層（図Ⅱ―15）の延びの範囲の中央点からか（b）、地表地震断層の延びのなかで、問題箇所に一番近いところから（つまり垂線を立てて測る）なのか（c）です（図Ⅱ―16）。熊本でのある裁判のときに、ある業者が「活断層から遠い」と言うのを良く聞いたら、（a）の距離のことでした。（c）はごく近かったのです。裁判官を誤魔化《ごまか》そうとしたのかも知れません。

図Ⅱ－16

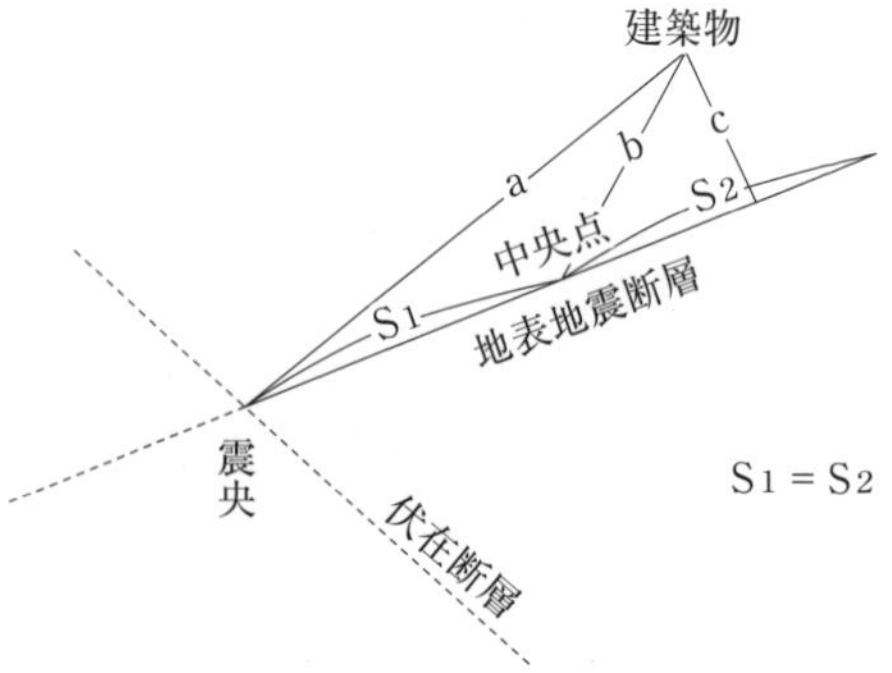

問題の構造物は、震央からは遠いが地表地震断層からは近い。震源断層はもっと長大かもしれない。

前震、本震、余震

かなり以前ですが、地震専門家の、〝本震より大きな余震はない〟という言葉を聞いたことがあります。〝もう大丈夫〟と言いたかった模様です。ところが2016年の熊本地震では、本震と思った地震の後に、より大きなマグニチュードの地震が起こりました。〝またしても「想定外」〟ということで戸惑った専門家もいたようです。〝特殊な地震だった〟とか、〝前の地震は前震だった〟という説明もありました。これでは、前震、本震、余震などと言っても、一連の地震のなかで現象的に一番大きかったのを、後から形式的に本震と呼んだだけの話で、説明になっていません。

前震が起こるということは、力学的には、すでにストレスの溜まりが限界に近くなっていて、ひび割れが始まっているということではないですか。問題は、その状態の進行を、本震が起こる前に、認知できないのかということでしょう。

一方、余震は、要するに自然が微調整をしているのです。本震の結果、大局的にはストレスが解消しても、局部的にあちこちに残っていたり、かえって局所に集中してしまったりするからです。

［注（引用・参考文献などを含む）］

28：今の中央構造線の両側の地盤のずれは、古い地質時代のずれと、方向が逆です。
おかしな言葉を使っているうちに、それが思考に影響しているように思えます。たとえば、後に記す「共役断層」の発達でできた四角の地塊の動きについて、普通、1辺だけの断層の長さや面積が問題にされ、他の辺には注意が向けられません。しかし、1辺だけでなく2辺、さらには3辺や4辺の境でずれが起こっても不思議でないでしょう。それを考えないのは、「断層が動くから地盤が動く」といった、まるで断層を、地震を起こすナマズであるかのように扱う発想になっているからでないかと思います。つまり、動くのは地盤の塊であるということが忘れられているのです。なお、2辺のずれは、前記のように、一種の「連動」現象です。

29：定義に「これまでに活動したことがある」ということを入れている解説がみられますが、新しい発生も「活動」ですから、論理的には、これまで活動したことがない断層を排除する理由はありません。しかし、日本列島には無数とも言えるほどの活断層が存在するので、ストレスが発生しても、既存の断層のどれかでのずれでそれが解放されます。新しく生ずることは実際にはほとんどないのです。既存の断層が延長することはあります。

30：第四紀の定義は、最近（２００９年）の國際地質学連合（ＩＵＧＳ）執行委員会で、２５８・８万年前からと改訂されました。昔の定義の倍以上の長さです。

四　日本列島の活断層系と地震

海溝型地震、内陸直下型地震

日本列島に被害を及ぼす大地震は、海溝に沿うプレート境界の海溝型地震と、島弧地殻の内部で起こる内陸（直下）形地震に大別されます。列島を横断するフォッサマグナや日本海東縁の断層もプレート境界だと見れば、これらで起こる地震もプレート境界地震だということになります（図Ⅱ—17）。

ここで問題なのが内陸地震の一括です。とくに中央構造線は、数千万年前のトランスフォーム形プレート境界に淵源を持つ大断層です。現在でいえば北アメリカ大陸の西縁近くに発達するサンアンドレアス断層と同じ性格のものです。この活動による地震を普通の内陸（直下）地震と一緒くたにするのはとんでもないことです。もっとも、

《コラム》　震源の破砕帯の地質状況は推理できる

地震の震源は10～30kmと言った深部です。温度、圧力その他の条件が地表近くとは全く違います。また、ここは地震探査など物理的方法でしか調査できませんが、実は地質家はこれを“地表で観ている”のです。地質時代のそれ、つまり破砕帯が、現在、地表に露出しているからです。その物性についても研究されています。しかし、これは地球物理専門家の興味を引かないらしく、学際的交流はほとんどないと言わざるをえないのではないでしょうか。

その全域が一度にずれを起こすわけではなく、細かく見れば部分により状態が違いますが、それにしても、この構造線の直近に原発（伊方原発）を置くなどは地質学的には問題外です。

なお、リニア新幹線ルートも本州中部で中央構造線を横断します。

次に問題なのが、１５００〜１６００万年前の、あるいは２０００万年前からの日本海背後

図Ⅱ－17

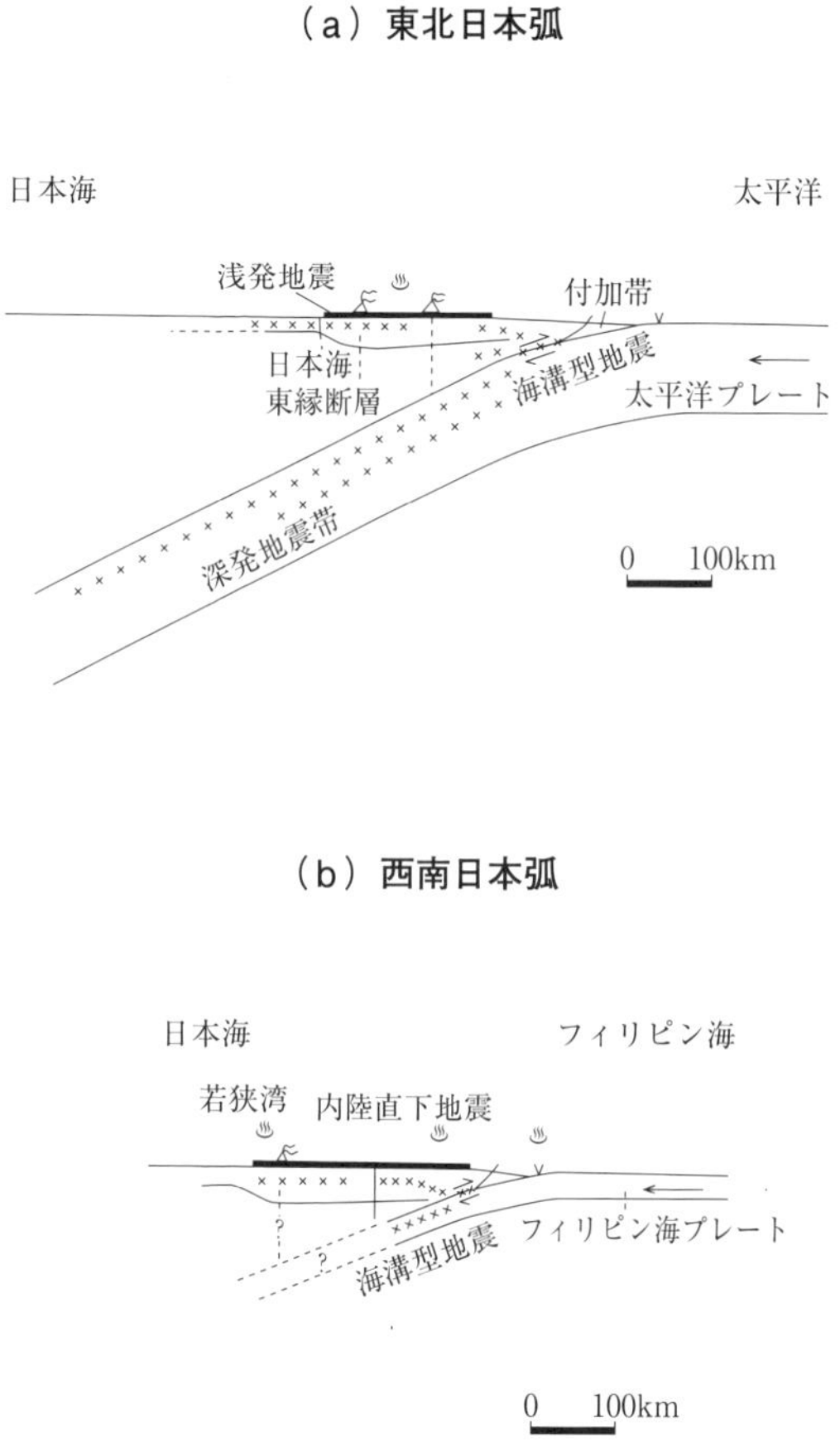

日本本州弧構造断面模式図
（a）東北日本弧（b）西南日本弧
「塩野（1987 年）」に基づく。「『現代の災害と防災――その実態と変化を見据えて――』本の泉社、2016 年」に一部加筆。

海盆の形成、拡大に関係して生じた断層の評価です。この日本海盆拡大については、おびただしい研究がありますがここで注目されるのは、この日本海盆拡大に伴い、本州弧（本州、四国、九州の地殻を含む弧）が、それを横断する方向のストレスを受け、何箇所かで破断を起こしていることです。その破断の一番大きいのがフォッサマグナとその西縁の糸魚川――静岡構造線です。

図Ⅱ－18

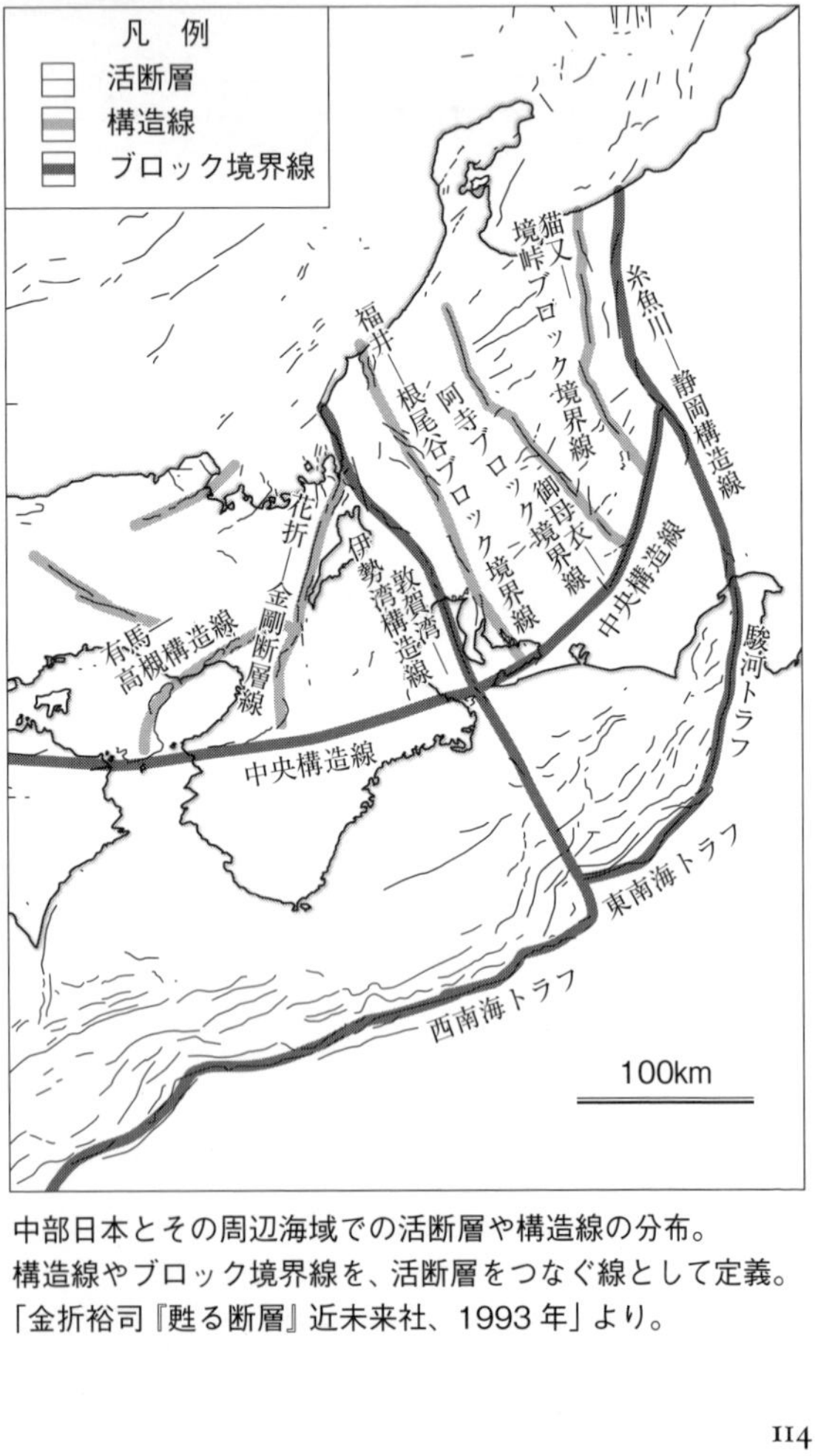

中部日本とその周辺海域での活断層や構造線の分布。
構造線やブロック境界線を、活断層をつなぐ線として定義。
「金折裕司『甦る断層』近未来社、1993年」より。

この時期の破断で生まれた断層構造は、フォッサマグナだけではありません。とくに若狭湾の東を区切り越前海岸の海中から伊勢湾を抜けて南海トラフへ至る大断層が、この時期に淵源を持つことが、知多半島の地層の調査から確認されています。糸魚川――静岡構造線と同じく、島弧地殻の底までを切る大活断層であるに違いありません。

なお、中部地方には、これと並行していくつもの大活断層が発達しています。天正地震や濃尾地震などの大地震の震源となったものです。山口大学の金折裕司さんがいう〃マイクロプレート〃境界断層です。内陸直下地震の、以下に〃1次断層〃と呼ぶもののなかでも超1級と見做されねばなりません（図Ⅱ―18）。内陸直下形の地震を起こす断層にも、形成過程に違いがあり、起こしうる地震の規模にも大変な違いがあるのです。このことは、原発はもとより、各種構造物の設計や設置を考える上で極めて重要ですが、あまり理解されていません。

地盤ブロック運動の断層系

ある応力（ストレス）状態のもとで発生する断層は、一つでなく、複数が組みあわさって生まれるのが一般的です。一番単純な場合が、共役断層です（図Ⅱ―19a）。自然界では共役断層がいくつも組み合わさって、図Ⅱ―19b、cのような、斜めのあみだくじのような構造をなしています。その典型が若狭湾地方の断層群です（後出図Ⅱ―23）。

教科書にはあまり記されていませんが、断層は、共役な1対だけでなく、主応力の軸方向に平行や、これに直角にも発生しうることが昔から分かっています。これら3種の断層が、先に述べた数十万年前からは基盤断裂によって近畿地方北部一帯に発達していて、同地方の地盤がブロック化していること（図Ⅱ—20）が、早くから藤田和夫さんによって指摘され、近畿地方の専門家の常識になっています。これは、京都盆地や亀岡盆地その他の盆地の周囲、山地の急斜面との間には活断層があることを意味します。

断層の発達は、近畿地方の両側では一対の共役をなさず、非対象的です。たとえば、前記の中部地方の美濃山地などでは、西北——東南方向の断層が発達していますが、これらは、共役の二つの断層のうちこの方向のものだけが、大きく発達しているのだと見ることができます。これに対し、中国地方では、東北——西南の断層が発達します。これらは地形に反映しています。たとえば中国地方西部には東北——西南方向に山稜と谷が密に並んでいます。これまで出

図Ⅱ—19

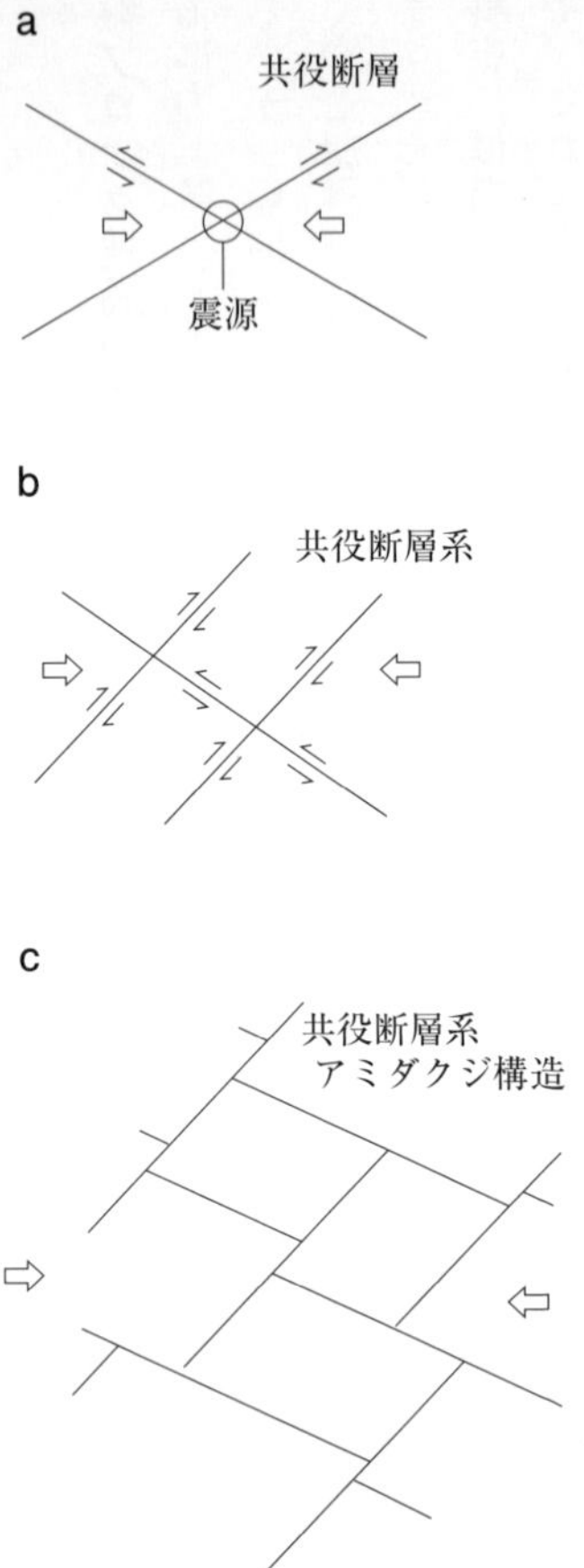

共役断層および共役断層系。『現代の災害と防災 ——その実態と変化を見据えて——』に加筆。

版された多くの活断層図には、この地方に僅かしか活断層が引かれていませんが、東北――西南に並ぶ山稜と谷はすべて活断層があるためにできたのだと思わねばなりません。現に、たとえば広島北部の土石流災害地で、最近、越智秀二さんによって、これまで未確認だった、この方向の断層の露頭が発見されました。

なお、近畿地方には、有馬―高槻構造線と呼ばれる東西性の断層があります。その北でも、兵庫県南部地震以後に東西性の断層が発見され、宇治川断層と名付けられました。私は、例の〝地震加藤〟の話で知られる「慶長地震」では、有馬―高槻構造線以外に、伏見城直近のこの宇治川断層も活動したのではないかと思っています。

先に触れた明石海峡の断層にも、東西性のものがあります（前出図Ⅱ―14）。東西性とは、言い換えれば、共役断層地塊を2分する方向です。前に記した、主応力の方向に発生する断層にも見えますが、私は少し違うことを考えています（注31）。

図Ⅱ―20

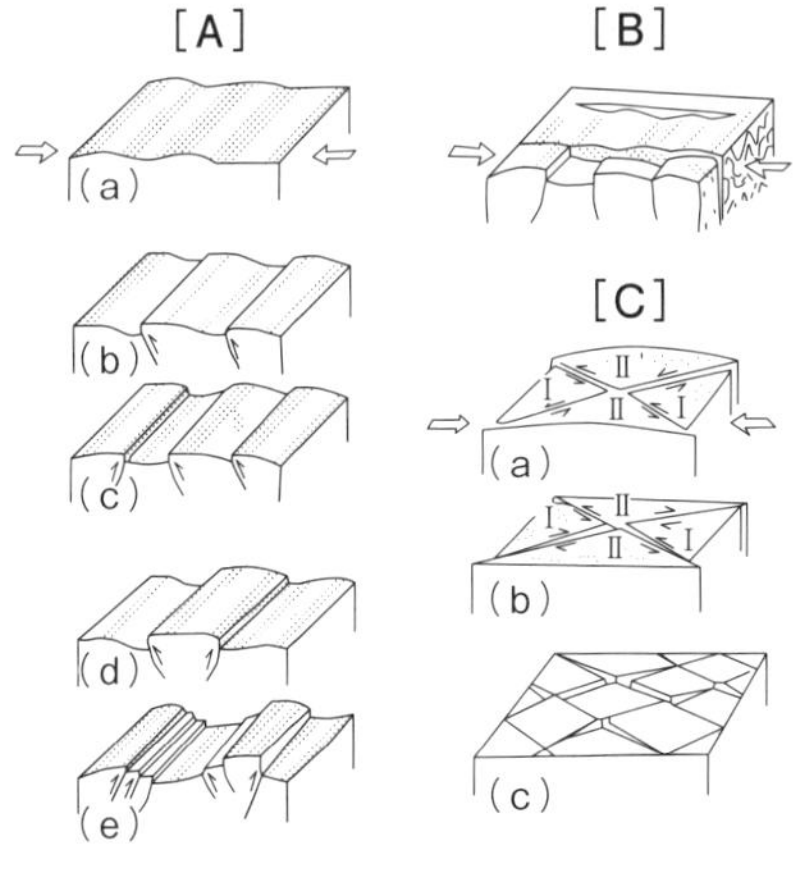

基盤岩の褶曲・断裂構造モデル図。
藤田和夫著『日本の山地形成論――地質学と地形学の間』（蒼樹書房、1983年）より。

普通の内陸断層の次元構成

以前、テレビに、原発規制委員会の委員たちが、若狭湾の崖やトレンチ壁で断層を観察している様子が映っていました。これらの断層の評価を廻っては、委員の間で必ずしも意見が一致せず、いろいろと討論がなされたようです。私が見るところでは、これらテレビに写された断層に関する限り、ほとんどどれも、以下に言う2次断層、3次断層、言い換えれば副断層、あるいは枝断層です(注32)。これらが〝活動〟しても、そこからは地震動はほとんど発生しません。しかし、そこで地盤がずれれば、たとえば送水パイプが切断され、大変なことになります。それに、副断層や枝断層が活断層なら、これに続く地殻深部の震源断層も活断層に違いありませんから、地表で見える断層の観察、評価には意味があるわけです。

ちなみに、共役断層系に2次断層、3次断層が現れる場合の図(図Ⅱ—21)を示します。

原発やダムその他の安全性に関する今の活断層調査では、いろいろな断層の次元といったことは全く念頭にない場合が多いように感じられます。たとえば大飯原発の調査に際し、規制委員会で、トレンチや海崖で見えたある断層の走向や傾斜が、この地方の現在の応力状態で発生するはずのものと違うことを理由として、活断層ではないとする意見がありました。しかし、

図Ⅱ—21

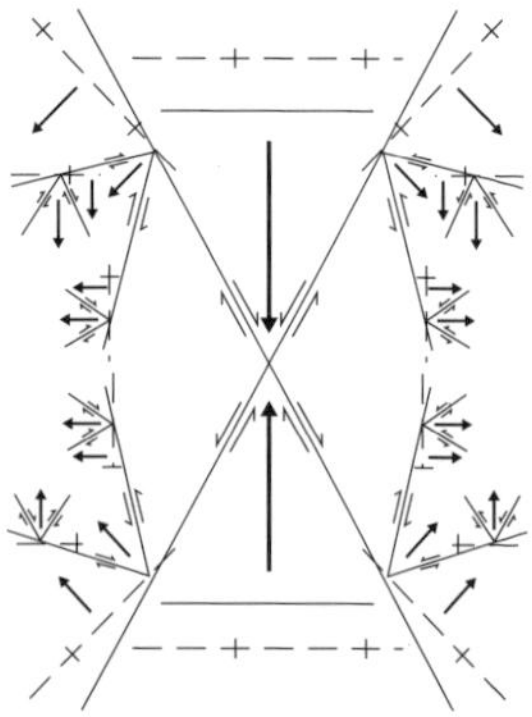

共役断層に2次、3次の断層を伴う場合の理想化。
垣見俊弘著『地質構造の解析』(地学団体研究会地学双書22、1978年)の図を簡略化。

2次断層や3次断層なら1次断層とは向きが違うのが当然です。

1次とか2次とかの次元分けは、どの断層でもはっきりしているわけではありません。次元が違うとはいえない、同じぐらいのずれ方の断層がいくつも枝分かれしている場合はごく普通です。多くの断層は、水平的でなく上下にも枝分かれしています。

内陸の断層だけでなく、プレート境界の断層群にも、種類や次元の違いがあることは、同じですが、一般にあまり意識されていないようです。

セグメントの連動、複数断層の連動

もう20年以上も前、つまり1990年代始めのことですが、後に2015年熊本地震の震源断層となった日奈久断層のトレンチ調査が2ヵ所でおこなわれました。そして、最も近い活動年代として、1ヵ所では3000年前、もう1ヵ所では1000年前という違う値が得られました。このことに基づいて、ある権威ある専門家が、〝この断層は南部と北部とが別の動きをしており（今でいう別のセグメント(用)で）、次に活動するときも、その片方しか動かないかも知れぬ〟と言いました。この発言はことの半面しか言っていません。他の、〝同時に動く（今でいう連動する）かもかも知れぬ〟という反面を言わなければ科学的ではありません。ある裁判で、住民側からこのことが指摘されたのですが、取り上げられませんでした。

今では、関西電力などの電力会社も、たとえば若狭湾地域の断層の複数の部分（セグメント）の連動の可能性を認め、その場合の発生地震動の規模を計算しています。しかし、トレンチ調査などで断層が確認されていない部分については、断層の存在を想定しないで済まそうとするようです。

２０１５年熊本地震での日奈久断層と布田川断層（図Ⅱ―22）との連動を驚いている人があります。これは、方向が違う二つの断層の連動現象ですから、一つの断層の複数のセグメントの連動とは少し意味が違うので、驚いているのかも知れません。しかし、このような連動も、古くは１９２５年の北丹後地震での郷村断層と山田断層の同時活動ですでに知られていたのです（図Ⅱ―23）。１９９５年の兵庫県南部地震でも、震源の両側の二つの断層が同時に活動したことになっているのではないでしょうか。海溝型地震に関しては、南海トラフのプレート境界で南海地震や東南海地震を起こす断層がしばしば連動することが、１９５０年代から注目され、熱い論議の対象となってきました。それなのに熊本

図Ⅱ－22

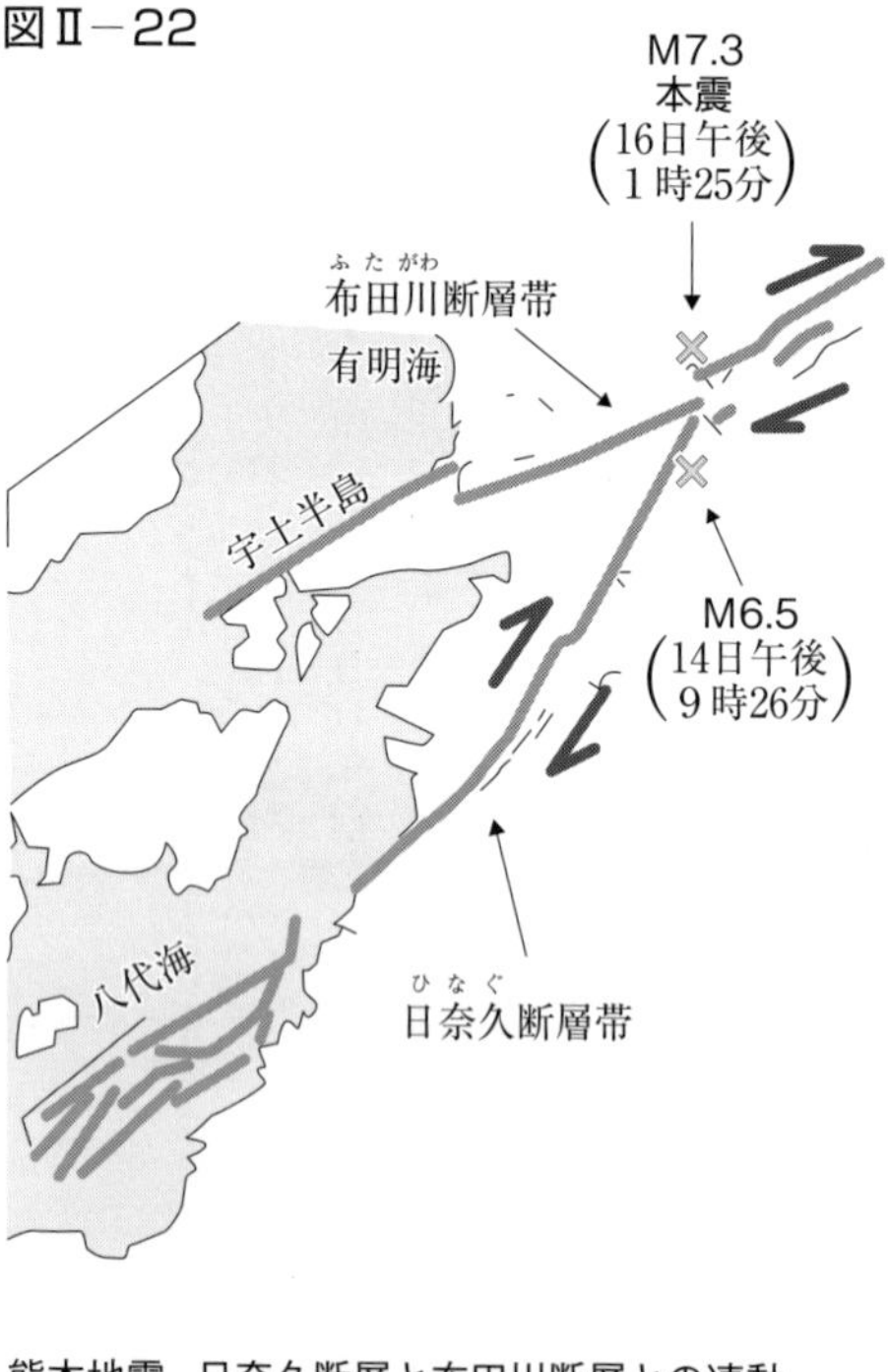

熊本地震、日奈久断層と布田川断層との連動

地震での連動が、どうして想定外だったのか、私には分かりません。

　歴史時代の地震記録には、天正地震その他、被害地域が異常に広大なものがあります。二つ以上の、共役や並行の断層が連動したのではないでしょうか。

　ともあれ、〝安全側に立って〟地震動（用）の、あり得る最大を想定するには、直線上に位置する複数のセグメントや断層の連動だけでなく、系をなして交差する、あるいは並行する断層の連動を考えねばなりません。

熊本地震の〝断層連動〟

　1点で接する日奈久断層と布田川断層とが普通の共役関係の断層であれば、それらの交点が震源になったはずです。実際には、よく知られているように、二つの断層が、それぞれ交点から少し外れたところを震源として、ちょっと日を変えて動きました。それにしても、一種の連動です。

　この連動が何故起こったかについて、多くの人たちは、〝前の地震〟（以下、〝大前震〟と呼んでおきます）

図Ⅱ−23

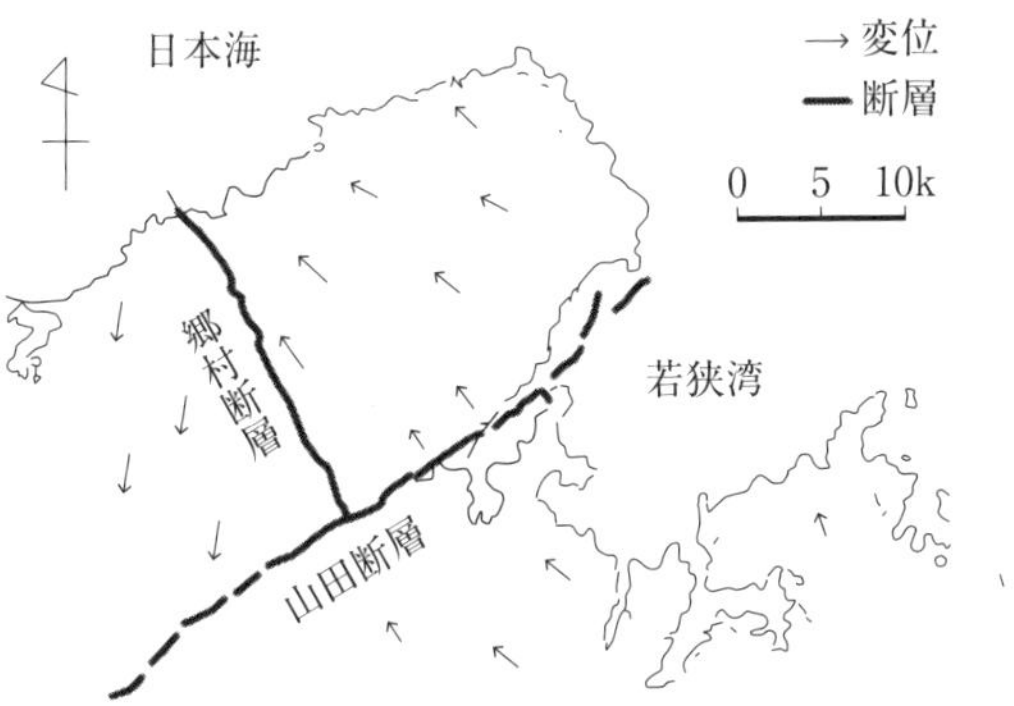

北丹後地震で活動した共役断層系および地盤の変位（概念図）

では、この地域一帯の地盤に地殻（地盤）(用)に蓄積していたストレスは半分ほどしか解放されず、まだ残っていたのだと考えたようです。しかし、以下に述べるような、別の考えがあり得ると思います。

熊本地震発生の前には、この地域全体に東北東――西南西にストレス（応力）がかかっていたと考えられます。〝大前震〟では、二つの断層のうち、日奈久断層が先に右ずれをし、日奈久断層帯の東南側が南西へ、西北側が北東へ動きました。ところが西北側の地塊は北側を布田川断層郡で限られています。その結果、二つの断層の接点より西側の部分では、布田川断層の北側の地盤にかかるストレスが増し、東側の部分ではストレスが減ったでしょう。それまでに溜まっていたシアストレスだけでは布田川断層群はずれなかったのですが、その上に西南側からストレスが加わりましたから、布田川断層群の破砕帯の抵抗を越え、破断し大地震（〝本震〟）を起こすに至ったと考えます。布田川断層の北側の地盤が東北東に動いたのは当然でしょう。なお、かかっていた応力は、単純な押し圧力ではなく、〝差動〟（あるいは回転）といった要素を持っていたと思われます。

熊本地震の連動と似たようなケースは、熊本地震より10年ほど前に、ニュージーランドで起こりました。二つの断層の幾何学的配置は日奈久断層と布田川断層の関係にそっくりでした。しかし、地震の大きさが、後で起こった方が小さかった点は違います。また、連動と呼ぶには時間が空いていましたので、別の地震として報道されました。しかしこれらは、連動の力学的メカニズムを示唆するものとして、注目、研究されて良い先例でした。私の考えでは、ニュージーランドの二つの断層の活動も、熊本地震での二つの断層の動きと同様に、一つの断層の活動の結果が、もう一つの断層沿いにしわ寄せされ、そこでのストレスが増大して限界を超えたのではないかと思います。専門家の力学的検討、計算を期待したいところです。

原発銀座若狭湾の地盤ブロック運動

地盤の地質構造認識の重要さの例として、原発銀座である若狭湾の断層が形成する構造に触れておきます。

若狭湾一帯には、共役断層系が典型的に発達しています（図Ⅱ—24）。それらに伴う2次、3次の

図Ⅱ−24

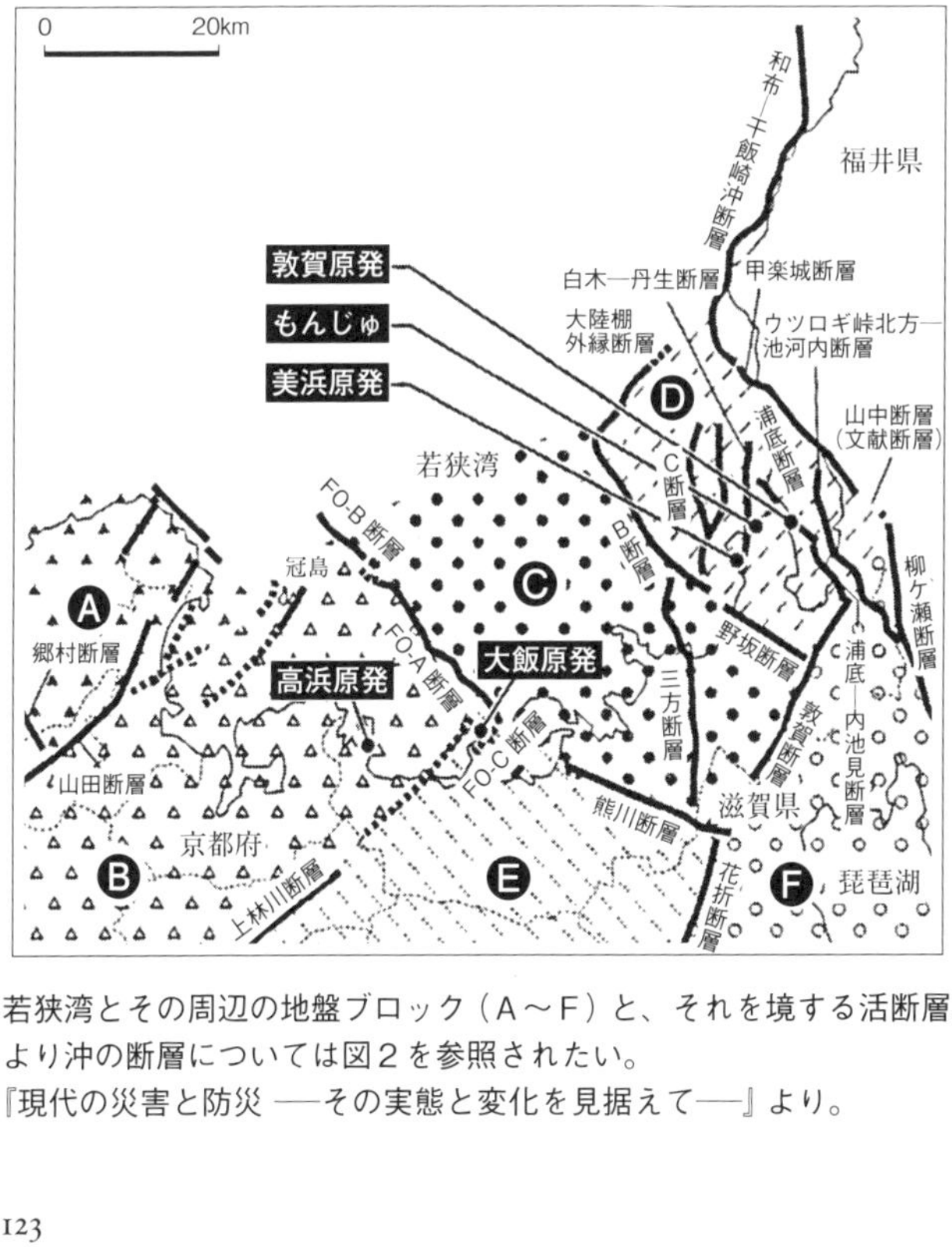

若狭湾とその周辺の地盤ブロック（A〜F）と、それを境する活断層。
より沖の断層については図2を参照されたい。
『現代の災害と防災 ——その実態と変化を見据えて——』より。

断層も、先に触れたとおり、近年の、原発規制委員会の原発敷地でのトレンチ調査などでいろいろと観察されました。

図Ⅱ―24の上林川断層は、B、E二つのブロックの境界の断層です。（これと共役な）熊川―FO―a―c断層にぶつかるまで、東北に延びているはずです。大飯原発直近の海中にあるでしょう。さらに問題なのは、共役断層の交点で地震の震源になる可能性が高い地点が、この原発敷地に極めて近いことです。

熊川断層とFO―a―c断層が、一つの断層の複数セグメントであり、連動する可能性があります。このことは、近年、原発規制委員会でも指摘されました。しかし、これと大飯原発西側直近の海中断層（および上林川断層）との連動や、震源位置の直近問題については、きちんと検討されたという話を聞きません。

若狭湾東岸（越前海岸沿い）の大断層については、先に記しました。

これら断層はすべて活断層です。地震だけでなく、海岸や海底での地すべり性崩壊や、それらによる津波などを発生させ、災害、とくに原発事故災害を起こす恐れに関わります。

［注（引用・参考文献などを含む）］

31：これらの断層の走向（走る向き）は、中央構造線に平行的です。発生機構に応力的関連があるからと考えられます。つまり、それぞれの断層の南側の地盤が相対的に西に（北側は東に）動こうとしています。フリピン海プレートの西北方向への移動の日本列島への応力的影響が、中央構造線を越えて及んでいるのだと思われます。その影響は北ほど弱いに違いありません。若狭地方には共役断層群（系）だけしか発達していません。ここにはフィリピン海プレートの影響が及んでいないのでしょう。

32：活断層は、これまで、平均変位速度からA、B、Cの3級に分けられています。この本でいう1次断層には、これらはすべて含まれます。その逆は言えません。C級活断層とされているものには、実態として次元が下の、2次断層があるかも知れません。

五　活断層の調査と評価――活断層調査マニュアルには問題が

裏話をします。

陸地の活断層の調査法は、20年以上前から定式化しています。それによる調査結果が、原発やダムの設置位置選定や被災リスクの評価にも使われてきました。しかし、これにはいろいろな問題があります。ここでは、そのうち、崖などの露頭観察やトレンチ調査の問題点その他一つ二つだけ指摘しておきます。

露頭を観察して、重なっている2枚の地層の、下位の地層を切っていて、上位の地層に影響を与えていない断層が認められれば、その断層は2枚の地層の堆積の間隙の時期にできたものと判断されます（図Ⅱ―25）。この場合、堆積がなかった期間に複数回の断層活動があっても、それらが区別して認められません。つまり、断層活動の繰り返し周期が実際より長く判断されてしまうことになります。

考えてみると、この〝地層を切っている、切っていない〟の議論は、大きい地震で生ずる断層なら、ごく浅いところにある地層にまで達するだろうという前提で成り立っています。

しかし、10キロメートル以上の深さから、地表まで達しているか、地表下数メートルで止まっているかは、力学的に見て意味の違いがありません。深さ4メートルのトレンチの壁に地層を切る断層が認められなかったからと言って、その地層の堆積後に地震活動がなかった証明にはなりません。

図Ⅱ－25

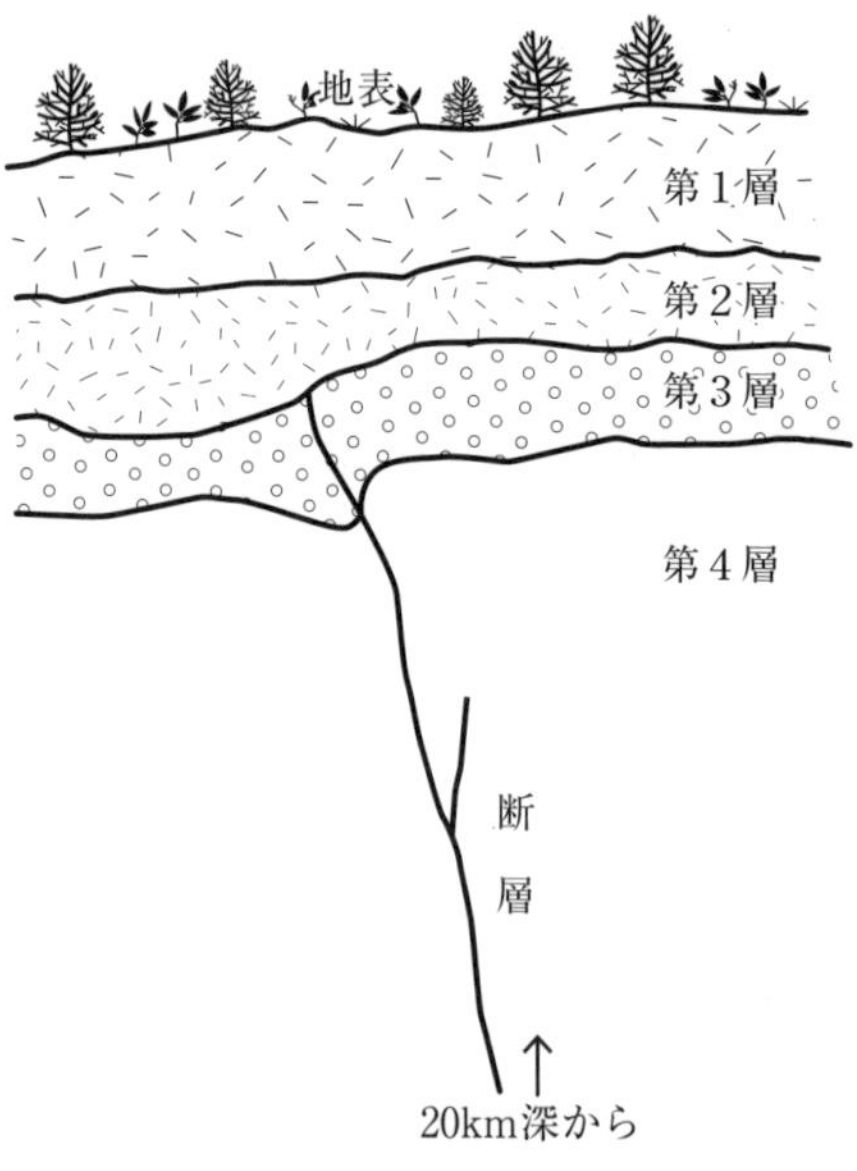

トレンチ壁に露出する地層と断層
断層は、見たところ、第３層を切り、第２層に被覆されている。この場合、断層の活動時期を、普通は第３層の堆積後、第２層の堆積以前と判断する。実は、それが誤りである可能性がないとは言い切れない。

ところで、誤解はないと思いますが、断層が見付かれば、その活動で地震が発生したことは疑いありません。ですから、崖やトレンチ掘削での調査は、〝するにこしたことはない〟のではなく、必ずしなければならないことの一つです。

地盤のもっと深いところ、とくに、地殻の深部までの探査をするには、物理探査、とくに、人工地震による弾性波探査（地震波（用）探査）が必須です。

なお、近年では、ごく浅いところについても、新しい物理探査法が開発されています。

ボーリングでは駄目

ボーリング調査については、一つコメントをしておかなければならないと思います。行政でもその他でも、「地質調査」というと「ボーリング」と反応する傾向があります。しかし、垂直ボーリングで得られるデータは、深くまで達していても、1点だけについてのものです。隣接のボーリングとの間の地質の繋がり具合の解釈は、調査者の考えに委ねられます。実際に敦賀原発の設置の場合、活断層がボーリングの間をすり抜けていることが、後になって分かりました。

ちなみに、旧国鉄の青函トンネルの場合には、水平ボーリングを多用して地質や断層を確認してから掘削を進めたものです。原発に関する地質調査では、水平ボーリングだけでなく、水平に調査坑道掘削がなされていなければなりません。

ボーリングは、地質調査業者にとっては〝おいしい〟仕事です。さらに、悪徳業者がやろうと思えば、掘削長を1メートルぐらい誤魔化すことは容易です。データでなく、コアそのものを市民に公開しても、がさがさの破砕帯を硬い岩のように見せることさえ可能です。場所によっては、現場で働く者にとっては生命がけの危険な仕事ですが。

地表地震断層

地震を伴い地表に現われた断層を地表地震断層と言います。その現われ方は、いろいろなことを反映するので、起こった地震や地震防災などを考えるのに重要です（図Ⅱ―26ａ、ｂ、図Ⅱ―27）。

1次の断層が右ずれなら、田圃に現れる引張り割れ目も杉型に現われますので、これから、深部を含む断層の全体的動きを知ることができます。

活断層の検知と堆積学

露頭やトレンチ壁での活断層の検知・認定に、堆積学的知識が要るというと意外に思う人は少なくないでしょう。

写真Ⅱ－19ａは、黄檗活断層の副断層（おそらく3次ぐらい）のある場所の露頭写真です。ちょっと見ただけでは、断層は見えません。眼がなれてくると写真Ⅱ－19ｂのような構造が見えてきます。

この写真をある活断層専門家に見せて、〝大飯原発敷地のトレンチの崖で、断層がない〟と判断された層に、〝断層が絶対ないと断言できますか〟と迫ったら困惑の様子でした。

図Ⅱ－26

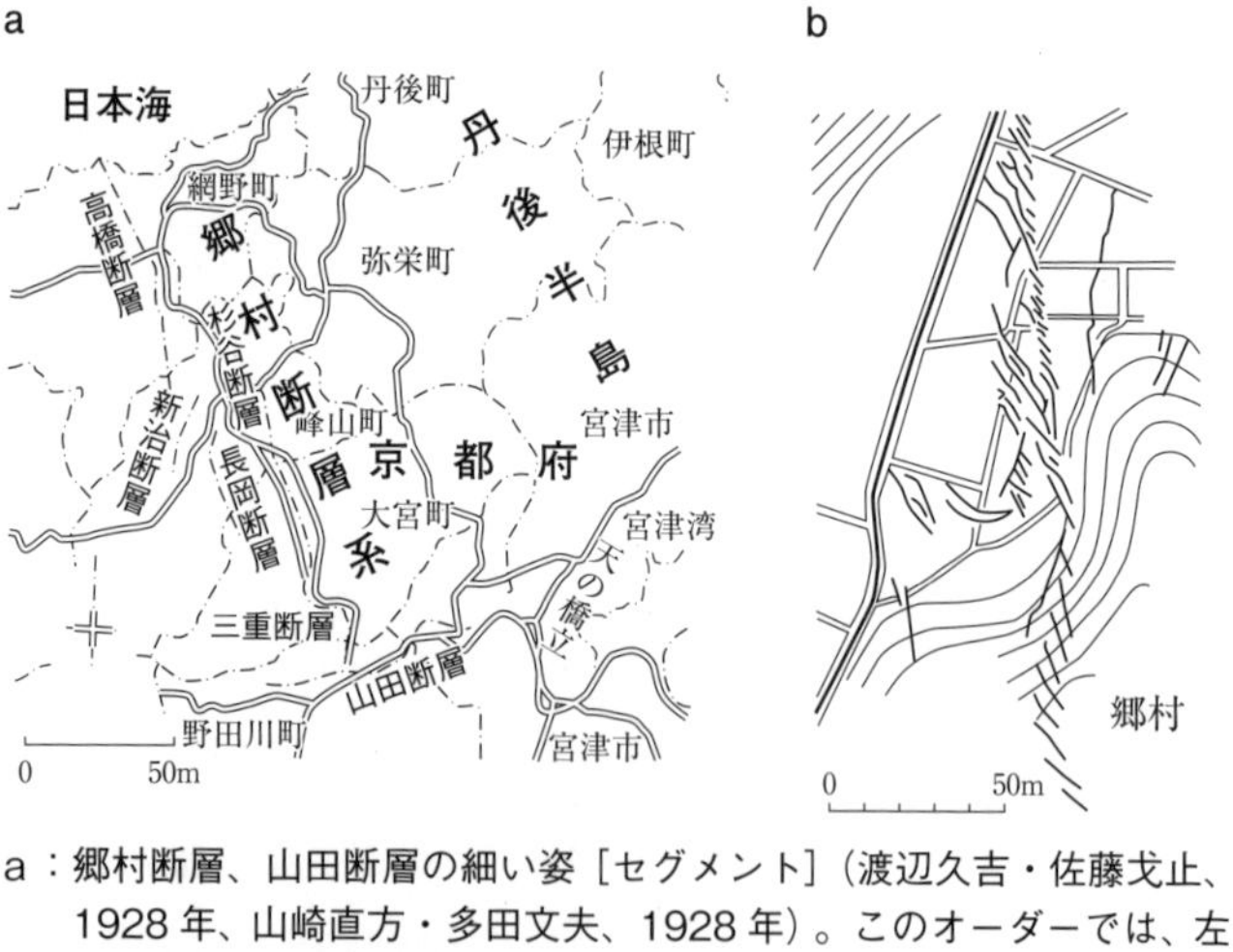

a：郷村断層、山田断層の細い姿［セグメント］（渡辺久吉・佐藤戈止、1928 年、山崎直方・多田文夫、1928 年）。このオーダーでは、左ずれであることが良くわからない。

b：郷村断層の地表地震断層。雁行地割れがミ型に発達、左ずれであることが良くわかる（山崎直方・多田文夫、1928 年）。

（ともに、「小出・山崎・加藤：『地震と活断層の本』国際地学協会、1979 年」による。）

実は難しいのは礫層です。泥層や砂層が整然と重なっているところならば、断層があれば、それを認知することは誰にでも容易です。

困ったことに、活断層は、当然ながら、山際の崖錐層や扇状地層によく発達します。これらの礫層が堆積したままなのか、断層で乱れているのかは、とくに2次、3次などの小さい断層では、礫層を見慣れていないと、堆積地質学者でも判定困難です。

この問題は、原発規制委員会でも、私の手紙を受け取るまで、誰も気付いていませんでした。しかし、委員を補うなり、臨時的に調査を依頼するなりしようという話は、ありません。

図Ⅱ－27

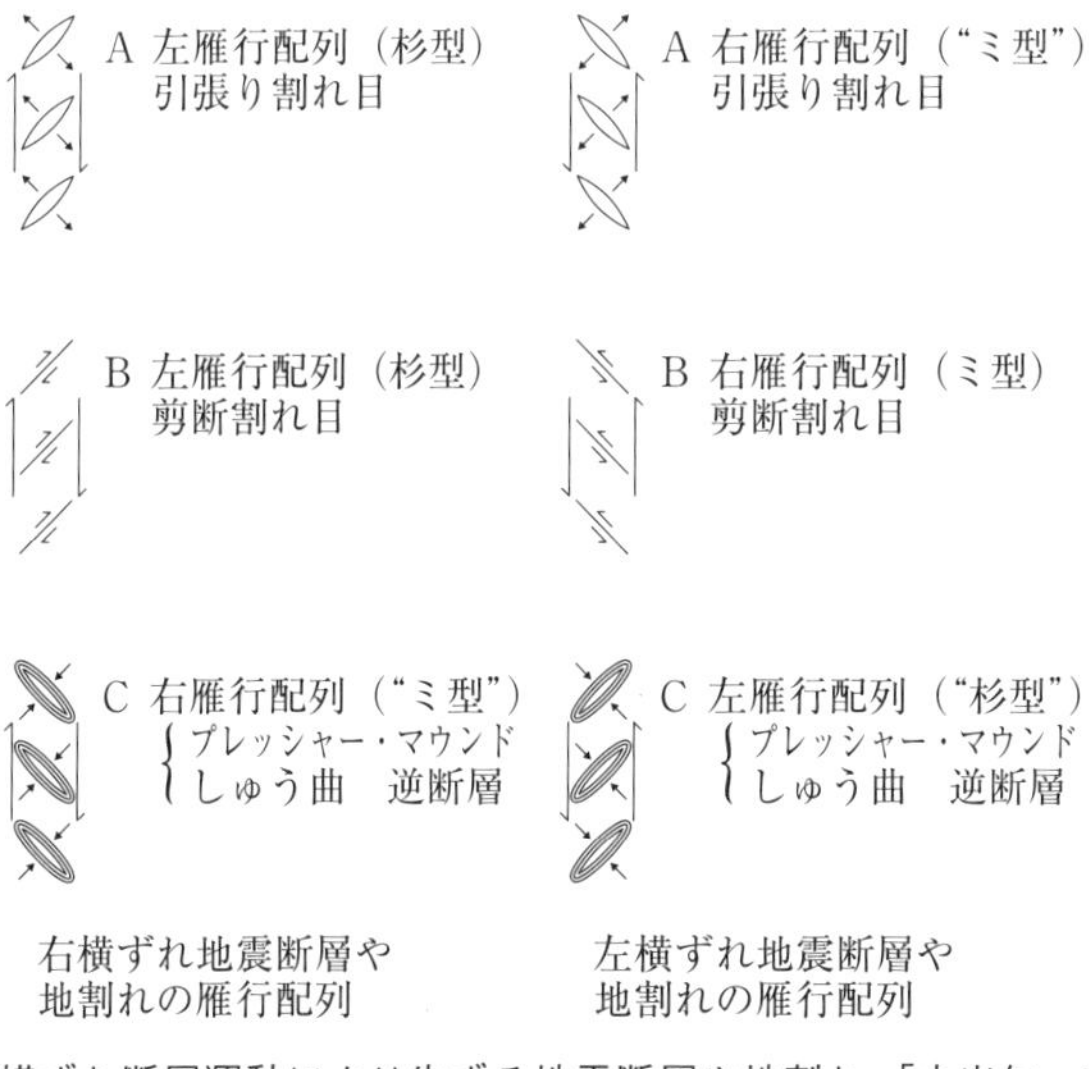

横ずれ断層運動により生ずる地震断層や地割れ。「小出仁・山崎晴雄・加藤碵一『地震と活断層の本』国際地学協会、1979年」を参考。

写真Ⅱ－19

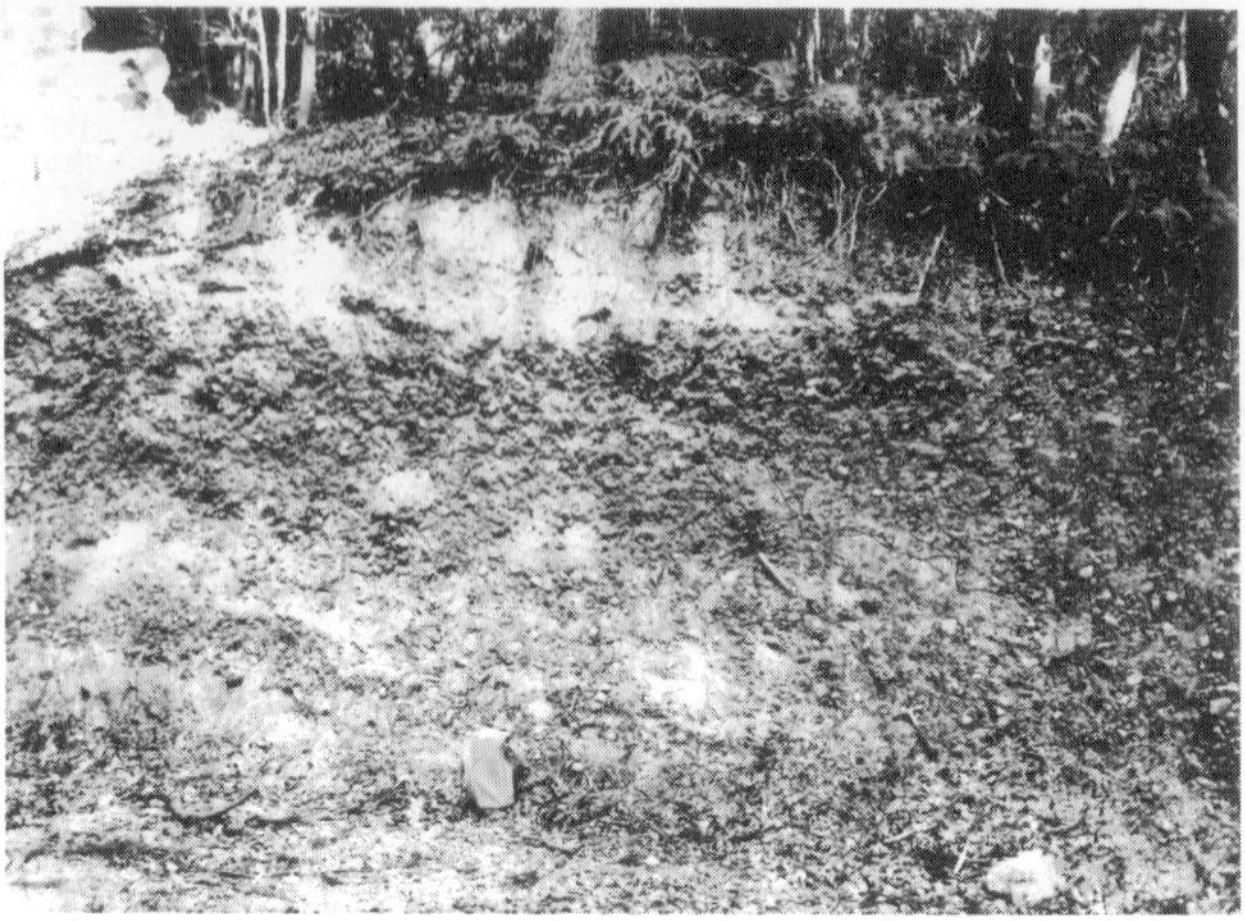

a：京都市宇治市に露出する地層と断層。ちょっと見ただけではここに断層があることはわからない。

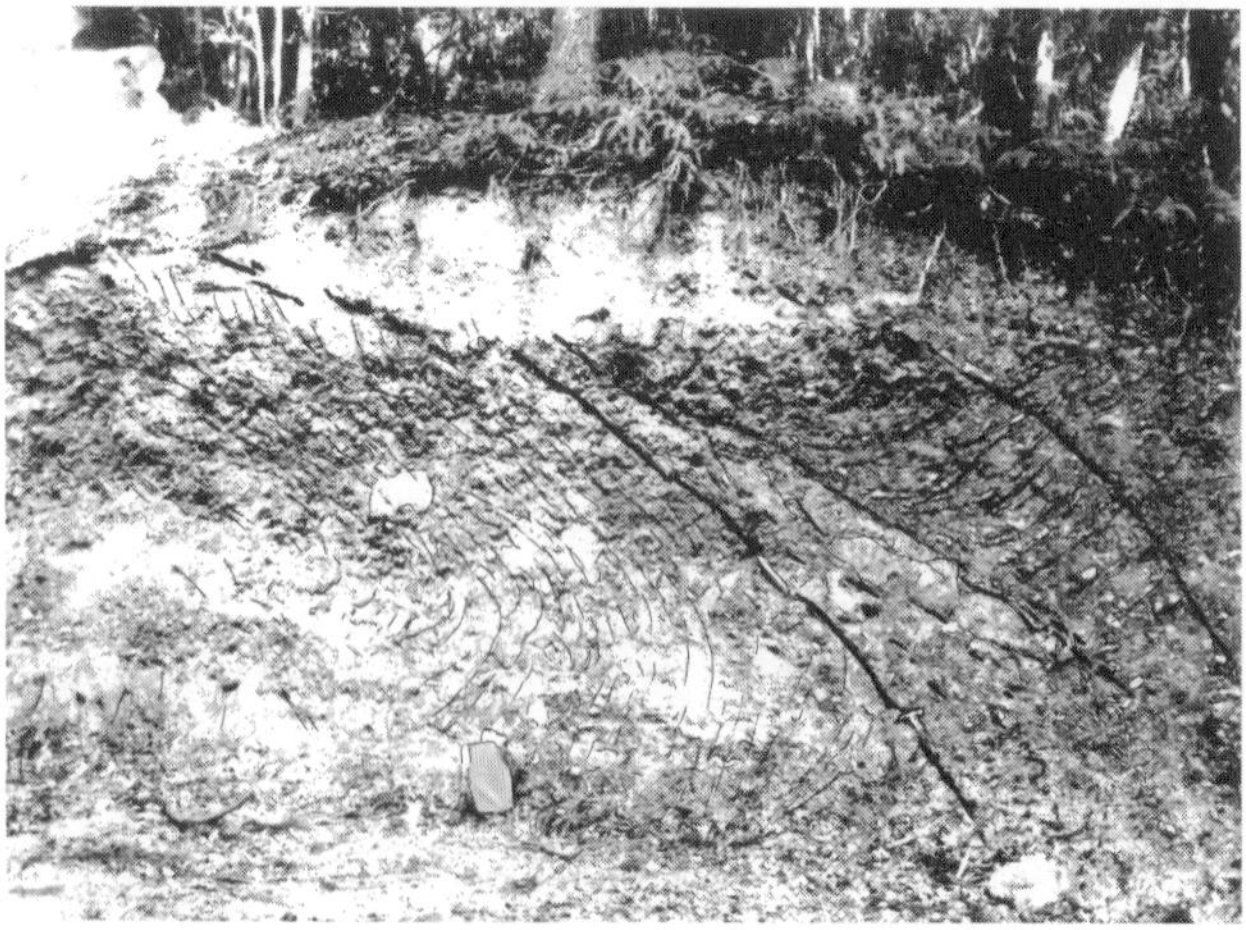

b：aの露頭を良く観察すると断層（太い線）や褶曲構造（細い線で示す）が観えてくる。断層は、おそらく黄檗活断層の副断層。

六　地震「予知」問題

この本の読者に取っての大きな関心は、今後、何時、どんな大きさの地震が起こるかでしょう。はっきり言って分かりません。「ここが危ない」といった発言をする人がいますが、「予知」でなく、可能性の指摘です。南海トラフ地震は必ず起こりますが、何時と予告はできません。

予知と警告は違います ―― 警告は出すべきです

地震発生の時と所を特定することは、現在の地震学が未熟だからでなく、原理的に不可能です。多くの専門家が「予知をする」と言って頑張っています。その意味は、「そろそろ南海地震が起こる確率が高い」といった警告は出したいし、出さねばならぬということでしょう。石橋克彦さん他の「東海地震切迫説」もこのような立場から出されたものと思います。

以下、専門家が誰でも言っていることですが、「これだけは市民の皆さんに」と思うことを、記しておきます。

気象庁から「今後30年以内にマグニチュード7クラスの地震が発生する確率は何十パーセント」といった発表が出されています。この発表は無視してはいけません。なお、何十でなく10パーセントでも、地震が近々に起こって不思議でありません。さらに念のために言いますが、この数字は時間が経つにつれて大きくなります。ですから、〝まだ起こらない。この分ではしばらく大丈夫なのでは〟と思うのは全くの間違いです。南海地震の発生時期は、時とともに確実に近づいているのです。

もっと短期的な予知、あるいは直前予知についての努力もいろいろとなされています。後で記しますが、それは「今にも起こるかも知れないが2〜3日先かも知れない。いずれにせよ間もなく起こる」という話です。これは無視してはいけません。しかし、外れるかも知れません。また、非科学的な「デマ」かも知れません。情報の出所をしっかり確かめることが肝心です。なお、行政は「安全」と言いたがる傾向があります。混乱を怖れるからでしょう。一方、地震の専門家には、〝希望的観測〟をせず、厳しく警告をする人が多いように思います。立場によるのでしょうが、個人的性格もかなり関係するようです。

地震発生の周期性と予知

地震だけではないですが、自然現象の予知、予則といったことは、大きくいって、二つの方法でなされています。一つは、実際に起こった例を処理して統計的な法則性を見いだし、確率的に予測する方法です。もう一つは、観測結果から予兆と思われるものを捉える方法です。この二つの違いが人々に意識されないのは無理ないかもしれません。どちらの方法も、いろいろ問題があるとしても、科学的でないとは言えません。それにしても、どちらも時とところを特定する「決定論」的予知ではありません。

テレビその他で一般にだされる「確率予報」は、第1の方法に属するものだと思います。実際には、歴史記録やトレンチ調査などから発生周期を設定し、その現在までの最後の発生からの時間との関係から「今後30年間に発生する確率」という形で予想を出しています。ここでいう「確率」は、数学でいう「確率」とは厳密には意味が違います。また、「発生周期」には、なんと50%もの幅があります。たとえば南海トラフ地震の発生間隔は、200年だったり100年だったりします。正しくは「周期性」があるというべきです。

周期性が現れるのは、一度地震が起こると、その後またストレスが限界に達するまで溜まるのに時間がかかるからです。限界に達するまでは、地震学でいう「確率」はどうだか知りませんが、地震発生の「可能性」[注33]はありません。ただし、局部的にストレスが溜まる可能性はあります。また、何かの理由で新しくストレスがかかれば、「周期」は振り出しに戻ります。

第一の方法には、根本的に頼りないところがありますが、仕方がありません。しかし、ともかく地震（本質的意味での本震）には、「周期」はないものの、「周期性」はあるのです。問題は、熊本地震のような、ごく近いところで続けて本震規模の地震が起こる可能性を察知できないのかでしょう。それには第二の方法が検討されねばならないと思いますが、今のところ無理というのが、多くの地震研究者の証言です。しかし、それと違う発言もあります。

ストレスの蓄積の物理計算シミュレーション

第2の方法について、私は、測地学的な、つまり地盤の伸び、縮み、上下の観測と、人体に感じない程度の微小地震の発生状況の注視で、大地震発生の予兆を掴めないものかと思ってきました。地殻にストレス歪みが蓄積すれば、物理学的には、これらの状況に何か変化が現れそうなものだと思えるからです。

ある測地学の専門家は、「これらの観測から地震発生の予兆を掴めると思ったら間違い」だといわれます。発生の直前に何の予兆も示さなかった地震が、いくつもあるからという話です。同じことは、微小地震の起こり方についても言えるのでしょう。この指摘は、原発の再稼働問題に関係して言われました。「地震発生前にそれを予知して適切な処置をすることができる」といった考えは甘いという趣旨だったと思います。「予知の研究は無駄だからしなくてよい」という意味ではないでしょう。住民、国民の立場か

《コラム》 宏観予報

昔、地下でナマズが騒ぐのが地震の原因だと言った時代がありました。地震が起こるより前にナマズがよく騒ぐのを見てそう考えたようです。後から起こる方が原因であるはずはありません。実際は、地盤が揺れる前から地中に電流が発生して、ナマズがそれを感じて騒ぐのでしょう。

空中電波にも異常が生ずるようです。以前、兵庫県立工業大学教授（大阪市立大学名誉教授）だった弘原海清さんは、各地の有志に一種の空中電気探知装置を配って、集団的に観測を始めていました。残念ながら亡くなってしまいました。

地盤が動き始めると地下水、とくに温泉にも影響が出ることがあります。兵庫県南部地震の時にも有馬温泉その他で水位が低下したりしました。このような生物や自然の普段と異なる動きの観察で地震の“予報”をすることを宏観予報と言います。一方、中国では、大勢の「人海戦術」で、比較的小さな地震の震源の場所の変化などの情報を集約して、大地震の直前予知に２度成功しました。井戸の水位観測、宏観予報も合わせたのでしょう。文化大革命の最中の唐山地震ではそれができず、予報、警告ができませんでした。

数十年前から、ギリシャでは地中の電磁波の異常から地震予知に成功しています。ただし、この方法は、地中に盛んに電磁波が流れている日本では効果的実施が困難かと思われます。

一時、“地震雲”というものが話題になりました。そのうちの1960年ごろの丹後の“むくひら虹”というものの話は、詳しくチェックしたところ、信用できないものだったようです。

らみれば、「予知か」、「防災力強化か」でなく、どちらも、もっと推進、強化して欲しいものです。

ストレス解消

同一場所に、続けてほとんど同じ震度の地震が襲うことがあり得ることは、熊本地震で思い知らされました。では、同じところを震源としてはどうでしょうか。

私は、これまで「そのようなことはない」としばしば言いました。「羹《あつもの》に懲《こ》りて膾《なます》を吹く」といったことが、被災地で、ともすれば起こるので、それを減らすために強調したのですが、実は問題はそう簡単ではありません。

かなり以前、山東哲夫さんは、同じところを震源として起こった地震の例として、1854年の安政地震（M＝8・4）を挙げています。さらに、「1個の大地震でヒズミが取り切れずに続けて同程度の大地震が起こることは、それほど珍しいことではない」と指摘しています（注34）。

問題は、物理的には、蓄積した歪みストレスが地震でどれだけ解放されるかです。これには、震源とその周辺領域の物質の物性と構造（つまり地質構造）が影響するでしょう。

小さい前震の後で、同じところで本震が起こっても不思議ではありません。兵庫県南部地震でも、その震源となった明石海峡で、前震がありました。それにしても、マグニチュード8以上という大きな地震（海溝型ではマグニチュード9をこす地震）が起きても、同じ点を震源とする大地震を続けて起こすような大きなストレスが、そこに残りうるとは不思議です。

一方、大地震発生後も、日本列島では、大きく見れば、同じストレスがかかり続けるのですから、大きくずれた後に、その断層から微小地震が起こり続いて不思議でありません。しかし、破砕帯での抵抗がほとんど消えれば、そこでは、しばらく地震は起こらないか、起こってもヌルヌル地震になるでしょう。

余震はストレスヒズミの微調整ですから、震源地震断層の本体でなく、むしろその周辺で起こるはずです。そのうちに全域的に（「アスペリティ」（用）だけでなく）、抵抗が形成され、それが強くなれば、そこでは地震は起こらなくなります。つまり、いわゆる〝空白域〟（用）が現れます。その後、またストレスヒズミが溜まれば、割れ目が硬く固まっていても、その周辺から、ひびが入り始めます。つまり小さい地震が発生するようになります。やがて、ある程度大きい「前震」が起こる場合もあるでしょう。それが前震かどうかを、どうやって判断するかは問題です。

熊本地震に関係するストレス状態変化と10・21鳥取地震
——地震の〝飛び火〟今後どこへ

熊本地震の後、この地域に溜まっていたストレスはほぼ消えたでしょう。しかし、近くの断層が活動することはあり得ます。ですから、〝熊本にはもう地震は来ない〟と安心してもらっても困ります。ストレスが「残る」のでなく、近くへ「移る」ケースの問題です。「移る」のが近くでなく、遠くへ言わば〝飛び火〟すると言った現象も起こります。熊本地震の場合、心配されていた〝地震の飛び火〟が実際に起こりました。２０１６年10月21日に鳥取県で起こった地震のことです。この関係や、今後の地震発生の心配について、少し記します。

２０１６年5月の日本地球惑星科学連合学会で、熊本地震に関する緊急のセッションが設けられました。そこで、熊本地域のストレス蓄積状況に関し、注目すべきポスターがありました。熊本地震の余震区域全体とほぼ同じ地域で、ある期間、地震活動の静穏状態があり、それが破れたら、その東端を震源として熊本地震が起こったという報告です。

なお、この地域の西端で、熊本地震の前にマグニチュード７クラスの地震があったが、震源が東シナ海の海底であり、陸域に被害がなかったので、注意されなかったということです。

この報告は、一つには、この現象が、岐阜市の市民、松井諄さんが、かねて主張している、「地震が発生する前に、その地域で地殻歪みの変化が静穏になり、それが解除されると間もなく地震が起こる」という話に整合的に思えます。もう一方、熊本地震以後（２０１０年5月現在）、岡山県全体より少し広い範囲で、地震活動が静穏化しているという指摘されているのが気になりました。10月21日の鳥取地震の震源は、まさにこの静穏域の北縁に位置します。

実は、山陰地方の鳥取県などの地盤については、歪みの蓄積が前から分かっていました。このことを早く思い出すべきでした（注35）。

もし、同様な現象、つまり半年とか2、3年といった一定期間、静穏期があり、その後小さな地震がちょこちょこ起こるようなことがあれば、しかも、それらの間にストレス歪みの方向変化や解消が起こっていることが測地のデータから推測されれば、その場合に限っては、地震が起こる警告を出しても良いのではないかと思うのですが、多くの地震学者は、それは良くないと考えているのかも知れません。

熊本地震前の地震活動静穏期の件に鑑みれば、岡山県を含んで見られた静穏域は鳥取地震の後、どうなっているのでしょうか。もっと東に静穏域が移っていないかも知りたいところです。なお、気象庁の測地データや京大防災研の地震観測データは時どき刻々公開されています（前者は2、3日遅れになりますが）。誰でも見ることができます（注36）。

〔注（引用・参考文献などを含む）〕

33：確率は英語でいえばプロバビリテイです。これは可能性（ポシビリテイ）とは違います。日本語で「かも知れない」と言う時、どちらを指すのか分かりません。地震について「明日起こっても不思議でない」というのは、「可能性が生じており、確率も高まっている」という意味です。地震発生のメカニズムと確率論的性格とを踏まえた科学的に厳密な言い方です。「しばらく起こらなくても不思議ではない」のです。たとえば、コップに一杯、水面が盛り上がるほど水が入っていても、何かショックがないと何時までもこぼれないことがあり得るのと同じです。

34：山東哲夫『震源モデル、土と基礎』22―6頁、92―93頁、1974年。

35：昨今では、ひずみやストレスの蓄積と解放（消失）の新しい観測手段が開発され、定量的に研究されはじめているようです。その発展が、期待されます。

36：良く言われる「日本列島の地震の活動期・静穏期」は、列島規模の広域についての話です。時間的には、個別断層の再活動までの期間や〝周期性〟の数百年～数万年といった話と異なり、数ヵ月～数年の期間の現象です。

Ⅱ―8　津波災害

東日本が復興する前に、西南日本で超巨大地震・津波が起こる怖れが大きいこと、それが日本の〝経済の沈没〟に繋がりかねないことは、今では誰でも知っているはずです。では防災は進んでいるのか？　数多の盲点があるのではないか。多くの人々が不安に思っていることでしょう。

しかし、地震と違って、津波は、東北日本太平洋岸の人以外には、経験した人が少なく、イメージがわかない人が多いのではないかと思います。それに、義務教育や高校の教科書での扱いも薄いようです。もちろん解説書には、津波とはどういうものかについて書かれています。しかし、津波や津波災害は、洪水や地震などに比べても多様であり、その被害の出方もさまざまあります。このことが、これまであまり説明されていないようです。私は、この多様性は、東日本大震災の津波災害のもっとも重要な教訓の一つだと思います。ここでは、これに照明を与えたいと思います。それには、まず、津波についての一般的解説を省くわけにもいかないでしょう（注37）。

［注（引用・参考文献などを含む）］

37：以下の著作を紹介、推薦します。

河田恵昭『津波災害――減災社会を築く』岩波新書、191頁、2010年。東日本大震災の直前の本です。この本が多くの人に読まれていれば、犠牲者がかなり減ったのではないかと思います。南海地震津波の被災予想地域での対策造に生かされることを祈ります。

日本科学者会議編『地震と津波――メカニズムと備え』本の泉社、231頁、2012年。

藤本博己、三浦　哲、今村文彦『測地・津波』共立出版、211頁、2013年。

首藤伸夫、今村文彦、越村俊一、佐竹健治、松富英夫編『津波の事典（縮刷版）』朝倉書店、350頁、2017年。

掘込光子、掘込智之『海に沈んだ故郷』連合出版、206頁、2011年。北上川口を襲った津波で被災し、避難した夫妻の心と今後への科学的教訓が、生々しく語られています。

「原口・岩松『東日本大震災津浪詳細地図（上・下）』古今書院（2011年）」東日本大震災津波の全浸水域が示されています。

一　津波の発生要因

津波は、自然の突発的な激しい活動、具体的には海底地震、海中火山（火山島を含む）の爆裂的噴火、陸地から海中への地すべり、巨大隕石の落下などにより起こります。陸に寄せてきたときの状況としては高潮と似ている場合があります。昔は区別がつかなかったでしょう。今は、台風の通過の際などに、気圧の低下や海水の吹き寄せなどによって起こるものだけを高潮と言います。

上記のような発生因の相違に従って、起こる津波の性質には大きな違いがあります。一番高い津波が起こりうるのは、実は地震による津波ではありません。1958年のアラスカのリツヤ湾津波では530メートルという高さが記されています。これは地表動のショックで起こった地すべりが狭い湾内に突入したことによるものです。他の津波とは桁が違います。

九州の有明海沿岸で、1792年に「島原大変肥後迷惑」という大事件が起こりました。島原半島の雲仙普賢岳の前山の眉山が爆裂的に崩壊し、大量の岩塊や土砂が有明海に突入して大きな津波を起こしました。この津波は対岸の熊本平野に押し寄せ多大の被害を生みました。

太平洋のような大海で起こる津波は、発生のときの高さが僅か2～3メートルでも、関係する水量が何しろ大きいので、浅いところ押し寄せると高い津波になります。一方、水域が狭く水の量が小さいところでは、大きな嵩《かさ》の固体物質が突入すると、押しのけられた水が高い津波をなすのです。この点で、〝原発銀座〟の若狭湾沿岸に地すべりを起こしやすい地層があることが心配されています。関西電力は大丈夫だと言っていますが。

海でなく、河川のダム湖でも、同様なメカニズムで、一種の津波が起こります。イタリアのバイオントダムの例が有名です。地震動では、ダム堰堤は決壊しなかったのですが、発生した地すべり性崩壊で押しのけられた大量の水が堰堤を越えて流れくだり、下流で大災害を起こしました。このような大洪水も、よくダム津波と呼ばれます。同様のことが、先の節で触れた八ッ場ダムなどの、地すべり地のダムで起こる心配があります。

二　地震津波

多くの津波は、広汎な海底が動くことにより生じます。これを以下、「地震津波」と呼びます。まず、プレート境界の海溝沿いに起こる「海溝型地震」に伴う地震津波について述べます。そのようなものに限っても、津波の性状は多様です（図Ⅱ―28）。

たとえば、２０１１年（３・11）の東日本大震災津波災害では、陸前高田の海岸に寄せた津波は壁をなして迫り、海岸の砂丘や松林を掘り崩し、壊滅的被害を与えました（写真Ⅱ―20ａ）。気仙沼では水面は平らで、湾内で舟が行ったり来たりしました。宮古の海近い川岸では、大阪の堤防と同じ、幅10センチメートルほどの「カミソリ堤防」しかありませんでした。津波はこれを越えましたが、堤防は全く破損されませんでした（写真Ⅱ―20ｂ）。このような津波の性状の違いによって、２０１１年災害の被害だけでなくその後の復興、

図Ⅱ−28

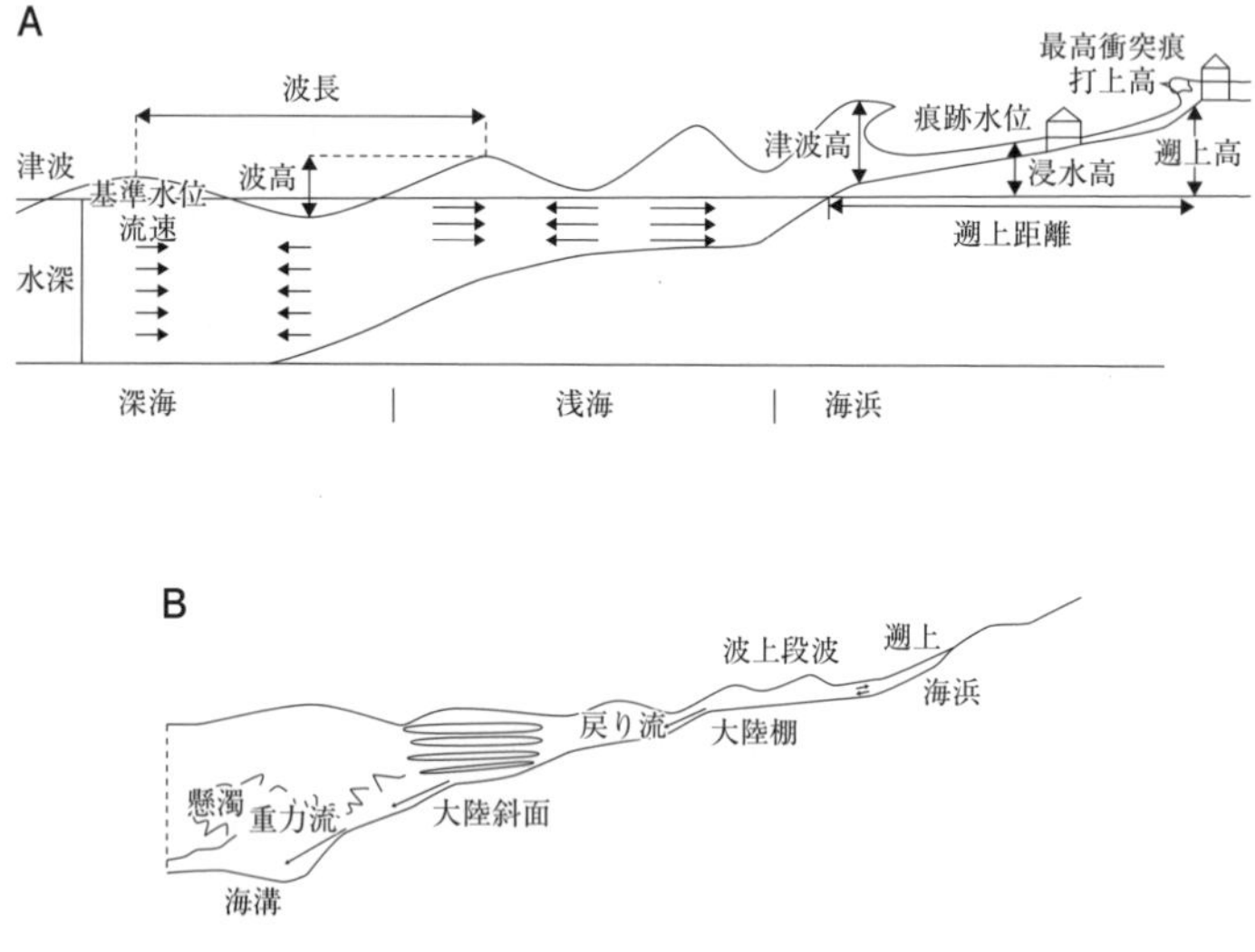

外洋起源津波の波形など性状、水の動きを示す模式図

A：沖合での波高より、海岸での津波高は、はるかに高くなる。
　遡上高、打上高の高さを充分に考えての津波対策が必要。

B：戻り流は陸上でも強い。

「日本科学者会議『日本の科学者 2013 年５月号』本の泉社、p.36」に加筆及び改変。

地域づくりの方策にも大きな違いが現れました。ですから、この違いのメカニズムを知ることは重要です。しかし、以下では、まず地震津波一般に通ずることを説明します。

写真Ⅱ－20

a

2011 年東北地方太平洋地震による津波で消失した北釜集落の跡。仙台空港東北の海岸近く。津波後約半年の光景。砂丘・砂堆を越えた津波が造った池が見える。引き流れの堆積物によりかなり埋積されている。

b

宮古市役所から見た津波被災後の光景。津波は河口から侵入、遡上し、写真に見るカミソリ堤防を越えて市街になだれ込んだが、カミソリ堤防は無傷。

地震津波の性質

○海で発生する津波の性質は、ほとんど基本的に水深で決まります。

津波は本来、深海で発生して伝搬する時には、水深に比べて充分に長い波長を持つ波、つまり長波（用）です。

津波の深海での伝搬速度は極めて大きく、数字で言えば水深4000メートルのところを通る振幅1メートルの津波では200メートル／秒ほど、つまりジェット機並みです。たとえばチリ沖で発生する地震津波は、このような速度で太平洋を渡ってきます。一方、流れ（水粒子の運動）の速度（流速）は遅く、5センチメートル／秒程度に過ぎません。水の分子は、水平的に、水面から水底近くの深部まで同じ速度で、長い周期で往復運動をします。ですから波高は小さく、沖で舟に乗っている人は、津波が通過しても上下動に気づかないぐらいです。

○概括的に言えば、津波は海底が浅いところに至るにつれて移動速度を落とします。すると、波形は波長が短く高さが高いものに変化します。一方、流速は速くなります。

実際に日本列島の海岸に押し寄せてくる津波のほとんどは、大洋底でなく、大陸斜面から海溝までの、非常に深さが違う範囲での断層の活動によって発生します。そして動く断層が違うと、伝搬以前に、はじめ発生時点で、津波の大きさや形その他がまるで違います。

○大陸棚は比較的広く平坦ですが、そこにも谷や、陸から延びた峰があります。深さによる速度の違いに関係し、波のエネルギーは次第に海底の凸の峰に集まります。さらに、海岸線に出入りがあれば、波はその凸のところ、つまり半島先端（岬）に集まり、ぶち当たり、あるいは高い遡上高を示すことになります。

○津波は、一般の波と同様に、重合や回析、反射もします。それで局地的に水面が異常に上がることがあります。湾の奥ではとくにこれらが起きます。

○前の波の進みが遅いと、津波は段波（用）になったり、さらに砕け波（砕波（用））になったりします（そうしない場所もあります。この様子は砂浜に寄せる普通の波と似ています）。段波、砕波、それに砕波後の流れは大きなエネルギーを持っています。防潮堤、防波堤に段波がぶち当たり砕波すれば、普通にコンクリート構造物さえも破壊します。一方、段波とならない津波の性状はただ水温が広く上昇する高潮に似ています。

○津波の段波が海崖にぶち当たり、跳ね上がる高さは、波高とも、遡上高とも違い、はるかに大きくなります。その状況は、同じ湾の同じ場所でも毎回の津波によって違います。過去の例や3・11津波については、個別にもっと検証する必要があります。これらの高さなどへの防波堤の影響も同様です。このことは防災上重要です。

○海中に沈水防波堤、防潮堤などの構造物があると、それによって津波のエネルギーは減殺されますが、そこで高さが高くなり、陸域への浸水につながることがあります。福島第1原発の場合はどう解析されているのでしょうか、私は知りません。

○津波は、防潮堤を一旦越えれば、波の谷がくるまでは何十分でも越え続けます。この点が、暴風などの高波と全く違うところです。高潮と似ています。

○津波が海浜堆積物、砂丘や堤防を構成する砂などを浸食して内陸へ運び込み、被害を拡大することは広く知られているとおりです。また、急勾配の前浜、海浜に砂丘や砂州があれば、そこで砕波し、それらを構成する砂を陸側へ運びます。これが、陸上の津波堆積層が、普通、広く砂質である理由（メカニズム）です。砕波は、空気を取り込み圧搾し、破裂するため、とくに大きな破壊力をもちます。

○陸上に遡上してからでも、津波の遡上速度は結構速く、自転車〜自動車並みだということは、「2011年東日本大震災」後、「津波テンデンコ」の理由として、ずいぶん語られていますので、かなりの読者は知っておられると思います。とくに、津波が砂丘や堤防を破壊せずに乗り越えた場合には遡上速度が大きく、多く、波の移動速度を超える射流（用）となります。この流れは運搬堆積物を落とさないだけでなく、しばしば地表の洗掘も起こします。なお、遡上の過程で跳水し、常流（用）となりますが、その際には水位上昇が起こります。それがたとえ1メートル程度であっても、堤防を越えることになりうるので無視できません。

○津波の陸上遡上の時、先端の水深は数センチメートルしかなくとも、その後の水深が増減し、水面は上下します。津波は遡上しても波の性質を失うわけではないからです。さらに、遡上につれて減速するので、後ろの水の動きが追いつき、水深を増大させます。

○河川や運河があると、津波はその流れに克ち、陸地深く遡上します。また、上流からの洪水とぶつかり、また満潮が重なったりすると水位が大きく高まり、しばしば川の堤防を越えて氾濫します。海岸沿いの低地に後ろの山側の川から溢れでた水が、洪水となって流れ下ることがあります。2011年の東日本大震災の津波でも各所でこれが起こりました。

○　引き波の流れは、場所により、意外なほどの強い浸食、運搬力を示します。破壊の帯線状集中を起こす場合もあれば、低いところに集まり下刻する場合さえあります。復興計画策定（今後の津波の挙動を想定するなど）に重要で注目されています。

○　陸域に侵入して遡上する津波が最も高くなるところは、遡上の最奥とは限りません。これには、遡上しても元の波の性質を全く失うわけではないことも関係します。その状況は、地域毎、津波毎に異なります。

繰り返しますが、津波は場所により非常に多様です。同じ場所でも、津波によって違います。しかし、地形などの自然条件は、人間が変えない大きな規模では、年月が経っても変わりません。前記の陸前高田と気仙沼の違いは典型的です。このことは、今後の防災、地域の復旧、復興の方策を考える上で非常に重要です。

とくに問題なのは、複数要因の複合災害への対策です。たとえば、地震＋津波＋火災はごく普通に重なって起こります。さらに、独立の事象なのに豪雨があり、洪水が起こっても不思議ではありません。複合災害が起こると、そうでない場合に比べて被害が何倍にも大きくなります。災害対策では、できるだけいろいろな形での複合災害を想定しておかねばなりません。原発施設の設計では、これらはどう検討されたのか？　具体的な説明が要求されます。

三　専門家が強調していること

専門家がよく指摘することのうちから、いくつかを選んで、もう一度強調しておきます。

○「引き波から始まるとは決まっていない」

これは正しいのですが、異常な引き波が起これば、それは津波が始まっているのです。

○地震が小さくとも油断はできません。地震がなくとも津波が来ることがあります。

海底断層の動きが〝ぬるぬる〟だと、かえって大きな津波が起こります。一方、太平洋の対岸での地震津波が日本の海岸に達することがあります。

○津波を海岸で見ていても、何処まで水面が上がるか予想できません。砕け波がなくて恐怖を感じないで見ていると、見る間に水面が上がってきて溺れるということが起こりえます。

○はじめ水面が低くても、やがて波としての性質が現れ、防潮堤を越えてくるかも知れません(注38)。

○第2波、第3波の方が第1波より大きいことが少なくありません。そうなるメカニズムはいろいろあり得ますが、引き波（引き流れ）が関係することがあるでしょう。

○津波はしばしば火を伴います！　奥尻島津波災害以来注目されています。火が海からやってきます。船舶や材木破片、石油と共に。化石燃料（とくにガス）基地、コンビナート（＋港湾）、原発（＋港湾）での火災が心配です(注39)。

［注（引用・参考文献などを含む）］
38：２０１１年津波の際に、市役所の職員が、ビルの上から、津波がビルの間の道を流れているのを観察しながら市民に避難を呼びかけていて、自分は逃げ遅れるという悲劇が起こりました。
39：自動車が凶器になりうることも。これまでの水害や津波災で知られていたことですが、２０１１年東北津波災害で思い知らされました。

四　とくに指摘しておきたい問題――船舶は出航できるか

問題を一つ記しておきます。多角的な視点が必要な例と思ってください。

津波でコンビナートが被りうる破滅的被害については、当事者が今、深刻に研究、対策を進めているものと思いたいものです。正直に言って、はなはだ心配な状況としか見えません。

ここで一つ心配なのが船舶です。

船舶は本来浮くように造られているので運ばれやすい。それが被害を受けるだけでなく、凶器になりえます。ところが、大船舶は津波警報が出てもすぐには出航できません。問題はハードでなく、主にマンパワーにあります。

港湾に船舶が入ると、乗員は少数の保安要員を残し上陸して居なくなります。津波の来襲まで1時間以上ある場合でも、船を沖に出せる保証はありません。港湾や海岸に位置するコンビナートの津波防災を考える上で死活的問題です。今のままでは、風向きにもよりますが、南海地震津波がくれば、たとえば和歌山市は石油タンクへの船の衝突で火の海になるでしょう。

緊急の時には船長がいなくても船を出航させてよいことにするとか、船を出港させることのできる専門船員を必ず船に残すとか、タグボートや水先案内人の確保とか、法制整備を含めたソフトの検討が望まれます。筆者は機会あるごとに言ってきたので、あるいは何か進展があっているのかもしれません。そうなら嬉しいのですが。

津波の堆積記録

津波はその大きな運搬力で海浜、瀕海の物質を打ち上げ、また運び去ります。浸食、運搬、堆積、それらによる被災とその影響は長期に継続します。それらの陸上から海溝底までの記録が堆積物に残ります。

堆積物の津波記録としての重要性は、貞観地震津波の堆積物の研究が知られるにつれて、2011年以後、社会的にようやく認識されるに至りました。しかしそれは、ほとんど津波の発生の証拠、大きさ（とくに波高）、発生周期などの資料として注目されるに止まっています。津波の生成物は、個別の場の環境条件や堆積物供給条件、メカニズムなどによって、極めて多様です。地質研究者でもよく知らない人が多いのですが、実は、津波の堆積物の認定は、専門家にも必ずしも容易ではありません。そもそも、陸域は大局的に見れば浸食、削剥の場です。津波堆積物が見いだされないと報告されたところでも、津波が来なかったと断言はできません。調査の結果、過去の津波の堆積物が見られなかったからといって、津波が来なかったと即断すると、大きな誤りを冒しかねません。

地表をちょっとみただけでは、津波が入ったことが判らないことが多い場所が、津波遡上の一番奥の地域です。たとえば原発関係などの津波堆積物の調査者は、まず砂の層に目を付けます。平野部の、平常時には泥が堆積するところで、洪水堆積物でない砂の層があれば、津波による堆積物かもしれないからです。ところが、津波がそこへくるまでに砂を全部落としてしまっていれば、泥しか堆積しません。泥さえもほとんど堆積しないところがあります。この場合、ごく微量の土試料を調べて、海生の珪藻の遺物を探します。さらに、化学分析によって海からの物質を見いだす方法が、箕浦幸司東北大学名誉教授によって開発されたのは、2011年津波以後のことです。原発敷地などの津波問題にこれが適用された話は、まだ聞きません。

前に触れたように、津波の引き流れも非常に強い掃流力を持つ場合があります。その場合にも、普通の土砂堆積物はほとんど残りません。

Ⅱ―9　考えられる最大の超巨大自然災害

防災を考えるにあたっては、起こり得る最悪の場合を想定すべきです。それで、地球上で起こり得る各種突発的自然現象の最大規模を見てみます。

斜面崩壊や土石流でも、河川水の氾濫にせよ、豪雨で水が供給されて起こるわけですが、地球上でのその量に上限がないわけではありません。よく「いくら堤防を高くしても川幅を広くしても切りがない。だから川から〝水を一滴も漏らさない〟という治水工法は無理なのだ」と言われますが。〝切りがない〟というのは論理的には正確でありません。それなのに、上に私が〝無理〟と言ったのは、具体的な日本列島の自然と人文の実情の話です。

地震と津波についても似たようなことがあります。今起こっているマグニチュード9クラスの地震の100倍も1000倍もの巨大な地震は起こりません。そもそもプレートの大きさも有限ですから当たり前です。小説の「日本沈没」は名作でしたが、現実にはあのような規模での突発的地殻変動は起こりません。

実は、地球上で起こるもっとも巨大で危険な自然現象は破局的噴火です。先に、巨大なカルデラ爆発のことに触れましたが、地球上で起こり得るマグマの活動は、これをはるかに上回ります。しかも、地質時代やはるかな遠い未来の話でありません。先に触れましたが、今、現実に、北アメリカのイエローストーン公園の下で、巨大なマグマのプルームが上昇しつつあるそうです。これが地表近くにまで上がってきて大爆発を起こせば、北アメリカのすべてのものが壊滅的打撃を受けるだけですみません。舞い上がる火山灰やほこりのための寒冷化と、その後大気に残る炭酸ガスその他のガスによる異常温暖化のため、世界中の農業その他も壊滅的事態になります。科学者がチームを造って監視しているとのことですが、爆発を予知できたとしても、人類がどのように対応できるものでしょうか。今発展しつつある文明を根底から見直さない限り、生き残るものがあるかどうかも分からないと思います。

地球の歴史では、もっと大きな事態が起こりました。宇宙からの隕石の落下です。6500万年前の径10キロメートルの隕石落下での生物大絶滅事件は、今では、専門家以外にもかなり知られています。隕石、あるいは小惑星（注40）の衝突でなく、地球接近ならば、そう珍しいことではありません。実際に、２０１７年の10月12日には、直径約40メートルの小惑星（「２０１２ＴＣ４」と名付けられました）が、気象・通信衛星の軌道の少し外側ぐらいまで近づきました。

私が驚くのは、こんなに小さな小惑星が、ちゃんと発見され、その軌道が計算されていることです。天文学者は、地球に衝突しそうな天体の軌道を変える方策についても、討論していま す。政治、行政、法律関係者などを含め、広く国際的に、社会的な議論がなされる必要が指摘されています。

今の人類の科学・技術では、なんと、隕石落下による地球生物大絶滅の危険の方が、マグマの大爆発による災害よりも防ぎやすいと言えるかも知れません。その一方で紛争や戦争は防げない？　そんな馬鹿なことはないと思います。

問題は、世界で、とくに日本では、起こり得る規模の自然現象に対してさえ、無策というより意識的に無視した政治・経済・国造りが発展していることです。その意味で、現代の災害はもはや人災です。

［注（引用・参考文献などを含む）］

40：隕石落下と言っても小惑星衝突と言っても、物理的には同じです。どこから見た天文事象かの違いで使い分けるだけです。

Ⅲ　社会的要因による災害（人災）

Ⅲ—1　ダム災害

一　日本のダム問題

Ⅱ章でも触れたように、ダムは人工構造物です。ダムの管理や操作による災害は人災、つまり社会的素因、直接因による災害ですから、Ⅲ章のここで扱うことにします。

第2次淀川水系流域委員会今本博健委員長は、今日のダムと河道改修方式の欠陥として、以下の3点を指摘しました（注1）。

1　構造的欠陥：超過洪水（用）に対応できない。その場合、かえって壊滅的被災が起こる。

2　致命的欠陥：社会と自然環境に重大悪影響をあたえる。時間がかかり、経費も莫大。

3　根幹的欠陥：立地の地形・地質条件適地の枯渇。ダムには頼れなくなった。

これら問題のうち、2については、Ⅱ章で河川災害の問題として少し記しました。ダムがそれなりに利水や防災に役立つ場合にしても、「犠牲が大きすぎる」のでは困るということでしょう。

1の超過洪水に対応できない問題について、Ⅱ章の気象災害の記述で触れましたが、今後の日本の重大問題ですので、ここでやや詳しく記述します。

問題は今後の極端気象豪雨です。いろいろ努力がなされるとしても、近い将来に地球環境温暖化が止まるという期待は持てません。1時間に100数十ミリの豪雨に対応できなければ、ダムは安全とは言えなくなってきました。しかし、たとえば、大阪府の茨木の背後の安威川に建設中のダムの想定雨量は1時間に80ミリメートルです。地球環境温暖化を考慮して、高めに取ったもののようですが、実際の事態の進行はそれを上回りました。茨木地域は豪雨が少ないから大丈夫かもという考えの人もあるかも知れませんが、甘過ぎます。

今後、全国の計画中のダムについては設計の見直しをするとしても、既存のダムの貯水能力の点検増強は、技術的にも経済的にも、容易なことではないでしょう。

［注（引用・参考文献などを含む）］
1：今本博健＋『週間ＳＰＡ！』ダム取材班『ダムが国を滅ぼす』扶桑社、327頁、2010年参照。

二　ダムの立地——地質条件

3の問題について、主に地質学的問題に関わって、少し例を挙げてみましょう。

プレート境界帯に位置する日本には、山や峡谷はたくさんあります。しかし、地殻変動が繰り返したために岩盤が破砕され、断層や亀裂、地すべりが多く、ダムを造るに適した条件の場所が意外に限られています。それなのに無理してつくった多くのダムが、その基礎地盤だけでなく堤体も劣化し、今、安全性が危惧されています。

その例として、とくに極端なのが、静岡県の太田川上流に反対を押し切って２００９年に建設された太田川ダムです。高さ70メートル、長さ２９０メートルの本体に３５０ヵ所以上のひび割れが発生しただけでなく、補修後も新たなひび割れが起きているのは異常です。湛水試験を始めたら漏水もでました。県は、ひび割れは表面的なものといっているようですが、国土問題研究会の資料によれば、割れ目によっては６００ミリメートルの深さがあり、それが半年で60ミリメートルほど深くなっています。ダム周辺の岩盤の緩みや地表の変位は、右岸側で顕著で、仮排水路トンネル施行中に支保工が曲がるぐらいの崩落が起こったりしたそうです。

２００７年に、ダムから2キロメートルほどのあたりで群発地震が発生しました。その震源を見ると、深さ16・５キロメートルから18キロメートルあたりに西北——東南方向に延びた分布をしており、断層活動による地震であることは明らかです。２キロメートルといえば、地下の震源からの距離は震央と変わりません。南海トラフ地震が起こり、それにつられてこの断層の両側の地盤までが振動したとき、太田川ダムが決壊しないとは保障できないと思います。

地すべり地帯に、批判を押してつくられたダムの例の一つに、長野市の浅川ダムがあります。このダムは、例の、老人ホームを押し潰して多数の犠牲者をだした「地付山地すべり」に続く地すべり地帯の真ん中につくられており、県が指定した地すべり防止区域にかかっています。直下、周辺には活断層も存在します。

有名な八ツ場ダムの設置場所も地すべり地です。このダムの設置については、いろいろな理由から反対運動が盛り上がり、一時、設置取りやめとなりました。奥西一夫京大名誉教授（当時国土問題研究会理事長）が、国会で、ダム設置場所だけでなく、関係住民の転居予定地も地すべり地であることを証言しました。私はこれでこのダム設置問題は決着がついたと思いましたが、そうはなっていないようです。日本では、自然の挙動をハードな工学技術で制御できると思っている（あるいは思いたい）人が、多いからでしょう。

浅川ダムでもそうですが、こういう場合、ダム池のなかに土を盛って、横の斜面を滑ってくる地すべり土塊を止めるという方策がとられます。これで、一時、地すべりは停まるかもしれません。しかし、地すべり地帯はもっと広いのです。今後どうなりますか。それにしても、本来、水を溜めるはずのスペースを減らすのですから矛盾ですね。経済的にも。

多分、このようなところのダム建設が止まらない本当の理由は、社会的に深いところにありましょうが、ここでは省略します。そのうち、河川行政に関する事情については、前記、今本博健氏の著作に詳しいので参照してください。

三　天ケ瀬ダム

立地問題の一例として、京都府宇治市の市街地から2キロメートルの近くに立地している天ケ瀬ダムの例を紹介します。このダムは、市街地から近いこと、地盤地質、地震リスクなど自然条件が悪いこと、ダムサイトにトンネルを掘削していること、安全対策が講じられていないこと、などの点で、市民の心配の種のダムの典型です。

地質的立地条件

1930〜40年代にダム建設を計画した建設省の地質調査の結果が、当時の報告書に記されていますが、それによっても、このダムが、元々地山条件の悪いことが判っているところに建設されたことが読み取れます。

天ケ瀬ダムサイト付近の断層分布を図Ⅲ―1に示します。この図を一見してだれもが奇異に思うのは、ダムが堤体の中央部でかなりの大きさの断層（「天ケ瀬ダム直下断層」）を跨がって造ら

図Ⅲ－1

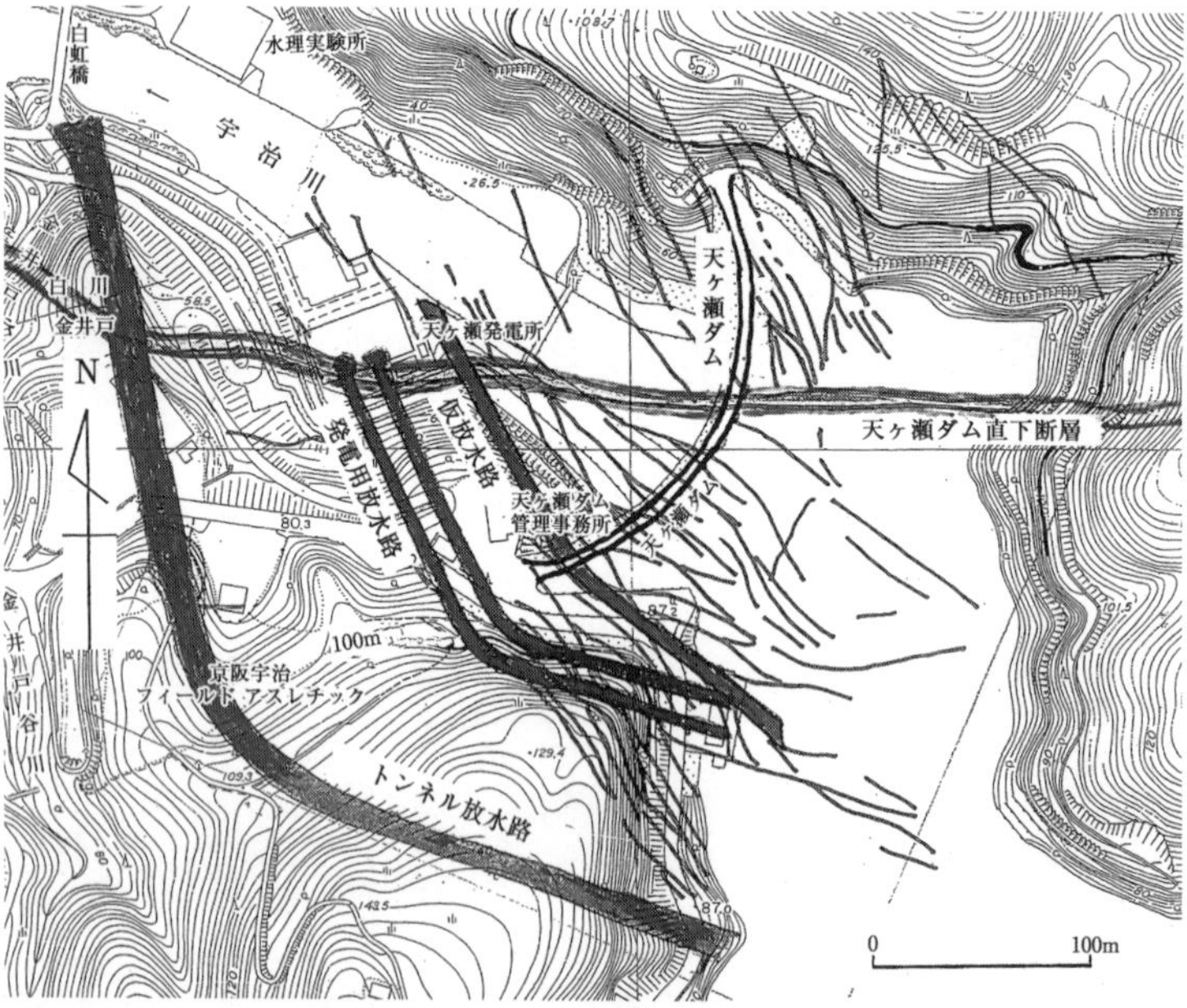

天ヶ瀬ダム、天ヶ瀬ダム直下断層や周辺の中小断層、亀裂郡、新・旧放水路トンネルを合わせて示す。「紺谷吉弘『国土問題 72 号』国土問題研究会、46 頁、2011 年」の図に加筆。

れていることです。この断層の存在は、当時の建設省もダム建設当時から知っていて、暫定的にF―1断層と呼んでいました。近年、この部分の堤体の天端に割れ目が生じています。セメントでふさいで、きれいに〝化粧〟をしても、また割れてきます。これは問題です（写真Ⅲ―1）。

右の断層以外に、ダムの地山地盤には無数の小断層や節理が発達しています。右岸では、節理が、ダム堤体を通して水の圧力が岩盤を割ろうとする方向に、かつ急斜面に流れ盤（滑落が起こりやすい）をなして発達しています（写真Ⅲ―2）。それより上流側では、管理道路上下の崖面に、湛水池に向かっての張り出しや滑りが起きています。

左岸の堤体は、ダム建設の直前に崩壊した「六石山崩壊地」に付けてあります。この崩壊の滑り面が地山の基礎岩盤のなかにあることが、ダム建設時の「地質調査報告」に指摘されています。

左岸側地山には、これまでに、すでに、発電用放水路を含め三つのトンネルが掘られており、今そこに、さらに、日本一の大水路トンネルを掘られました。これらが地山に与える

写真Ⅲ－1

天ヶ瀬ダム堤体の天端管理道路に現れた大小の亀裂。舗装の前からあり、舗装後に、また現れた。他の場所も何度“化粧”をしても同じ。

影響について、国交省は、力学的にはダムの安全性に問題ないとしてきましたが、前記のような地盤の状況を、どのように計算に採り入れたのかが問題です。

黄檗活断層系

天ヶ瀬ダム付近の地盤が悪いのは、ここが、宇治市東部に発達する黄檗活断層系の延長部にあたるからではないかと思われます。

かつて、国交省琵琶湖工事事務所は、ダムから3キロメートル以内には活断層は存在しないとしていました。これが誤りであることは、「防災市民の会（国土研調査団）」のメンバーと同事務所との合同調査の際に、調査団メンバー

写真Ⅲ－2

写真Ⅲ―2　天ヶ瀬ダム。右岸急斜面に流れ壁での滑落跡が見える。ダム取り付け箇所の上流側面管理道路の上の斜面も不安定で、それが張り出す。ダム堤体の各所に水の滲み出し痕が白く見える。

から指摘され、「淀川水系流域委員会」その他一般に報告されています。

この断層が何時活動するかは、全く分かりません。少なくとも１０００年近くは活動していないと考えられるので、そろそろ活動しても不思議ではありません。この断層が活動したら、前記のような地質条件で、怪しい状況の天ケ瀬ダムのことです。決壊します。下流は大変なことになるでしょう（注２）。

１５００トン放流

ダム下流の水害発生リクスについては、ダムが決壊しなくても今後、前記の大トンネルからの１５００トン／毎秒の放流に、下流の堤防が耐えられるかが、非常に問題です。Ⅱ章で述べましたが、宇治川の堤防は、それほど大きくない洪水でも、破堤しかねない状況にあるからです。

耐用年数

もともと、このダムの耐用年数が、どのくらいと想定されていたのかも問われます。今、日本、全国でコンクリート製の構造物の劣化が問題になっています。どこのダム堤体も基礎地盤も、時とともに劣化や風化を免れません。前記のような地質環境を見ると、天ケ瀬ダムでは、これらの劣化が他所のダムより早いと思われます。新しいトンネルの掘削も、もともと短い耐用年数をさらに縮め、崩壊の危険性を高めたのではと心配せざるをえません。黄檗活断層が活動した場合はもちろん、しなくとも、ダムが決壊することはありうると思わねばなりません。

［注（引用・参考文献などを含む）］

2：天ヶ瀬ダム再開発事業の問題と琵琶湖沿岸域の治水について、国土問題研究会『宇治川改修問題に関する調査報告書』国土問題72、34―55、2011年、参照。

Ⅲ―2 火災

日本での火災要因の多くは、大部分失火、つまり社会的要因によるものです。しかし、北米の西部やオーストラリア西部では、風で木の枝がこすれ合っても山火事が起こります。北米の山火事は、自然の生態系の更新だというわけで、人家に迫らぬ限り消さぬという方針がとられているといわれます。しかし、近年では、地球環境温暖化で乾燥しているためか、山火事が増え、燃え広がる規模も大きくなっているようです。そうなると、燃えるに任すわけにもいかないでしょう。ともあれ、直接要因や素因は自然現象でも、拡大要因には人間の生き方が関係しているわけです。

火災に対する警戒は、消防署では24時間しています。しかしその人員が保障されていません。阪神・淡路大震災以来、消防士になろうと思う若者は増えています。だが、自治体にもよるでしょうが、そもそも定員数が少ないところが多いといいます。

近年の都市防火は、法制の整備もあり、一面では進んでいます。ところが、たとえば、京都駅舎ビルの北側には梯子車が入れないところがあります。最上階の食堂街の消火は、スプリンクラーの作動と防火壁以外に頼るものがなく、あとは逃げるだけということです。

近年、都市では一軒の家が火事をだすと、5台も6台もの消防自動車が駆けつけてくれます。しかし、火事があったら必ず消防自動車がくると思っては間違いです。

そもそも、消防計画は、火事のある程度以上の同時多発を想定しては立てられません。阪神・淡路大震災の際には、消防車が、燃えている1軒の家屋を尻目に通り過ぎたりしました。タンクの水が空になっていたのでしょうが、ここが燃えたら非常に広域に燃え広がるというところへ急行した場合もあったのかも知れません。

関東大地震の際に大火事が発生して大惨事となった記憶は忘れられません。地震の際に起こる火災について、もう少し触れましょう。

火災に対する住民自身による備えや初期消火の重要性が説かれます。それは正しい。しかし、現実的でない話もあります。以前には、よく「ぐらっときたらまず火の元を消せ」と強調されたものです。しかし、震度7の強い揺れの最中では、ガスの栓を閉めに動けるものではありません。阪神・淡路震災以来、今では、ガス会社が元を切ることになっています。だが、その前に、その装置の電気系統が破損して働かないことがあり得ないか、盲点のない検討を望みたいと思います。

たとえば先に触れましたが、津波災害では、船が火を沖からもってきます。津波警報がでたら船がすぐに沖へでれば、大災害にならないはずですが、実は船というものには、大きな船舶でも、港に停泊している時には、保安要員以外に誰もいないのです。

Ⅲ─3　原子力──原発事故災害

原始力エネルギーは、人類が、発生して以来、最近まで知らなかったエネルギーです。その利用は、〝第2のプロメテの火〟といわれるように、夢にも考えられていませんでした。そして、今も今後いつまでも、問題なく制御することなどできそうにない代物です。これは、本来的な問題です。

原子力エネルギー開発の本来的矛盾

原発の危険性、安全性に関する自然科学的問題については、地震や津波による被災条件にかかわって、Ⅱ章で述べました。地質学に関係する、より根底的な問題が二つあります。一つは、燃料であるウランの採掘の際に、どうしても労働者が放射線で被爆するという問題です。もう一つは、いわゆる〝トイレなきマンション〟問題です。後の問題について、ここで少し記します。

〝処理〟とか〝処分〟とか、いかにも始末が完結するかのようなニュアンスの言葉が使われていますが、放射性廃棄物を取りあえずどこかに閉じ込めたとしても、それは〝処分〟ではありません。「地層処分」などと、いかにも解決可能な問題のような捉え方がされていますが(注3)、実際には、世界のどこにも使用ずみ燃料が問題なく受け入れられるとろなどありません。とくに、日本列島のような造山帯では絶望的です(注4)。

現在の太平洋プレートの沈み込みによる地震活動には、数十年規模の盛衰期が見られますが、大きく地質学的にみれば、あと10万年ぐらいは継続して不思議でありません。つまり、福島第一原発事故での汚染物質の放射能が、問題でない程度に消えるまでには、東日本大災害を起こした規模の地震や津波が繰り返し起こることになります。カルデラ爆発も何回も起こると想定することが必要です。それをクリアする〝処分〟が求められるのです。

盲点と「想定外」の起こり方

原発は、言うまでもなく現代自然科学の粋を集めて造られたものです。正にそのことが、皮肉にも、原発事故災害を人間が防げない一番の社会的要因です。

そもそも原発は、それが関係するすべての問題が分かる者が一人もあり得ない代物です。たとえば、原子炉の安全な管理ためには、原子核物理学が分かるだけではなく、材料力学や溶接その他、いろいろな理論と技術に通じていなければなりません。そういう人がいたとしても、それらの工学技術専門家は、地震や津波については素人です。

地震学者なら、どのような断層が活動したら、どのような地震が起こるかを判断できるというと、そういうものではありません。地震計とコンピュータだけで研究している研究者には、野外の現場で活断層の観察、評価はできません。Ⅱ章で指摘したように、堆積層の調査能力がないと認定ができない活断層があります。そのことを知っている活断層〝専門家〟は稀です。

たとえば津波について見れば、先に記したように、遡上高や、打上げ高の高さは、海での波の高さでは、まるで違います。とくに段波が岸の崖にぶつかれば、異常に高いところまで海水が打ち上げられます（前出図Ⅱ―11）。原発諸施設の存在地点毎に、この可能性についての検討が必要ですが、こんな、津波専門家にとっては、当然のことさえ、これまでろくになされていません。

私がなぜこのような自然科学に関することをこの章で書くかというと、ここで指摘したようなことが、政府や関係業界、さらに識者や専門研究者を含む社会で、まるで意識されていないからです。だから検討に盲点が発生し、発想外の事故が起こるのです。これは原発災害の、重大な「社会的要因」です。

なお、活断層、地震、津波など、ネオテクトニクスなど地質学に関係する問題については『現代の災害と防災』（本の泉社、2016年）で、とくに若狭原発群の例を挙げて書いています。ぜひ参照してください。

若狭原発群の立地については、この地域に活動するかも知れない断層が多いことは、明治時代から分かっていました。戦後、誰か大学の教授が原発の立地について聴かれたとすれば、良いところだと答えたはずはありません。

若狭原発群以外の原発にちょっと触れておきます。

東海地震を起こすプレート境界の真上（注5）に位置する浜岡原発の問題は言うに及びません。何故建設が許されたのかが不思議な原発です。首都圏との位置関係からも、一刻も早く撤去すべきです。

伊方原発については、阿蘇カルデラの爆発リスクにかかって、最近、再稼働を禁ずる判決が出ました。中央構造線に直近であり、事故時の避難の困難さからも、もともと設置したのがおかしかったのです。

なお、原発は、よく岬に造られます。これには、給排水が便利ということもありますが、むしろ、生活環境の改善や地域行政への補助ということで反対を減らしやすいという、社会的な理由の方が大きいと言えましょう。電力会社の忍者部隊が、夜な夜な問題集落に潜入して利益誘導で工作する、などという話は、どこでも現地では周知のことです。そうして、起こる災害が、社会的素因による人災でなくて何でしょうか。

規制委員会

法規はともかく、事実としては、規制委員会が基準に適合していると言えば、政府はこれをゆがめて安全性が確認されたことにして、再稼働を進めます。これはインチキです。しかし、他にも一般に知られていない問題があります。

規制委員会には、以前、活断層と地震学の権威、島崎邦彦さんがいました。地形変動に詳しい地形学者も何人もいました。しかし、そのほとんどは辞められました。今も地質家はいます。それも元地質学会会長です。しかし、地質学にも専門があります。活断層、活構造の地質調査や評価、地震や海岸・海底崩壊による津波の発生に詳しい地質家が、規制委員会にはいません。堆積層調査の専門家はなおさらいません。つまり、安全性を、今の科学で可能なレベルまで審査する体制には遠いのです。

検討の非科学性

実は非科学性の話です。

たとえば活断層の評価の問題ですが、その基礎となる、Ⅱ章で書いたような、ネオテクトニクスや、断層の次元、性格の多様さなどについて、原発企業や規制委員会ではどう議論されているかと言うと、まるで欠落していると言わざるをえません。昔の調査法による調査結果を、昔のマニュアルに従って解釈しているだけで、そのマニュアルの性格や限界などの検討は、ほとんどなされていません。

もう少し説明しておきましょう。

たとえば、ある断層の活動によって発する地震の大きさを推定するには、その長さや面積の推定の上に立って計算するわけですが、その計算をする式は、多くの例による、言わば経験式です。経験式は、法則性を示している式であって、法則ではありません。実際の地震では、式から大きく離れたものが起こり得ます。その散らばりの程度が問題です。このことは、民間の研究者、内山成樹弁護士が厳しく指摘しています（注6）。

しかし、原発業者は、長い間、この問題には目をつぶってきました。規制委員会でさえも、この散らばりの推定には、必ずしも熱心でなかったと思います。

一般に、統計的な散らばりには、〝ゆらぎ〟と言われる現象もありますが、地震動の大きさの散らばりには、地震波が通る経路の地下地質構造が関係しているはずです。中越地震の際の、最大２５１５ガルに達する大きな地震動の発生には、これが大きく関係したと考えられます。

その後、活断層が、複雑骨折のような、ややこしい構造をなしていることが判っています。

平成18年（２０１６年）の原発の新耐震設計の指針では、「敷地周辺の地質・地質構造並びに地震活動性などの地震学および地震工学的見地から、施設の併用期間中にきわめてまれではあるが発生する可能性があり、施設に大きな影響をあたえる可能性があると想定することが適切な地震動」を、「施設の耐震設計において基準とする地震動（基準地震動）」(用)と定義しています。ごたごたした、なんとも分かりにくい文章ですが、地質と地質構造に一応触れてはいます。

近年では電力会社による調査も詳しくなっています。

しかし、実際問題として、地震波の通過経路全体の地質と地質構造がきちんと把握され、それが生かされている原発は、ほとんどないと言って良いと思います。

テロとミサイル

原発の危険について、重大な問題が明らかになってきました。テロ攻撃やミサイル攻撃をもくろむものにとって、これほどの好都合な標的はないということです。対処といっても、警察や軍備で満足にできるものではありません。原発そのものを処分するしか、根本的な安全確保策は考えられません。それが原発です。

福島の被災は続いている

2011年3月11日の東京電力福島第一原子力発電所の過酷事故発生以来、被災した多くの地域と人々は、今なお被害を受け続けています。放射能を恐れながら、果てしなく続く困難で錯綜する課題に対して、一歩一歩前に進むしかない局面に立たされています（写真Ⅲ—3）。

この状況は、福島の人たちだけの問題ではありません。そうして、同様の過酷な事態が、今後、日本のどの原発で起こっても不思議でありません。そのことを直視せねばなりません。

写真Ⅲ－3

帰還困難指定を解除された住宅地近くに野積みされた低濃度放射性廃棄物のフレコンバック、2017年12月、福島県川俣町浪江町境界付近、遠藤正芳氏撮影。

［注（引用・参考文献などを含む）］
3：使用済み核燃料にせよ、除去した汚染物質にせよ、結局はどこかに置かなければなりません。しかし、六ヶ所村にせよ何処にせよ、他所へ押しつけるのはおかしいと思います。地下に埋めるにしても、深さ300メートルぐらいで充分とは思えません。量も問題です。近年、原子力発電環境整備機構では、遮水性が高い粘度層を見出してその下に閉じ込めることを考えているようです。必要な広さで、必要な時間続く粘土層を見いだせるか、はなはだ問題です。いずれにせよ、これは当面の数十年、長くても数百年程度の対策の話です。
　福島第一原発の爆発事故を起こした原子炉格納庫から、メルトダウンした燃料などを取り出すと言います。しかし、何処へ持って行くつもりですか。はなはだ言いにくい話ですが、原因を造った各原発の敷地に集めて、チェルノブイリ原発の炉と同様に厚いコンクリートで封印するのが、当面、一番合理的な管理方法でしょう。
　しかし一方、福島原発事故の責任は、福島以外の、とくに都会の人々には全くないのでしょうか。
4：近年、小泉元首相が、原発推進から廃棄へ意見を変えました。地質学的に見て世界で最も閉じ込めができそうな候補地を、実際に視察した上でのことですから、この意見変更には重みがあると言わねばなりません。
5：断層の〝直上〟あるいは〝真上〟という言葉が良く使われますが、それには二つの場合があります。断層が地表に顕れていて、その断層が〝活動〟すれば、その割れ目（ずれ）に接して真上の構造物は、引きちぎられるなどの被害を直接に受けます。また、震源や断層面で生まれた地震波が断層破砕帯を通って、地表に達しもします。
　一方、傾斜した断層面が構造物の垂直真下に存在する場合も、言葉として〝真下〟にあるという表現になるでしょう。そこから発振した地震波が、地盤内をまっすぐ上に伝わってくれば、断層面が地表に出たところより距離が近いですから、そこより震度が大きくなります。浜岡原発の場合の〝直上〟はこれです。
6：『原発　地震動想定の問題点』七つ星書館、99頁、2015年。

Ⅲ—4　戦争、紛争

戦争は、武力紛争を含めいかなる形をとるにせよ、最悪の人為的災害です。

2016年の国連世界食料計画（WFP）報告書によれば、世界の飢餓人口が、05年から減少傾向を示したのに再び増加し、2016年現在、8億1500万人に達しました。要因はシリアやイエメン、南スーダンなど各地で長期に続く内戦にあり、これが環境破壊や自然災害を伴って、飢餓と悪循環しています。

一方、テロ、という名称で呼ばれている新しい型の戦争が、今、世界に広がっています。その根が深く、内戦自体とともに、世界的な格差と貧困の拡大の所産であることは言うまでもありません。それが国際金融資本主義の〝カジノ化〟（後記）、急速肥大と裏表の関係にあることが、アメリカでも日本でも多くの人々によって指摘されています。

紛争とその要因造りは長く続けられています。そこへ、これまでなかったような、人間の技術や力で制御できない激しい自然現象が襲来すれば、個別の地域だけでなく世界の社会の崩壊にも繋がりかねません。

戦争とその防止については、後でまた記します。

Ⅳ　災害論　何をどう考える ―― 災害の進化、現代の災害 ――

Ⅳ―1　何が起こっているか

我が谷は緑なりき

このサブタイトルは、炭鉱開発で失われた自然と健康を画いた、数十年前のイギリスの映画の主題です。自然の喪失は文明とともに現れ、とくに産業革命以後に急速に進みました。昔の「小学唱歌」に「兎追いしあの山」という歌がありました。「子鮒釣りしかの川」と続きます。小川にはエビやメダカも群れていました。夜の帳が降りると蛍が舞いました。田んぼの水にはゲンゴロウや水スマシが泳ぎ回っていました。田植えをすると、ヒルに吸い付かれたりもしましたが。

その後、田舎の山里まで、川はすべてコンクリート3面張りに変わりました。田んぼには除草剤が撒かれ、うっかり入れないところとなりました。稲田の近くに引っ越してきた若い都会人が、「田んぼの蛙がうるさい。公害だ。なんとかせよ」と市役所に怒鳴り込んだという話があります。生まれてから蛍を観たことがない人も増えているのではないでしょうか。大学生に、

「地面を最後に踏んだのは何時か」と聞くと、互いに顔を見合わせます。思い出せないのです。運動部員の学生以外は、自宅なり下宿なりから学校の校舎まで、靴でも土を踏むことがないからです。大学は、土があると道だけでなく校舎の床の管理も大変ですから、どこも完全舗装しているのです。

今50代の大人には、まだ、子ども時代に、住宅地から離れた自然的な土や草や水のなかで、昆虫やザリガニやカニと戯れた経験を持つ人が少なくないでしょう。マンションの公園にはそれはありません。大人とマイカーで、スーパーで買った燃料持参で訪れる今の〝自然〟は「疑似自然」にすぎません。

人類は駆ける。破局へ向かって

何を長々と書いたかというと、一つには、便利なように世界を変えることが、人間にとって、果して進歩なのかと問いたいからです。ヒトは、とくに日本人は、自然から自分をどんどん切り離しています。ことにこの20~30年ほど、その動きが急です。真の幸せとは何かということだけではありません。この本で問題にしたいのは、もう一つ、社会のこのような〝発展〟が、人間社会の防災力を低め、すでに破局を自ら招く状況に入りつつあるということです。

この事態の背景にあるのが、人口とその活動量の爆発的増加であるとは、繰り返し指摘されてきたところです。たとえばエネルギーの消費量の増大ぶりはすさまじく、以前の世紀では100年かけて消費していた分を、今は1年足らずで消費しています。これでは地球環境が、瀕死の状態となっても不思議ではありません。

ところが今、もう一つ、これまでと違った事態が世界的に現れています。世界の経済社会機構の変化が人類の安全に陰を落とし始めたことです。これについては、後で考えます。

日本では、この数年、もう一つ重大な変化が起こっています。少子高齢化とあいまって、人口が減少傾向に転じたことです。これは、後にも記すように、地域防災力の低下に繋がります。その一方で、生産と消費の拡大努力は、ますます熱心に進められています。それによる自然破壊、災害リスク拡大は止まるところを知りません。このちぐはぐさが、日本人の未来安全になにをもたらしつつあるのかが、今、問われなければなりません。

Ⅳ―2　歴史に見る文化・文明の発展と災害

文化・文明の自滅

災害は、その要因、条件、様相、結果などすべてが時間とともに変化します。それには自然の変化も関係しますが、基本的には人間社会の〝進化〟に伴う事象です。

《コラム》　夏目漱石の講演

夏目漱石が、明治44年8月に和歌山でおこなったという講演(注1)からコピーします（文字の使い方は一部現代化）。

「昔の人間と今の人間がどのくらい幸福の程度に於いて違って居るかと言えば ── あるいは不幸の程度に於いて違っているかと言えば ── 活力消耗活力節約の両工夫において大差はあるかも知れないが、生存競争から生ずる不安や努力に至っては決して昔より楽になっていない。否昔よりかえって苦しくなって居るかも知れない。昔は死ぬか生きるかの為に争ったものである。（中略）今日は死ぬか生きるかの問題は大分超越している。それが変化して寧ろ生きるか生きるかの競争になってしまったのであります。」

イースター島のモアイ文化は、発展、滅亡のミニチュア的な例として有名です。文化の発展そのものが、オカルト的信仰への傾倒と相まって、樹木の過伐、環境破壊、資源奪い合い、共倒れを導きました。他からほとんど隔絶した孤島という閉鎖系であったため物事が典型的に起こったと思われ、文明、文化の発展のあり方を考える上で深刻な教訓とされています。

イースター島のモアイ像。
「かわいいフリー素材集　いらすとや」より。
HP：https://www.irasutoya.com

同様のことは、それぞれに特性が見られるとは言え、幾多の古代文明に共通的に起こりました。ミノア文明やポンペイの市街のように、単純に自然のカタストロフ的活動で滅んだものもないではありません。「ノアの洪水神話」については一時干上がっていた黒海への地中海の海水の乱入という大事件が神話化されたという話があります。しかし、メソポタミア地域の文明に関しては、当時の地球環境温暖期（間氷期）の自然条件の厳しさを示すものかも知れません。ともあれ神の怒りが人の文明の発展そのものにあったとされていることは、寓意《ぐうい》的です。「バベル塔伝説」も同様です。一方、黄河文明の発展における禹の黄河の治水の話は、自然災害の危険と文化、文明との関係を考える上で、中国の人々に希望を与え続けてきたと言えましょう。

それにしても、中国は広いですからね。

イースター島のモアイ文化と同様に樹木の過伐でピンチを招いたのが、イングランドです。私は、あるときオーク（樫木や楢）の森という地名のところを通りました。木が一本もないのに驚いたものです。しかし、イングランドの文化はイースター島でのような滅亡はしませんでした。言うまでもなく、木材に代わる石炭という燃料と、鉄の利用による産業革命の先頭に立ったからです。その他の多くの資源は、植民地から収奪できました。

しかし、地球という「宇宙の島」の有限性が見え出すのに、その後2世紀はかかりませんでした。第1次と第2次の世界大戦には、いろいろな原因がありましょうが、相対的に後発の資本主義国が、先進資本主義国に植民地再分割を要求して起こしたという側面があることは否定できないでしょう。

第2次大戦後、世界中のほとんどの植民地が独立を果たしました。しかし、多くのところで、旧宗主国の資本が天然資源の採掘権を保持しました。この形の収奪は「新植民地主義」と呼ばれます。

21世紀の今、状況はまた変わっています。一方では、世界の経済が、資本主義から、実態を伴わない「新資本主義」（後述）とでも呼ぶべきものに変化・変質しています。これに、科学技術のすさまじい発展と自然環境破壊（「温暖化」など）と、石油その他の地下資源の枯渇などが絡んでいます。それに伴って災害も多発、強大化しています。現在が、人間がこの地球で持続的に安全に生存し続けられるか、あるいはかつてのイースター島の文化のように自滅するかの正念場にあります。多くの人々が指摘している通りです。

日本での自然改変と災害

日本でも、文化の発達に伴って自然環境破壊と災害が起こるという事態は、かなり古くから発生したようです。

自然条件無視による都市自滅の例としてよく挙げられるのが平城京です。中国式に南面して都を造ったのですが、盆地の底に造ったため、排泄物が川を流れて行かず、街路に積まれてしまったと言われます。さらに国の平安を祈って大仏を鋳造し、その煙の鉱毒によっても疾病が蔓延したと思われます。これに対し、平安京は、南西部を除き、扇状地に築かれたため、ゴミや廃棄物を川に流すことができました。さらに、貴族を含む人々の排泄物は、周辺の農民に引き渡され、野菜となって還流しました。これが、平安京が1000年の長さを得た理由であると言われます。

京都は災害が少ないところではありません。鴨川の氾濫が白川法王を嘆かせた話は有名ですが、地震にも何度も襲われています。その上に、応仁の乱をはじめ度重なる戦乱で焼かれました。その度に復興したわけですが、その際には、莫大な量の木材が必要になったでしょう。平城京の建設に滋賀県の田上山の樹木が伐られ、宇治川、木津川を流されて運ばれたとされています。京都の比叡山と大文字山の間の山も、明治時代に至るまで、禿げ山で、比叡アルプスと呼ばれたそうです。ちなみにこの二つの山地は、ともに花崗岩からなります。豪雨があると、ただの洪水でなく多量の土砂が流下しました。その地域には、危なくて人は住めませんでした。開発、都市建設、災害の背景として、記憶に値すると思います。

同様の状況は、農業以外の生業が生まれ人口も増えた室町時代以後、あちこちで現れたものと思われます。戦国時代には、城や市街の建設や、それが兵火に焼かれてからの復興などに、大量の山林樹木が消費され、土砂流災害の可能性を造ったと思われます。その一例をNHKの大河ドラマに観た人は多いでしょう。一方で、少なからぬ戦国大名が、〝富国強兵〟のためにもせよ、治水に取り組みました。Ⅱ章で触れた武田信玄の信玄堤や加藤清正の治水などは有名です（図Ⅳ—1）。しかし、秀吉の「太閤堤」などを造っての淀川改修は、舟運の強化を目的としたもので、自然を無視しており、今日まで水害リスクを広げています（図Ⅳ—2）。

江戸時代から明治の初期までは、舟運が、当時としてはもっとも大量に物資を運ぶ方法でした。そのために河川改修や運河の設置がなされました。しかし、これによる自然破壊

図Ⅳ－1

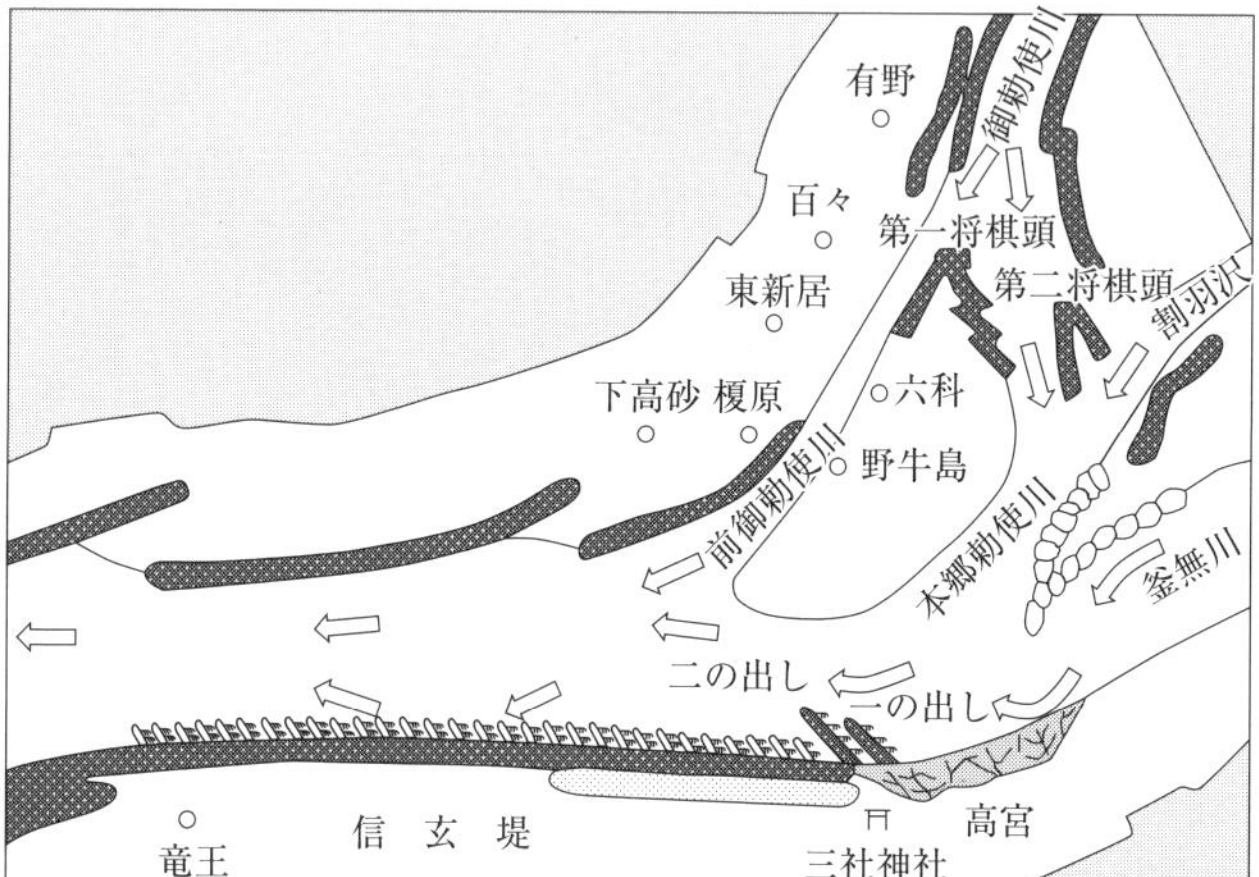

信玄堤築造当時の想定図。「池田碩、都市開発・都市化と災害『宇宙・ガイア・人間環境』三和書房、第９章、1997 年」から。一部加筆。

や災害は、秀吉の工事の例以外には、あまり知られていないように思います。徳川氏の利根川付け替えは、むしろ自然条件をうまく生かした例と言えるのではないでしょうか。

その後、とくに昭和や〝戦後〟には、治水以外に発電や水利用などが河川改修の大きな目的となり、〝多目的ダム〟、〝総合ダム〟の建設が大規模に進められました。その後の問題については次の節以後で述べます。

国土改造の時代

第二次大戦での敗戦後、日本では資源が非常に乏しい国土に過密な人口が生活せねばならなくなりました。そこで必至で取り組まれたのが食料増産です。

図Ⅳ－2

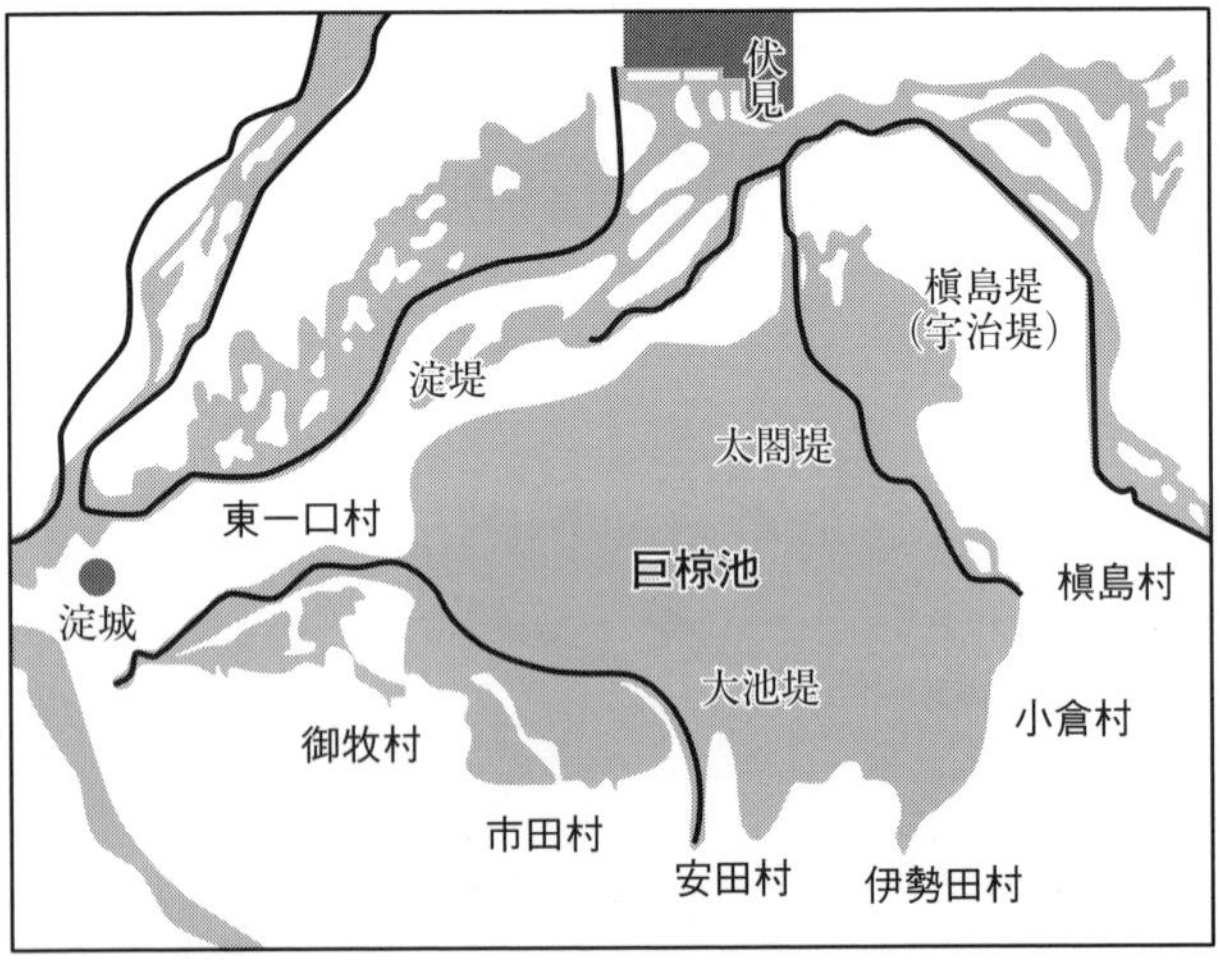

宇治川を巨椋池から切り離した槙島堤（太閤堤）。
近畿農政局ＨＰの「巨椋池の歴史」の「5. 天下統一と太閤堤」による。
(http://www.maff.go.jp/kinki/seibi/sekei/kokuei/oguraike/oguraike03.html)

一方、日本列島には石油などのエネルギー資源がありません。しかし水がある。高い山に多くの雨が降ります。そこで、この水のエネルギーと水そのものとを大いに利用しようというわけで、アメリカのＴＶＡ（テネシー川流域開発公社）のダム郡建設に習って大きなダムをつくりました。これを使って工業を興し、都市を、そしてそれらをつなぐ交通・運輸網を云々ということだったわけです。

一般国民にとっても、一見、もっともな施策でした。

当時、ソ連の〝国土改造〟が社会主義の優れた成果として喧伝されたりもしていました。安易な自然改変の危険を指摘する者は、小出博さんや高橋裕さん、ダム建設反対の地域住民など少数しかいなかった時代でした。

ダムに関する問題は先に触れましたし、後でも記しますので、ここでは水に関する開発問題として干拓と用水を取り上げます。

八郎潟干拓

戦後の食料増産手段の一つとして、盛んに湖沼の干拓がおこなわれました。秋田県の八郎潟干拓はそのはじめで、かつ最大のものでした。この計画の時、当時、政府がオランダから招いた技師が、「まず八郎潟形成の自然史を明らかにする必要がある」と言いました。日本の技師たちは、そんなことを夢想もしていなかったので驚いたということです。

その後、各地、たとえば島根県の宍道湖に続く中の海の干拓に際しては、自然の諸条件が地質時代に遡って調査されました。その結果いろいろなことが分かり、中の海干拓計画は中止に至ります。ところが例の有明干拓は、事前に漁民や少なからぬ専門家、識者だけでなく、佐賀県当局からも批判や警告があったにもかかわらず強行されました。今になって農水省自身が、漁民、入植農民、二つの県自治体の板挟みになって困っています。これこそ人災です（写真Ⅳ―1）。

写真Ⅳ－1

a

b

締切堤ゲートが降りた後の諫早湾干拓地（1997年9月撮影）
a：湾奥から沖を望む。締切堤ははるか遠く、良く見えない。
b：水面低下で露れた牡蠣の累々たる死骸。

長大用水路

各地の長大用水路は、国が進めた国土改造でナンセンスだったもののなかでもとくにめだっています。これらの用水は、一旦計画されたら、強引に造られてきました。たとえば、濃尾平野の川から用水が養老山脈の麓の市や町に配られ、買った水を海に捨てなければならないでいる自治体があることは有名かと思います。

国交省が管轄する淀川水系は、水の分配という意味では、神戸市を含みます。武庫川流域や、六甲山からのきれいな伏流水が流れる神戸市を横切って神戸市西端まで水が送られているからです。

佐賀平野西縁の杵島山の西の山間に、佐賀平野を横切って筑後川の水が送られ、地元の人が「日本一水道料金が高い」と嘆いています。井戸水に大腸菌がいるというのが理由ですが、それをずっと飲んできて、何事も起こったことがない水です。

はじめの愛知用水では、確かに知多半島の水不足が解消しました。ところが、どこかで「まあ成功」と見做される例ができると、味をしめてか真似が始まります。関係して行政機関や大学の専門家養成部門ができ、企業の収益手段の一つとなると、もう止まりません。用水問題に限りません。大ダムなどでは世界的現象です。

とくに日本では、自然がどうであろうが、社会が必要としているか、経済的に採算がとれるかさえも構わずに、次々と設置が計画されます。立ち退き問題、生業の破壊疲弊、環境破壊や災害リスクなどで地域住民の反対が起こっても、計画は大きいものほど国家などの大事業となり、ちっとそっとの反対では計画見直しになりません。〝食う〟手段として、できなくては困る人たちや企業が生まれ、増えるからです。結果として、それ以前にはなかった種類の災害が起こり得るようになります。さらに、起こりうる事故や災害の規模が大きくなります。はじめにできあがるものが、メリットがあり、防災に付いてもかなり配慮されたものであっても、2番目、3番目と後のものほど問題が多く災害リスクが大きいものになっていきます。

［注（引用・参考文献などを含む）］
1：『現代日本の開花　現代文学大系、夏目漱石集（1）』筑摩書房、402—412頁、475頁、昭和43年。

Ⅳ—3　今の災害の起こり方

―「何処にいても同じ」ではない

よく、「災害列島の日本では、災害は、何時、何処で起こっても不思議ではない」と言われます。これは自然と社会の激甚事象発生には、本来確率論的性質があり、予測できないという意味です。そして、その発生確率が高まっているので、何処ででも備えが急がれなければならないという訴えなのです。

この訴えを、「何処にいても同じ」という意味に受け取る人がありますが、決して同じではありません。危険の確率は時と所によって大変に違います。そしてそれが、今、増大しています。

昔の人は、危ないところをできるだけ避けて住んでいました。たとえば紀州の山地では、地主は昔から高くて不便なところに屋敷を構えていました。そこが安全なところだということを、人々は１９５３年の大水害まで忘れていました。

雲仙火山災害が起こってから、〝こんな怖いところにはもうおれない〟と思って、島原から神戸に逃れた人がいます。そして、阪神・淡路大震災で被災されました。本当は、雲仙火山が爆発的活動を休んでいる今、台風以外の自然災害からは島原地方は安全です。風光明媚で、肉や魚や野菜、果物などの食べ物も豊富でおいしく、これほど好いところは日本でもそうありません。

昔から災害が多いのに、それに付き合いながら、大勢の人が住んできたところもあります。京都がその典型です。ここは地震が多いのです。それに、鴨川や桂川も、歴史的にしばしば暴れました。戦乱で戦場になることも多かったのですが、その度に立ち上がって復興してきました。

それにしても、実際問題として、その時どきに、少しでも危険性が小さいところを選ぶことが望まれます。すでに、土砂災害や津波災害その他すべての自然災害について記したつもりですが、しばしば１メートルの違いが生死を分けます。このスケールの場所の選択は、地域住民こそができる場合があります。古老は良く知っています。要するに、その地域、場所、地点ごとの自然と人文、その成り立ちと特徴を知り、危険性の実態に合わせて住まいや生産のあり方を考えることが防災、減災の基本です。

二　災害リスク環境の3ゾーン

グレイゾーンの活用

筆者は、生活や地域の計画を考えることにかかわって、被災リスクの「ブラックゾーン」、「グレイゾーン」、「ホワイトゾーン」の3ゾーンを識別する意義を提唱してきました。これは単なる地理区分ではなく、防災対象地域の評価に有用な概念であり、地域計画の時系列的策定の基本となるものです。

色わけを黒とか白とかにして赤、黄、白などにしていないのは、一つには、交通信号と異なり、変化が時間的空間的にデジタルでなく、連続的であることを表しやすいからと、もう一つは、行政がおこなう斜面災害の危険度区分と混同されないためです。「危険度」とか「安全度」とか言っても済むことですが、それより地理学的感じが少し強くないでしょうか。

人が住んではいけないところはブラックゾーンです。グレイゾーンは、その黒い程度に応じて、利用の仕方を考えてよいところです。とくに被災（原発事故被災ほか）地域の住民にとっては、グレイゾーンの活用を検討することが、できるだけ早く生活・自給条件を回復するために重要です。

これについて先にⅡ章で触れた、雲仙普賢岳噴火・土石流災害に関する例を挙げましょう（写真Ⅱ—18参照）。

ここでは、火山活動の周期性に関わって各ゾーンが時系列的に変化しました。ある時期、土石流はまだくる恐れがあるが、火砕流はもうこないという場所がありました。そういう場所の危険性を「グレイ」ととらえれば、○か×かと画一的に考えず、馬や牛を放牧できることに気付くことができます。動物には足がありますから、台風警報がでれば、そこから移せば良いわけです。

先にⅢ章で記述したように、この考え方は〝総合治水〟にはとくに重要です。河川の洪水災害に周期性があるというのではありません。端的に言えば、洪水を必ずしも河道に封じ込めずに適当に溢れさせるという話です。国交省も、私のいうグレイゾーンのような考え方を持っていないわけではありません。一例を挙げれば、大阪府北部の樟葉では、淀川の河川敷に、古くからゴルフ場が開設されています。それより上流でも、桂川の河川敷で、地域住民が野菜などを作っています。書いて良いことかどうか分かりませんが、これには管理者である国土交通省の河川事務所の積極的〝黙認〟があります。もちろん、洪水で野菜が流されて被害がでるのは「自己責任」です。

グレイゾーン活用の考え方は、東日本災害被災地の復興にも適用されるべきです。

これまでの、被災地の復興デザインについての有識者の提言には、地域の自然と人文を無視した乱暴なものも見られます。本当は、激しい自然現象によって過酷な被害を被った土地でも、それで逆にホワイトゾーンになったところかあります。そこからは転居する必要がありません。グレイな場所で、津波後、凹地や池となったところでも、積極的に、たとえば魚の釣り堀とか養殖場とかの整備に利用できる場合があるのではないでしょう。その場合、問題なのはその技術でしょう。技術の導入の援助こそ、救援や資金的援助にもまして、行政ができる復興援助ではないでしょうか。

今、ブラックなのは東北太平洋沿岸ではありません。自然災害とくに津波や高潮による災害とこれへの対策に関して、指導的な役割を果たしておられる河田恵昭さんが、厳しく警告しておられるとおり、首都圏や大阪、名古屋です。あえて言えば、3・11津波のすぐ後でもそうでした。私は、東北津波被害の直後、海岸で、とりあえずテント一張で海水浴場を開くことを提案しました。少しでも現金収入を得るためです。津波警報がでれば逃げられるところでです。どこからも反応はありませんでした。皆さん、「またすぐ津波がくるのでは」と恐れていたのと、当面大変で、それどころではなかったからでしょう。それに、東日本大震災で津波の予測が失敗だったので、気象庁その他、専門家に対する信頼が失墜していたようです。専門家たち自身が、分けが分からなくなって、非常に慎重になっているようです。これは被災者や被災リスクを恐れる人たちを困らせています。

○か×かの2択でなく、当面、短期、中期、長期にスケールごとに、被災リスクの3ゾーンとその変化を考えると、具体的に良い考えが浮かぶかも知れません。

実際問題として、すでに、ブラックゾーンを「開発」し、そこに住み、産業も、首都その他の行政機能も集めてしまった今の日本の防災・減災をどうするかは、言いようもないほど深刻な問題です。これについては、後（Ⅳ―4―五、六）で述べます。

三　住民〝参画〟の要

グレイゾーンの実態は、場所毎に非常に多様です、これを一番良く知っているのは、現地の漁業従事者、農民、とくに古老です。今後の復旧、生活、利用、その計画（デザイン）にも、グレイゾーンの防災計画のためにも、災害の素因を造らないためにも、現地のこれら住民の意向や知識、知恵が不可欠です。机上の空論を避けるためには、住民による、住民のための計画樹立を図るべきです。専門家の知識や技術は、その展望を具体化する上で生かせます。なお、有識者はもとよりいわゆる専門家にも、自然や自然史（とくに地形や地質条件・環境）についての知識が欠けている者や、甚だしくは無関心である者が少なくありません。この点、大いに警戒を要します。

災害やそれからの復興の諸問題を調査するには、素早さが求められるのは当然でしょう。また、当面の細かなことに気をとられ過ぎず、地域100年の計を立てることも大事です。しかし、それが、住民との討論なしに、もっぱらゼネコンに投げかけられ、広域を一括して、はっきり言って拙速に進められたところが少なくないようです。こういうところでは、グレイゾーンの時系列的有効活用の問題は、全く意識されなかったように見えます。

なお、防災的地域造りの要諦はハザードマップの作成と、それへの住民参加、参画です。これについては、Ⅴ章で記します。ただ、原発〝事故〟被災地域の放射能汚染とその除去の効果については、専門家の測定結果を聴かねばなりませんが、私は、国や東電の判定は甘すぎると思っています。

四　防災も災害をつくる

たとえば、１９３５年の京都水害からの復興と鴨川、高野川改修のために、比叡山地でなされた採石は、１９７２年修学院音羽川災害での土石流出の要因の一つとなりました。さらに、その後の砂防ダム工事のためには、次の災害の際の流下材料を川の上流部に置くことになることを知りつつも、そこに資材運搬道路を設けざるを得ませんでした。

災害を加害力と防災力のせめぎあいと説明したり、発生と防止努力が繰り返されるサイクルと捉えたりする災害論があるようですが、観念的な思弁に過ぎず、具体的には何も言ったことになりません。自然や社会はそのような絵でモデル化できるような単純なものではありません。実際には、災害はそのなかに防災要因を含み、防災は次の災害の要因を造ります。防災工事にせよ何にせよ、自然に人工を加えれば、大なり小なり必ず副作用が起こるものだからです。

五　免疫性とアレルギー性

先に記した免疫性の問題は、単に観念的な法則性概念の話ではなく、防災、それも具体的なハードな対策の計画にかかわることです。たとえば、崩壊して免疫性ができた谷には、急いで防災ダムを設置する必要はありません。もちろん、判断をするには、慎重で充分な現地調査が必要です。この点で、崩壊発生後の自然・人文状況の地質調査もろくにできないうちに、急いで工事を実施しなければならない今の法制は問題です。各災害地で、不急どころか不要の〝防災工事〟がおこなわれている可能性は否定できません。

なお、災害を起こすような自然や社会の激変は、自然や社会を痛め、次の激変や被害を起こしやすくもします。免疫性の逆の、言わばアレルギー性が生まれます。逆も真です。とくに地滑りとその災害にはアレルギー性が顕著であることは、先に記しました。

六　現代災害の起こり方

因果は回っている

自然条件を無視した過剰開発、乱開発が素因の災害発生は、Ⅳ―2に見たように、古代文明から続く問題です。封建時代には、一時そういう開発が少なくなりました。しかし、明治以後、そして、ハードの技術力の発展に自惚れた〝戦後〟では、無茶苦茶に復活しました。その因果が今顕れています。

大規模開発と言えば想い起こされるのが、かつての田中角首相の「日本列島大改造」の大号令です。これは、氏の「〝裏日本〟などという呼び方を誰が始めた！」という怒りに始まると言われます。気持ちはもっともと思えぬでもありません。

ところが、具体的にはその先が問題の連続になります。自然や人文、災害環境の実態を無視した開発デザイン、開発計画が、あちらでも、こちらでも、広がります。しかも、日本では、地形も地質も画かれていない地図の上に、政治家や経済人が開発計画図面を引くのは珍しくないようです。なんとか地域、かんとか地域が、一部既存権益の尊重、維持を前提に設定され、その間が線で繋がれます。大阪都構想も、基本的にそういう〝願望が先走ったもの〟と言わざるをえません。

近年の災害の発生過程を見て重大なことの一つが、戦後、高度成長期に建設された諸施設の軒並み老朽化問題です。この問題は、小林一輔さんの著作、「コンクリートが危ない」（注2）での警鐘以来、多くの人々の注目するところとなりました。博多市、JR博多駅前の道路陥没事故、各地トンネル事故、ごく近年の交通関係施設の故障事故など、ぞっとする事態が、誰の眼にも見えてきたように思います。明らかに、今、〝開発〟、〝成長〟のつけが回ってきています。

乱開発の大復活、計画的発展

ここで、奇異なのは、この現代開発が、無秩序な乱開発であり、また一面、計画的なものであるということです。世界的にも例はいくつもありますが、日本では、ことにこの無計画性と計画性とが玄妙な関係にあります。首都圏や大阪の状況に観るとおりです。

ある意味で、もっと深刻だと言える問題は、これら開発計画が、数十年スケールの眼の前の事態解決だけを考えた安易なものであることです。しかも、他の一面、その構想の淵源は古く雄大で、何故か、現在の建設行政を縛って止まないのです。

筆者は昔、神戸の六甲山の風化の調査を委託された先生に従って、現地を歩いたことがあります。委託が神戸市の防災関係の部局でなく、港湾課からでした。何故かと思ったら、例の〝神戸株式会社〟の、山を削って海に土地や港を造る大計画のためのものでした。〝地元の人に調査目的を言わないでくれ。地代が上がると困るから〃という話でした。この計画が、アメリカ第6艦隊の、安全な停泊埠頭を造ることを含む大計画であることに、私が気づいたのは、かなり後のことでした（注3）。

広域開発計画というものは、災害からの復興や都市の防災的再開発などだけでなく、場合によっては、右のように軍部の軍事力展開計画にも繋がっています。この計画は一旦造られてしまうと、行政に「慣性の法則」を及ぼします。その事情は、行政の担当者にも、必ずしも分かっていないようです。

「天の声」には勝てない

大きな全体的計画の下でも、それに沿う形での細部の線引きには、国交省の個別工事事務所や自治体が関わります。その変更は可能です。現に、筆者が関係した例では、一旦、県と市の「都市計画審議会」でも承認されたトンネルルートが、国交省、県、市の専門職員や地元住民、専門研究者などを委員とする委員会での検討によって変更されました。「東海環状自動車道」計画の一部です。計画全体の見直しでなく、ルートの変更です。

専門職員にとって対応が難しいのは、むしろ、当該の自治体の何処からか「天の声」が聞こえる場合のようです。地方自治体の専門技術を持つ公務員には、土地の自然・人文条件に問題があるケースに建築許可を下ろすことを渋る人があり得ます。個別の住宅建築の段階での法基準から観て、問題があればなおさらです。「天の声」に抵抗する侍もいます。しかし、問題は

「開発許可」です。これがすでに下りていると、「開発許可が下りているのに何故建築許可が下ろせないのだ」と迫られると困ってしまいます。昔、東北地方でのこのようなことでの裁判で、行政が負けた判例があるからと言われています。「神話」かも知れません。

そこで問題は、この段階での防災の視点での乱開発防止です。要するに「開発許可」の法制の検討が必要です。

〔注（引用・参考文献などを含む）〕

2：小林一輔『コンクリートが危ない』岩波新書、230頁、1999年。

3：その後の神戸市長の「核を持っていないことの証明がなければ、アメリカの艦船の入港を認めない」との言明（1975年）以来、アメリカの艦船は神戸港には入港していません。

七　被災の継続と〝創造的復興〟

被災は続く、何時までも

昔、「災害」と「環境破壊問題」との違いが、被害を受ける時間の長さの違いと捉えられました。これは、自然現象と社会

《コラム》　国土強靭化

2017年度予算編成にあたり、自民党二階俊博幹事長が、国土強靭化関連費として確保した予算が3兆7000億円でした。当時、新聞は、公共事業への批判に、防災をテコに切り返す手法を確立したものだとの解説しています。確かに、転んでもただでは起きない類いの話という感じがします。しかし、橋梁、高架、トンネルなどの既設設備、既開発地域の老朽化・劣化が全国的に進んでおり、そのハード、ソフトに渡る総点検、補修、作り直しが焦眉の急であることも確かです。ただし、これまでの実際を見ると、今回も、この機に乗じて不要不急や災害要因となる公共工事が進められ、新しい開発の許可もなされていると思わざるをえません。

に起こる災害の区別が明確にされていなかったことが関係していると思われます。「台風一過」と言いますが、自然の動きは速く過ぎても、それを直接因とする災害は、一過性では済みません。災害をいかにしたら短期間で終わらせられるか。今も今後ももっとも重大な問題の一つです。

東日本大災害では、発生から6年経っても、7000人が応急仮設住宅で暮らしています。福島県では、8万人を超える県民が県内外に避難しました。「震災・原発事故関連死者」は2129人で、これは「直接死者」の1・3倍にも当たるとのことです。阪神・淡路大震災では、震災関連死者は、自殺者を含め1000人近くに達しました。そして、震災発生から20年以上経っても、借り上げ住宅からの追い出しのために、国が被災入居者を裁判に訴えるなどという問題が起きる有様で、未だに被災は終わっていません。

2017年11月に「高齢・障害・求職者雇用支援機構」が、なんと、東京電力福島第一原発事故からの自主避難民を山形地裁に提訴しました。自治体の住宅無償提供が2017年3月で打ち切られたことを受けて、立ち退きと4月からの家賃支払いを求めています。避難者側は、この請求が、避難者の住宅確保を国に義務づけた「原発事故子供・被災者支援法」に反すると主張し、家賃を払えば生活ができない実情を訴えています。

この告訴の合法・違法性は、全国の避難者全体に関わる問題ですが、そもそも、このような事態が起こること自体が、「国民個人の生命、自由、及び幸福追求の権利」尊重の憲法第13条や、「国及び公共団体の賠償責任」を定めた第17条に照らしても問題でしょう。

災害を継続させ、拡大しているのは、憲法に反する社会のゆがみです。

「創造的復興」は非創造的だった

近年のいくつもの災害に対して、多額の経費を投じてハードやソフトの復興事業がおこなわれてきました。しかし、それが、有効なものであったかどうかは、場所にもよりましょうが、大いに問題です。防災どころか、新たな災害素因、たとえば次の地震の際の崩壊の因を造りかねないのでは困ります。〝創造的復興〟という夢があるような言葉が語られていますが、相も変わらぬ重厚長大な地域開発を指向するのでは、はたしてどうなるか不安です。

地域での安全だけを考えてコミュニティを破壊してはならないことは、1995年神戸震災以来の度重なる災害の教訓ですが、この点が、要するに集団で移転することだと形式的に理解され、巨大公共事業の理由、あるいは口実にされているのではないでしょうか。

2011年東日本大震災の津波災害からの被災地の復興について、政府の「山を削って高台に住むところを置き、海岸沿いの水産業（会社）、漁港まで通勤する」その他「エコタウンをつくる」などの再生街づくり構想は、一見、悪くないように見えました。しかし、一例ですが、陸前高田市長の「100年の計」での「高台移転」方策は、当の被災者や住民には必ずしも喜ばれていません。当面の生活の復旧が遅れ、さらにその見通しが立たないなどの事態が起こり、「有難迷惑」なものとなったからです。

人を集団で移転させれば、それ以前のコミュニティが維持されるかというと、必ずしもそうはいきません。実際には、集落全体の「島流し」ならぬ、「高地祭り上げ」になったりします。日常生活にも不便極まるということでは、人は住みつきません。行政の意に反して、まるで漫画のようなことになってしまうわけです。

一方、岩手県宮古市の田老のように、すでに小規模仮設住宅の段階で、食料入手、メンテナンス、仕事場などへの交通、郵政関係、医療、保険その他にわたり、被災前とほとんど変わらぬ状態を保障したところもありました。やればできる例と言えましょう。

Ⅳ―4　社会の劣化――「不都合な真実」

一　災害の風化と「積極的忘却」

災害は人の社会に起こります。災害の起こり方を理解するには、少し視点を変えて、人とその社会というものを、もう少し見直す必要がありそうです。

「災害は忘れたころにやってくる」という、寺田寅彦が言ったと伝えられる言葉は、有名です。しかし、有名になったのは言葉だけのように思われます。今、災害研究専門家や行政の災害関係部門の者にとっては、災害は忘れるどころか対応の暇もないほどにしばしばやってくるというのが実感でしょう。日本が災害列島であることについては、一般市民や人文科学者、社会科学者の関心も高まり、災害や防災に関する著作の数も増えています。しかし一方、日々の暮らしの問題を考える、多数の人々や企業にとっては、災害はたんなる知識、人ごと、あるいは、忘れたい「不都合な真実」(注4)でしかないのではないでしょうか。

災害が〝風化〟するのは、ただ忘れるのではなく、人の心のもっと深いところに要因があるかも知れません。とくに、明日が今日より良くなると思えない多くの若い世代の人々にとっては、今の楽しいことにこそ関心があって、うっとうしい災害リスクの警告など聴きたくないのが当たり前かも知れません。安全で楽しめる明日を造れる展望が語られねばならないのでしょう。

しかし、日本の現実としての根底的問題として知っておかねばならないのは、この忘却をとくに積極的に具体化しているのが、現実社会を牛耳っている有力な人々だということではないでしょうか。高級官僚や著名大企業の幹部がテレビ画面に現れて、欺瞞や虚言を詫びる光景は、今や珍しくもない光景となりました。なにしろ、一国の首相が、IOC総会（国際オリンピック委員会）で、「放射能汚染は完全にコントロールされています」などと臆面もなく吐いて通す国です。もはや政治や経済にモラルというものが信じられません。それは、現実の経済、政治、行政のさまざまないびつを生み、劣化させ、災害リスクを醸成しています。災害や災害リスクは、消極的にではなく積極的に忘却され、あるいは逆にうまく利用されているのです。

ですが、ここでそれを嘆いてみても始まらないかも知れません。ここでは、以下、もう少し直接的に国民、住民の防災、減災に関係して、二三のコメントを試みます。

［注（引用・参考文献などを含む）］

4：アメリカのゴア元副大統領が出演して、地球温暖化の危機を訴えたドキュメント映画の名前です。その後、これを元にした単行本も出版され、世界的に大きな影響を与えました。

二　科学・技術の発展と科学技術力の低下

これまでのいくつかの例に見られることと思いますが、古代からの、そして近代以後の災害や防災活動の経験や教訓が、今、さっぱり生かされていません。

なぜそうなるかについては、いろいろ挙げるべきことがありますが、その一つとして、あろうことか、日本における、ハード、ソフト両面に渡る技術力の低下があります。その背景には、よく指摘される政・産・行・学複合体、いわゆる「ムラ」の発生が、技術の向上の必要性を失わせている事情があるでしょう。また、定員の削減や非正規化などが直接に響いているのも事実でしょう。ですが、それらだけではなく、組織体制的な問題も大きいようです。

近年、公務技術者の世界の劣化について、内部からの反省的告白が出版されています(注5)。それによると、たとえば分業、とくに事項・実務・責

《コラム》「ムラ」は何故生まれるか

組織というものは、いったん成立すると、それ自体の維持、拡大などが自己目的化して、本来の目的が忘れられるだけでなく、環境の変化に立ち遅れることにより、さまざまな矛盾を生み出す傾向があるようです。行政組織で言えば、「省益あって国益なし」という事態が生まれます(注6)。これが進めば、いわゆる「ムラ」社会の形成にいたります。

ムラは、住民など一般社会からの批判に対応するためだけでなく、当事者にとっては政治の権力的圧力に耐えて身を守る上でも必要なのかも知れません。

さらに、うがった、あえて同情的なことを言えば、この傾向は、生物の群れることによる自己保存の本能に由来すると思われます。複雑系科学の目でみれば、自己組織化現象の一例でもあり根が深いとも言えましょう。しかし、それが行政の能力的劣化につながっては、事故や災害の要因となり、困ります。この傾向からの脱却のためには、外からの批判もさることながら、まず行政関係者自身が、この傾向発生の可能性の根深さを自覚することと、国民に守られてこそ、やり甲斐のある仕事ができることとを自覚することが望まれます。

任の分担、下請け・孫受けへの丸投げ、委員会主義などの体制的欠陥が大きな影響を及ぼしているようです。この事情は、行政だけのことではなく、業界でも進んでいます。一連の仕事をそのなかの業務によって会社ごとに分担します。その結果、たとえば、一流大学を卒業した大会社のエリート社員が、目の前で、孫受け会社の者にセメントの配合を誤魔化されても気付かない、といったことが起こります。最近のように、交通機関で事故が多発しても、不思議ではありません。

[注(引用・参考文献などを含む)]
5:たとえば、片寄俊秀・中川 学『まちづくりの危機と公務技術』イマジン出版、130頁、2009年参照。
6:碓井敏正『成熟社会における組織と人間』花伝社、201頁、2015年。

三 ハード技術信仰と新たな神

Ⅲ章の各所で記したとおり、日本では、明治以降、欧米の科学技術の〝先進〟性に瞠目するあまり、日本古来の自然信仰に背を向けた〝科学的〟技術による〝自然〟〝征服〟、〝管理〟が進められてきました。それが、自然の小さい変動による影響は防げても、大きな活動にたいしては脆弱性を暴露する結果となってきました。

このような自然の軽視は、欧米でなく、むしろ近代以後の日本社会の特徴です。1980年代以後、〝近自然工法〟が河川や道の管理にとり入れられるようになりましたが、私に言わせれば、言わば古い日本の考えややり方の逆輸入です。しかも、実験的な施行をみると、ただのヨーロッパ風公園や、自然とは似ても似つかない醜悪な〝自然〟なるものが造られていたりします。「緑が失われた」と批判されたら、崖に緑色のペンキを塗るのだから、その美的センスには恐れ入ります。アメリカやドイツなどとは大変な違いです。そう言えば、宇治川の塔の島の景勝を護るために、桜も松も伐って元の砂州に戻せと主張した大学教授がいました。

「公共事業チェック機構を実現する議員の会」の編集で１９９６年に出された「アメリカは何故ダムを止めたのか」(注7)は、当時、日本の関係各界のかなりの反響を呼んだかと思います。しかし、当時、この会の主な関心は、公共事業への血税の無駄づかいの側面にあったようです。河川管理の技術の信頼性はあまり問題として意識されなかったように感じます。

近年、アメリカではトランプの自然無視も甚だしい発言があり、多くの科学者が、危機感を持って立ち上がっているようです。

問題は今後です。これまでと違う要素があると思われます。ハード技術一般の信仰でなく、コンピュータという、人間がつくりだした神の信仰です。

今、情報化のすさまじい発展が、一見、世界の経済活動をかってない規模に発展させています。しかし、そこに世界的に誤解があるのではないかと思います。早い話、いかにコンピュータ技術が生産性向上に力を発揮しても、それで世界の土地や海洋の面積が増えるわけではありません。コンピュータという装置それ自体は食料にはなりません。たとえば、先に触れたイエローストーン公園での超巨大噴火ですが、これはどんなに情報技術が発達しても抑えることができません。その結果、北アメリカの農業が壊滅すれば、全世界が飢えます。

これほどの規模でなくとも、自然科学・技術で防げない災害は、情報技術を含む技術の進歩で低頻度化することはあっても、今後、むしろ規模を拡大し、複雑化するものと考えねばなりません。社会の格差の拡大は、それと相互に作用することは間違いありません。

［注（引用・参考文献などを含む）］

7：公共事業チェック機構を実現する議員の会（編）『アメリカは何故ダム開発をやめたのか』築地書館、203頁、1996年。

四　自然という神の忘却

忘れられているのは、災害よりも、まず自然ではないでしょうか。

日本の人々の自然や自然史に関する知識が、昔に比べて甚だしく低下しています。

その背景には、居住環境の都市化で、多くの子どもが自然から切り離された育ち方をしていることもあるのでしょう。実際のところ、大学をでた〝専門家〟の自然理解にも、しばしば農村の古老の失笑を招くような欠落があります。なにしろ、大学の地球科学の先生でさえも、洪水による氾濫土砂で家が埋まってはじめて、もともと危ないに決まっているところだったということに気付いたりする世の中です。

地学教育の壊滅

このようなことが起こる背景には、地学教育、とくに地理や地質に関する教育が壊滅的状態にあるという事情もあります。これは日本の特殊状況です。たとえばドイツでは、初等教育の段階から地域の自然条件と地域利用、開発の関係を考える問題が扱われています。日本でのような、自然を無視した開発が、多くの住民の賛成に基づいて横行することはありません。原発の稼働に関する両国の国民世論の状況の違いも、これと無関係ではないでしょう。

現地を知る、とくに被災した住民の主体的行動や参加は、実効ある防災的地域造りに必須です。この観点からも、初等から高等まで、また社会での、地学教育の再検討と再建が望まれます。

地質学とは――その欠落の意味

日本での防災研究からは、地球科学的調査に際してさえも、ごく普通に地質の実態把握が欠落しています。最新の地質学的成果が採り入れられないだけでなく、古典的知識の無視や〝専門馬鹿〟的混乱が見られます。情報技術の爆発的発展は、それを防ぐのでなくかえってそれを助長しているように見えます。

言うまでもなく、住宅とか、ダムとか、原発とか、またそれらの部品も、人が眼で見ることができるサイズです。ヒトという生物は、幸いにも、それらを、まずそれら自身のサイズで観ることができます。当たり前すぎて、その大事さが、しばしば忘れられています。

物をまず眼でみてその広がりや大まかな構造などを認定し、次に視野を広げ、より大きい規模での認識をえる。これは、ヒトが種となる前からやってきたことです。それを科学としたのが、自然地理学を含む地球科学とくに地質科学です。その研究成果は、大小規模の地質図、地質断面図としてまとめられます。

一方、近代科学諸分野の発展によって、より細かい規模、つまり顕微鏡観察や電子顕微鏡観察、化学分析などの規模（言い換えれば、鉱物結晶、結晶構造や分子、イオンのレベル）の物を見ることが可能になりました。そして、地質学、鉱物学に採り入れられました。

本来、同じ物性や化学的性質をもつ物質系の範囲を認定することは、ある物理法則、化学法則が適用できる範囲を認識するために必須です。それには、ものの大きな規模の構造や運動だけでなく、それらを造る小さな規模、つまり結晶以下、イオンに至る階層の構造と働きが把握されていなければなりません。顕微鏡・電子顕微鏡観察、化学的分析手段などによるこれの認定は、地質学、鉱物学の対象です。

研究対象の、これらの規模、つまり目視の規模、大きな視野、微小な規模での総合的観察、検討がなされ、必要な情報が得られていることは、論理的に見て、本来、地球物理学的調査や地球化学的検討の前提でしょう。それがそう扱われていません。防災の視点から見れば、「不都合な真実」ながら、これが今日の防災諸科学の根本的欠陥です。「想定外事態」が発生しても不思議ではありません。

日本では、原発やダムなどの建設にあたってだけでなく、都市計画、地域計画の全般にわたって、自然条件、とくに地質が無視されます。大構造物建築では基礎地盤の調査は法的に義務付けられていますが、実際には地盤の悪いところにどんどん開発が進んでいる状況を見ると、地質調査の結果がどの程度生かされているのか、疑わないわけにいきません。「開発災害は地質の無視に始まる」のが、実情と言えましょう。

五　地域計画と災害経済学

かつて日本では、佐藤武夫、宮本憲一などの経済学者が、地域経済構造に存在する矛盾と災害との関係を論じました（注8）。しかし、これらの研究は、地域計画、都市造り計画に際して、最近まで、ほとんど考慮されませんでした。「不正・格差と企業の社会的責任」問題が特集される時にも、「格差が進んで劣化した都市に大災害が襲うとき日本の経済がどうなるか」といった観点から、企業のなすべきことが検討されることは、ほとんどなかったと思います。原発事故問題を除けば、災害リスクは忘却されているのではと疑いたくなる状況でした。

この事態は、近年、若干は克服されつつあるようです。建築学出身者と経済学者との共同の防災研究もなされています（注9）。しかし、そのなかでも、地形、地質的立地条件の問題はほとんど扱われていな

《コラム》　福島第一原発事故での地質無視

2017年3月17日、前橋地裁で、東京電力福島第一原発事故で群馬県内に避難した45世帯137人が、国と東電に損害賠償を求めた集団訴訟の判決が出されました。原道子裁判長は、「津波は想定外ではなく、対策を採ることができた」と東京電力と国の責任を指摘しました。

地裁の判決内容はそのとおりと思います。ただ、地震と津波との規模については、一部の専門家にも誤りがなかったとは言えません。Ⅱ章でも触れましたが、海溝型地震と津波の発生メカニズムについても、歴史時代の津波の記録についても、地質学の情報が軽視されていたと言わざるをえません。

事故の発生の経過には、津波だけでなく外部電源が喪失した問題がありますが、これは、地震で送電線の鉄塔の横の斜面が崩壊で倒れて起こりました。これも、東電の、地質条件軽視が問題です。

このような問題は、若狭湾沿岸の原発群の地震・津波災害リスク評価にもあることを、Ⅳ章で述べました。

いようです。実際の日本社会は、このような問題の研究とは関係なく動いていると言わざるをえません。

今、日本経済の牽引力となる製造拠点が災害の脅威にさらされています(注10)。日本が、「生きるも地獄」になる恐れが見えてきています。2017年4月に、復興相が「地震津波災害が起こったのが東北で良かった」と失言をしましたが、笑いごとではありません。

災害問題の忘却が明確に露呈するのが巨大開発計画です。その典型が東京オリンピック、リニア新幹線、大阪万博などの計画や構想です。開催場所の選定問題一つにしても、関係者の発言のなかで、災害リスクが、地形、地質条件との関係で真剣に取り上げられるのを、筆者は聞いたことがありません。おそらく行政の防災関係者は、心配しているのではないかと想像しますが、どうでしょうか。

近年、河田恵昭さんは日本が世界最貧国に転落する恐れがあるとまで、機会があるごとに述べられています。私が言う「日本沈没」です。

「スイスーリー」というスイスの再保険会社では、東京・横浜地区は自然災害リスクの高さで世界第1位とされているそうです。大阪・神戸地区は第5位、名古屋は第6位です(注11)。

[注(引用・参考文献などを含む)]

8:佐藤武夫・奥田穣・高橋裕『災害論』勁草書房、349頁、1964年前出。

9:たとえば、池田清(2014年)前出。綱島不二雄、岡田知弘、塩崎賢明、宮入興一(編)『東日本大震災復興の検証』合同出版、2016年。

10：矢作征三『巨大災害に立ち向かうニッポン ―― 緊急時の対応力強化と事業継続を堅持する』パピルス社、329頁、2015年では、これが論述されています。
11：土屋信行『首都水没』、文藝春秋、294頁、2014年による。

六　とくに、都市の最近の脆弱化について

戦後日本で、効率性、経済性の優先、安全性軽視の社会風潮が蔓延するなかで、太平洋ベルト地帯への過度の人口集中、市街地の過密化、歴史的地域文化の崩壊、コミュニティの衰退、自然環境の破壊などが引き起こされました。職住分離あるいは老若分離という形で災害弱者が生まれました。その人たちの住宅も老朽化しました。阪神淡路大震災で犠牲者の死因の8割は圧死でした。都市でこのような事態が生まれる一方、山村集落などの過疎化、荒廃が進み、災害に弱い状況が全国的に広がったことは周知のとおりです。

今、日本の人口減少の時代に入り、この事態が一層深まりつつあります。いや、新しい局面を迎えつつあるというべきでしょう。各種の社会福祉の事業は造られました。しかし、高齢化、少子化がさらに進み、都市でも、老々介護、孤独老人の増加どころか、空き家も増えています。「共助」、「自助」などという標語が、都市でもナンセンスになりつつあるということです。その一方で、巨大都市で、いざとなったら避難も救援も容易でない住宅や街が、新たに〝開発〟、〝再開発〟されているのですから、「病《やまい》こうもう」としか言いようがありません。

七　環境問題と災害――エネルギー問題と災害

そもそも、災害リスクがある不安な環境は、住むものにとって悪い環境です。

一方、「公害は緩慢な災害である」という言葉があります。環境破壊問題についても同様の捉え方ができるでしょう。たとえば日外アソシエーツ社の『災害・防災の本全情報』では、産業災害、労働災害、鉱毒問題など、一般には公害や環境問題としてしか取り上げられていない問題が災害として載せられています。

しかし、これらを全部扱うことは、ここでは無理なので、エネルギー問題との関係に絞ります。エネルギー資源問題の解決は人類の生存に不可欠です。地球温暖化を防ぎ、エネルギー自給率を高める上でも、原発依存からの脱却のためにも、放射能も炭酸ガスも出さない再生可能エネルギーの導入拡大は絶対に必要です。

しかし、自然条件を無視して大規模にハードな人工物を並べれば、周囲の景観は一変します。たとえば山林を切り開けば日照や植生が変わり、生態系への影響も起こります。さらに、山の保水力の低下が土砂災害や下流の洪水災害の要因となりかねません。同様の問題は、山林だろうが海面だろうが、また、太陽光発電でも、風力発電でも、水力発電その他の方法でも、基本的に同じです。

2015年の茨城県鬼怒川流域の水害で、激しい被害をもたらしたのは破堤ですが、その5キロメートルほど上流での越水も、電源開発のソーラーパネルが、自然堤防（自然地理学的には砂丘）の一部を削って低くして設置されていたことが、地元その他で問題にされています。

自然堤防あるいは砂丘を削れば、当然に防水林もなくなってしまいます。破堤の場所と比べてここでの被害は小さかったとしても、（災害の犯人探しの意味でなく）自然エネルギー装置の開発が、皮肉にも、自然や生活環境を破壊して、災害の素因をつくることがある例として注目されるわけです。

今、和歌山市では甲子園球場の53倍の広さのメガソーラーを建設しようとしているそうです。いくら何でも大規模過ぎないでしょうか。

風力発電も、景観が損なわれることに加えて、いろいろと環境破壊問題を起こしているようで、業者も、日本ではもう適地を探すのが難しいと嘆いている模様です。そこで、陸地でなく海上に活路を求めているようですが、さてそれもどんなものでしょうか。

水力発電もそうですが、昔は技術者も〝大ききことは良いことだ〟と巨大開発に夢と生きがいを感じていたのでしょう。しかし、大きければ大きいほど、自然の改変が激しくなり、環境破壊どころか災害リスクも大規模になります。

そこで今、規模が小さい「小水力発電」の計画や設置が進められています。それは良いことですが、これは規模が小さいながら、やはり山地の川でやろうというもののようです。

実はこのようなことができる川は、案外少ないのです。とくに西日本の花崗岩地帯では、普段、川には水がありません。山地でなく、平野の川や人工の疏水になら、いつでも水が流れています。昔の水車は、そのようなところにありました。

さらに、川でなく、それぞれの建物や宅地、田畑の規模で、ソーラー発電、風や、雨の利用などの技術をもっと開発、普及できないものでしょうか。個別の家庭にいろいろ事情がありますから何十年もかかるでしょうが、将来は、家屋の南斜面の屋根がソーラー発電装置そのもので、北斜面は雨水のタンクだという時代が来るでしょう。

日本に豊富にあるのが、火山や温泉、つまり地熱です。日本列島の回りは広い海に囲まれています。これらの巨大エネルギーの利用が進んでいません。いろいろ問題があるには違いありませんが、要は政府のやる気の問題だろうと思います。他に、たとえば海水の温度差発電は、太平洋の、他にこれと言ったエネルギー源がない島では実用化されています。技術は日本のものです。しかし、日本自身の内部では、多分経済的効用の関係で、ほとんど見向きもされていないと感じます。時間的な断絶や変動の問題がない点が有利なのですが。

巨大なエネルギーを得られるのが潮汐発電です。しかし、時間的変動も大きいからか、真面目に検討されているという話は聞きません。巨大すぎて、それこそ自然破壊につながりかねません。例の諫早干拓の締め切り堤防の内外への水の動きなどは、実験的検討をする適当な規模ではないかと言ったら叱られるでしょうか。

ともかく、エコエネルギーの技術開発も、実際の利用も、地球環境の保全のために良かれと思ってすることが災害要因になってはいけません。自然に手を加える以上、自然に多少とも影響があることは避けられません。現地の自然と人文に即したものになるよう、基礎からの調査・研究が必要です。

Ⅳ―5　世界的に進む、防災条件・環境の破壊

一　グローバル資本主義経済の変容と災害

世界の経済、政治、すべてがグローバル化しています。それだけでなく、経済的格差が拡大し、世界の富の99％を1％の人口が握っていると言われるまでに至っています。それに関係して、貧困、不安、紛争が世界の各地や各国に拡散しています。日本の災害と防災を考える際にも、世界全体のこの状況に注目せざるをえません。

これまでの国際独占資本家が、世界経済を思うように操っているかというと、そうは言えなくなってきました。彼らが操れなくなってきたというよりも、近年の投機資本主義の発展がもの凄いからです。

資本主義諸国の大企業においては、すでに１９３０年代から所有と経営が分離して、「所有」が機関投資家に集中していました。１９９０年代の半ば以降にはヘッジファンドが台頭し、今ではその資産運用が実態経済を上回るまでに成長しています。個別の企業ばかりか、一国の経済を混乱に陥れることすら起きました。災害との関係で問題なのは、彼らが企業に要求するのが株主価値の最大化であり、非常に短期的であることです。「ばくち資本主義」とさえ呼ばれる所以

《コラム》　パナマ文書

2016年４月、「パナマ文書」が、世界の多くの富裕層・大企業が、タックスヘイブン（租税回避地）やペーパーカンパニーを利用、運用して、資産隠しや脱税、租税回避などをしていることを暴露しました。それに掲載された日本の企業や個人は400に及ぶとされています。ひょっとして、日本の社会が巨大災害で破壊され（あるいは自滅し）、日本が国として破産しても、自分は生き残るという目算なのでしょうか。

です。環境問題、リスク問題などを長期的視野で考えねばならないことは、彼らの念頭にありません。これは彼らも意図しない世界経済の破滅の要因になり得ます。

先年のアメリカ大統領選挙でのサンダース候補の健闘と、ドナルド・トランプの勝利は、格差と貧困の拡大、中間層の没落などに苦しむアメリカ社会の矛盾と行き詰まりの反映であり、そのなかでの、人々の、理性的と非理性的、相反する二方向でのせめぎ合いの現況を示すものであったでしょう。しかし、経済社会の矛盾と激化する災害との関係は、どの程度争点になったのでしょうか。気になります。どちらの支持者も、多くは平常時の経済的問題（だけ）で態度を決めたのではないでしょうか。

実際には、アメリカ大陸でも、近年災害は頻発しています。現に、極端気象災害や山火事災害が大規模化しています。大型ハリケーンの襲来にたいする対策を、各州政府は強化していま す。しかし、根本的な温暖化対策については、現トランプ大統領は、問題の存在さえも認めようとしていません。もともとテキサス州にせよフロリダ半島にせよ、広い範囲が低湿地だということは分かりきったことなのですが、選挙民はそれをどう捉えているのでしょうか。

しかし、我々はそれを笑えません。日本でこそ、自然の無視が格段に著しく、一方では金にあかせて防災工事が進められても、他方で災害の社会的素因がどんどん拡大しているからです。

二　世界のなかの日本資本主義

日本では、この数年、とくに第二次安倍内閣の施策（アベノミクス）が始まって以来、製造・

輸出産業を中心とする一部の資本と政治、行政との関係がいっそう深められています。特定大企業支援は維持され、いっそう発展させられています。さらに、原発再稼動、東京オリンピック開催や大阪万博計画、リニア新幹線建設などが、多くの矛盾を抱えたままで進められています。これら巨大計画が、それ自身、日本の経済のいびつ化を進め、破産に導く要因になり得ます。その財政的しわ寄せが、福祉や教育の改悪であることは言うまでもありません。そのことは、多くの識者から警告されています。

しかし、繰り返して言いますが、これら計画が日本の自然環境、とくに近未来の災害リスクを無視したものであることは、ほとんどの関係者の意識にないようです。それがまた、地域社会の共助力、防災力を損なうことになっています。この事態を、誰が、どのように認識しているかが問題です。

２０１６年秋の環太平洋連携協定（ＴＰＰ）承認に関する首相や政府の動きは、日本の政府、与党に実際に支配的影響力を持っているのが何かということを示しました。アメリカの大統領にＴＰＰ反対のトランプがなることが決まっても、その就任前に承認を済ませることで、少しでもアメリカの承認の可能性を造っておこうとしました。日本の大企業一般でなく、そのうちの輸出関係製造業の利益を守ることが重要であるようです。日米の軍事的同盟は大前提であるにしても、生き抜くためには、アメリカその他の製造業との国際競争には勝たねばならぬということであると見えます。

野党だけでなく、与党の一部の有力者からも、当面の勝ち残りだけを追求していては日本の子や孫の時代の経済を危うくするという警告が出されていますが、首相はそれを押し殺しています。ましてや、災害リスク、人間生存の危機などは、現実の政治の問題としては、ほとんど彼らの関心事でないようです。

これは、多分、アメリカの国際企業も同様でしょう。40年以上前には、欧米財界のクラブ、ローマクラブが、マサチューセッツ工科大学（ＭＩＴ）の科学者に依頼して得た研究結果として「成長の限界」が発表されたりしたのですが。

なお、このＭＩＴの研究でのターゲットは、資源枯渇の不可避にありました。その後、人間文明や経済の破壊、破滅のリスクに関する研究は、総合的に著しく発展し、深められました。社会的素因と自然的直接因によって起こりうる大災害について警鐘を鳴らした著作や、これに対する方策を具体的に論じた著作は、近年、いくつも出版されています（注12）。

もちろん、起こり得る災害は大小多様です。しかし、一国や世界全体の人々とその文明を破滅に追いやる規模のものであり得ます。

新自由主義と〝新おのれ第一主義〟

現代世界の支配的勢力は、いわゆる「新自由主義」の旗を振りかざしています。高度な哲学的イデオロギーによっているかのようですが、その内容は〝弱肉強食〟の正当化にすぎません。強いもの、つまりおのれたち一握りの支配層による資本が、その最大限利潤追求のために、市場原理主義の徹底を要求する根拠としているのでしょう。

ところで、今、さらに新しい事態が世界的に顕れています。その典型がトランプの「アメリカ第一主義」であることは、言うまでもありません。しかし、似たような国家主義、民族主義的保守化は、ごく近年、世界的に顕れています。超富者によるグローバル投機資本主義とは、一見裏腹の傾向にさえみえます。取りあえず、ここでは〝新おのれ第一主義〟と呼びましたが、ある特定宗教信仰と繋がっている場合があるのを示せないので、適切な言葉ではないでしょう。

ともかく、世の中はますます複雑怪奇になってきました。世界を動かす力を持っているのは誰かということにさえも、昔のような単純なパターン認識は成り立たないと思います。

資本主義は変わりました、変質したと言うべきかも知れません。かつての「国家独占資本主義」の担い手は、今どうしているのでしょうか。ただ交代しただけとも思えません。

この本で、このことに触れたのは、この富の偏在とそれによる矛盾が、今や、災害の巨大化と人類生存の未来に関わる最も重大な問題となってきつつあると思えるからです。

ところで、その過程、あるいは要因には、現代科学・技術と文明、とくに情報文明のとてつもない発展が、根底的な役割を果たしているのではないでしょうか。次にそれを見てみます。

コンピュータ情報化災害と人類生存の危機

ニューヨーク大停電。東京山の手線の事故、銀行のＡＴＭの不具合で窓口業務停止、カーナビのミス誘導による自動車の暴走など、一体コンピュータは信用できるのかと疑わざるを得ない事件が後をたちません。私は「コンピュータはウソをつく」と思っています。誤作動でカオスに陥ることがあると思うからです。そもそも、コンピュータは停電すれば機能しないではないですか。停電はどこでも何時でも起こり得ます。それによる混乱は一種の災害です。世界の情報化は、この災害の起こりうる規模を国際化しました。

もう一つ、心配なのが人間の、それも意識的な行為です。

石川五右衛門は、「世に盗人の種は尽きまじ」と言ったと言われますが、ウイルス作成やサイバー攻撃は、いくら取り締まっても根絶できないでしょう。今や、一部の無法者だけでなく、国家権力が、他の国の政府機関や団体、個人の情報やプライバシーを無法に、無制限に盗む時代です。

ともあれ、日本でも世界でも現実は厳しいのです。とくに日本では原発の過酷事故が起こらなくても、国の財政が破綻するような巨大な自然現象は、そのうちに必ず起こります。遅くとも今の子どもの世代はそれに遭い、「生きるも地獄」の社会に生きねばならないでしょう。「災害列島」に生きるこの現実、さらに世界の人間の文明生存に関わる巨大災害発生リスクの問題を、できるだけ多くの人々に、もう一度思い起こして欲しいと思います。しかも、「持続的社会」への努力が、２０１０年代のなかばを過ぎてから、世界各地で急速に危機に瀕しています。自然でなく、人間自身の政治や経済活動によって、せめて災害の人為的要因拡大の流れだけでも止めなければなりません。

２０１７年5月には、実際に、大規模なサイバー攻撃が世界各国の企業や個人を襲いました。この攻撃は、身代金要求型といわれるウイルスに感染させられたものだったといいます。このような攻撃によって発生した障害は、病院や交通機関では命にかかわりかねず、状況によってはとてつもない大災害を起こしかねません。今後、他の国の社会の大混乱を目的とした攻撃がないとは言えません。こうなると、災害というより戦争です。

今や情報は経済学的に言えば「下部構造」(用)となりました。そうして、人類が自ら滅ぶ「自己組織化」(用)メカニズムの一つとなってしまったのではないでしょうか。これは防災どころか、人類の文明と人間生存に関する根底的問題です。

コンピュータの技術は、さらに途方もなく発展しつつあります。やがて量子コンピュータが実用化されると言われます。しかし、前に記した諸不安がなくなるとは思われません。情報処理量が拡大すれば、危険性もますます増大するとしか思えません。何者かが、世界の文明を破滅させることが可能な時代が、近づきつつあるのではないでしょうか。

［注（引用・参考文献などを含む）］

12：矢作征三、2015年前掲。

フレッド・グテル著・夏目大訳『人類が絶滅する6のシナリオ』河出書房新社、318頁、2013年。

川崎一朗『災害社会』京都大学出版会、270頁、2009年。

池田清『災害資本主義と「復興災害」』水曜社、242頁、2014年。

亀田弘行監修・荻原良巳・岡田憲夫・多々納裕一編著『総合防災学への道』京都大学学術出版会、590頁、2006年。

加藤尚武『災害論　安全性工学への疑問』世界思想社、198頁、2011年。

V　防災　何をどうするか

予知、防災措置、避難、救援、復興、防災的地域造り

要するに、矛盾の蓄積や誘因の発生を防げれば、災害の発生を防ぐことができるはずです。ところが自然界にストレスやエネルギーが蓄積し、限界に達する（そして、たとえば地震や豪雨が発生する）ことは防げません。一方、社会にも、災害の要因となる矛盾が蓄積します。言い換えれば、この、矛盾の過大蓄積が災害発生の素因です。これを防ぐ（あるいは抑制する）ことはできます。これが防災の〝要諦〟です。

V—1　考える、その手続きの反省

一　問題の枚挙

防災のイロハは、〝安全側に取る〟ことです。怖れがあることは何時かどこかで起こります。ですから枚挙の精神で、抜かりなく想定をすることが大事です。

そこで強調しておきたいのが、事は複雑系（用）での話だということです。難しい話ではあり

ません。自然にも社会にも矛盾があり、渾沌があります。それだから発展があります。ですから、ステレオタイプの（型にはまった）発想にとらわれず、〝逆もまた真なり〟といった、余裕をもった発想をすることが必要です。

これまでの諸章では、今現実に起こっている災害の実態と要因について記しました。世の中の大抵の問題は、その実態と要因が判れば、〝おのずから〟その対応策が明らかになるものだからです。要するに、要因の発生を防げばよいわけです。ただし、それには科学的に思考することが欠かせません。たとえば〝共助〟でハザードマップ一つつくるにも、自然と社会（自分を含む）の多様性についての具体的な認識が必須です。その基礎には生きた自然（ガイア(用)）の科学的認識が、深められ、もっと広く一般のものとなることが求められます。これが防災の基本であり、大前提です。

Ⅰ章で大別した四つの災害要因のうち、まず「巨大な自然的直接因」ですが、何度も言うように、この発生は人力では防げません。しかも、日本の自然・人文条件では、地震災害だけでなく水災害でも、防ぎきることはできず、減災の方策を立てねばならないことは、今や常識です。しかし、それにはいろいろな社会的難問が立ちはだかります。

社会的要因のうち直接因には、する気があれば防止できるものがいくらでもあります。まずは、自分たち人間がつくらなければよいのです。その意味では問題は簡単です。これに関して、普通の災害と戦争とでは、「予防原則(用)」の考え方を全く変えねばならないことを先に（Ⅲ章で）述べました。

一方、社会的素因の方は単純でなく根が深く、難問ばかりです。しかし、それを何とかしなければ、災害は減りません。

たとえば、行政の縦割りの弊害、技術力の低下問題、学問の分化による盲点の発生、地学教育の再建などは、関係者、担当者が自ら考えて改善できるはずです。ところが、その根にある利便追求、権力欲や「ムラ」の形成といったことは、上に記したように、ヒトの動物本能に根ざすとすれば、当人たち自身では解決困難かもしれません。多分、その問題によって損益を被る市民、住民、第三者からの批判や助言がなければ無理でしょう。

具体的には、私権に関する法の見直しなどなど、至難な問題をなんとか解決しなければなりません。たとえば河川災害についていえば、まず、総合治水の必然性を社会の通念としなければなりません。その工夫が問題です。具体的には「飽きずに説明し訴える」といったことぐらいしか、私には考えられません。

水が関係する災害については、「既定ダム計画死守」からの脱却とか、「基本高水絶対」の考え方にとらわれないとか、頭の切り替えだけで改善できるソフトの問題もたくさんあるようです。「山地の渓流にどのような砂防堰堤をどこに設けるのが有効か」とか、「河川堤防の安全管理についてパイピングにもっと注意する」とか、単純に技術的な問題もあります。

そのためか、裁判では、専門的技術ばかりが争点になる傾向があります。これは、生産的ではありません。本来、住民と行政との共同で、地域にもっとも適した方策が見いだされるべきです。2011年東日本大震災の津波災害や原発事故災害からの脱却、復興に関しても、同様の問題があるところが多いようです。

本来技術的な問題が、面倒な社会的、政治的問題になってしまうことがあります。そうなると、その根は深いので厄介です。問題は経済です。そこで基本的に重要なのは生業の保証です。たとえば治山に関して見れば、針葉樹林の皆伐――一斉造林の繰り返しを止めることが求められます。しかしそれで成り立つ林業を考えねばなりません（Ⅱ―七参照）。どこでも可能なことではないでしょう。

要するに、防災、減災は、自然科学的問題ではなく、社会、とくに経済の問題です。その把握のためには、前に述べた災害の構造や要因に関する諸概念や、その内容の、地域や地区の局所に即した検証が必要です。以下では、このことを踏まえ、さらに検討が必要と思われるいくつかの事項を、補足というにはやや長く述べようと思います。一部重複しますが、お許しください。

二　科学的思考

科学的でない思考は危険

ある人から聞きました。京都のある場所に住むと病気や事故などに襲われるというのです。応仁の乱に死んだ人の怨霊の祟りだそうです。この種の解釈をすれば、どんな不幸でも説明できます。集まって神に祈ることが最善の〝共助〟ということにもなります。防災教育以前に、科学的、論理的思考の問題です。

高等教育を受けた、それも、いわゆる一流大学の理学部を卒業した人で、オウム真理教に帰依して殺人に関わった人がいました。知識としての学問をいくらしても、本当の科学的思考ができなくては、それを人の命を守るのでなく損なうことになりかねません。

Ⅱ章で、自然界に起こる現象がしばしば科学者にとっても〝想定外〟であることを、またⅣ章で何故そうなるかについて見ました。これは災害の社会的素因として深刻な問題です。防災、減災のためには、その発生を防がねばなりません。そのためには、できるだけ視野を広く持ち、あらゆる可能性を探り、盲点をなくすことが肝要です。

先に書きましたように、分析、総合の方式で発展してきた20世紀までの科学は、現実の複雑系に起こる災害を捉えきれないのが実情です。そこで、視野から盲点をなくすためには、地域の具体的状態を知る住民自身による指摘が欠かせません。それには、防災意識だけでなく、科学的知識と思考レベルの高揚が必要です。

「何故か」の前に「どうなっている」を

最近、私は、科学的認識と論理的思考法を社会にどうやって広げるかが、防災問題の根本であり、一番難しい問題であると痛感しています。多くの人々の努力によって、知識としての防災、減災方策は、日本ではかなりに普及してきました。しかし、その知識が、○か×かといった知識に止まっては、社会的素因をなくす努力には結びつきません。

この問題は論じだすと大変です。ここでは科学と非科学とを分ける一つのポイントについて述べるに留めます。そのポイントとは、被災なり何なりについて、現象からいきなり要因や対応を考えるのでなく、まずその時間的空間的「実態」をしっかり調べることが重要だということです。一見あたりまえのことのようですが、これに充分に留意することが、今後いわゆる〝想定外〟の事態を起こさない要諦（コツ）です。無駄な心配や、すれ違い論争を避け、建設的で実りある議論を進める上でもこれが大事です。

「実態」とは、実際の事物が何かということと、その性質、状態です。その空間的分布と時間的変化です（注1）。

「非科学」的思考の特徴は、実態を具体的に考えずに、現象の話からいきなり本質論に飛ぶことです。ナマズと地震の話など典型です。ナマズが騒ぐ現象と地震という現象が伴うのを見て、いきなり地震が起こる原因という本質論に飛んだのが、「地下でナマズが騒ぐのと地震が起こる」という〝説〟です。「前に起こる方が原因で、後から起こる方が結果のはずだ」という〝もっともな〟判断が、そこに絡みます。もちろん、「地下の地盤のどこかに、大きなナマズが生息している」などという話が荒唐無稽だということは子どもにでも分かります。「ナマズ騒ぎ説」ではそれを問わないわけです。もちろん、実際にはナマズは、人が震動に気づく前に、地電流の動きか何かを感知して異常行動を起こすのだと考えられます。

実態把握が不充分であれば、〝想定外問題〟が起こって不思議ではないと思います。地震についても津波についても、何についても、これまで、現象論から本質論に跳んでいなかったかを再検討しなければならぬかと思います。

ただし、それをしようとしても、神ならぬ人間には、実態を本当に正しく全体的に知ることができません。「この眼で見た」場合でも、総てを「枚挙」したつもりでも、一面的、局部的であって当たり前です。「科学的認識」でもそうです。だから科学は日々発展するのです。

実態を探るには、できる限りいろいろな実態を考えて見ることが大事です。これは、専門家でなくとも、誰にでもできます。多くの人が〝想定〟に参加すればするほど、盲点がなくなります。

〔注（引用・参考文献などを含む）〕

1：『武谷三男弁証法の諸問題（正・続）』勁草書房、1966年参照。

三　モデル化の問題

普段意識していませんが、実はわれわれは物事をモデル化して見ています。「モデル」は実物とは違いますが、科学的認識でも、モデルの構築は避けられないだけでなく必要です。問題は良いモデルか駄目なモデルかです。認識の発展とは、モデルの再検討、再構築だといっても良いでしょう。

ここで私が指摘したいのが、先にも触れた、事物の時間的・空間的スケールや、縦横比などを無視してモデルを作ってはいけないということです。これを無視すると、どんなに実際とかけ離れたモデルでも想定できます。社会では、政治家が問題や成果を針小棒大《しんしょうぼうだい》に語って人々を操ろうとするのはごく普通ですが、科学の研究でも、悪意なしにこの過ちを犯すことがあるのです。スケールの問題は地震の震動予測問題で触れました。ただし、これには、真摯な科学研究でなく、意図的忘却があるかと思われます。縦横比無視は、海溝型地震の発生機構に関係して、プレート沈み込みモデルの説明で横行していることは、先に述べたとおりです。

「逆は必ずしも真ならず」ですが、逆が真である場合があります。まずは、「枚挙の精神」で「妄想」だろうが「素人考え」だろうが、思いつくことを片端から挙げてみることです。次には、逆に厳しくそれらが実態とかけ離れていないかを吟味するのです。このときの検査項目に、「実在できる場や条件があるか」、「スケール」や「縦横比」などがあるわけです。その上で、さらに、科学者、専門家には、物理的、化学的に成り立つかを検討してもらいましょう。これは「本質論」的段階です。

気の毒にも、まだ実態がよく分からないのに、本質論を言わねばならぬ立場におかれる専門があります。地震の予知が正にそうです。企業の経営、政治、などもそうですが。

四　確率論的現象への対処

探るべき「実態」について、もう一つ挙げておかねばならぬ課題があります。

この世界には、確率論的現象というものがあります。偶然という現象も起こります。

たとえば、サイコロを振れば、同じ数字が２度続けて出ることがあり得ます。しかし、２００回ほど振ると、どの数字の出方も同じぐらいに揃ってきます。無数回振れば、みな同じになるはずです。こういうのが「確率論的現象」です。年末宝くじの抽選方法は数学的に見て、確かに公平です。

以前、東海地震の発生について「明日起こっても不思議でない」という指摘がありました。この「不思議でない」という言い方は、地震発生の確率論的性格を踏まえての科学的言い方です。「明日にでも起こるかもしれない」とは意味が違うのです。これが一般の人々に「いい加減な話」と思われて、なかなか納得していただけません。

この世界に確率論的性格の物事が起こるのは、「神がそのように世界をつくった」からで、仕方ありません。これが一方ではバクチがおこなわれ、他方ではオカルト的信仰や運命論、宿命論、果ては「祟り」などという妄想が生まれる理由でしょう。しかし、「自分にだけうまいことが起こるようにしてくれ」と神に祈ったところで、神にはそれはできません。神自身が造った世界の性格から抜けることができないからです。

科学研究には実証が必須です。それで、科学者には、「実験だけが正誤を決める」と断言する人がいます。そう簡単にはいかないから困るのです。

地盤の褶曲とか断裂とかについては単なる縮小実験はできません。このことは、まともな科学者ならば誰でも知っていることですが、それに注意して実験したとしても、実験の結果には「ちらばり」がつきものです。さらに、世の中には、統計的、確率論的にしか実験できない現象があることが厄介です（実験の失敗は論外です）。

少し視角を変えて言えば、今の学校理科で教えられる分析科学の方法だけでなく、災害が複雑系のものごとであることを踏まえることが必要です。自然の認識についてのこういう問題は、今の学校教育ではほとんど欠落しているようです。それが、○、×式の記憶と行動や、科学不信につながっているのではないかと思います。

V―2　できることがあるでしょう

一　災害の継続、拡大を止める

被災地の復興方策は良かったか、

今後起こるだろう災害への対策の前に、現に存在する災害からの復興について記すべきだろうと思います。先にも記しましたが、近年に起こったいくつもの災害は、その後、終わらずに続いています。たとえば、東日本大震災についてみると、災害発生から7年を経ても、2万人近くの被災者が、仮設住宅での避難生活を余儀なくされていました。このような事態は、社会的要因による、人が造っているものという意味で人災です。

続発している災害のそれぞれについて述べることはできないので、ここでは、近年起こったもっとも大規模な災害である東日本大震災の、それも津波災害からの復興問題に絞ります。

東日本大震災の津波災害からの被災地の復興について、政府や宮城県などの「山を削って高台に住むところを置き、海岸沿いの漁業などの水産業従事者は、海岸の港や職場まで通勤する」その他「エコタウンをつくる」などの再生街づくり構想は、一見、悪くないように見えます。しかし、これまでの各章で見たとおり、事情は場所により異なります。相も変わらぬ重厚長大な広域開発に夢を託す工学的発想では、当面の住民の生活条件を奪うだけでなく、新たな災害素因、たとえば地震の際の造成地崩壊の因を造ったりしているのではないかと心配されます。まず、地震、津波、地盤を含む地質条件を、地域ごとに把握しなければなりません。また、グレイの黒さ（リスクの大きさと質）の時間的変化を検証、予測せねばなりません。

被災地にも住めた

ここで、住民にとって死活的に問題なのが、次の津波襲来の、予測の可能性、信頼性でしょう。専門家は慎重で意見を言いません。２０１１年東北太平洋地震での失敗以来とくにそうなりました。そこで、あえて私の考えを記します。

先に書いたように私は、３・11東北地震津波の直後、海水浴場は、天幕一つで営業を再開したら良いと意見を各地の行政に伝えました。どこからも全く反応はありませんでした。そんなことを考える余裕はなかったに違いありません。それだけでなく、「また何時津波がくるかも知れない」との恐怖もあったのでしょう。Ⅱ章の記述を参照していただきたいのですが、私は、この「また何時」は「羹《あつもの》に懲《こ》りて膾《なます》を吹く」の類いと思います。また津波が来たにせよ、今度は、気象庁は警報の出し方を間違えることはないでしょう。天幕だけならば、捨てて逃げるという選択があり得るでしょう。

この、災害発生直後の私の考えは、大戦後の新潟地震や阪神・淡路大震災を含む各災害被災地の救援と復興の教訓を踏まえたつもりでした。その後今までには、いろいろ既成事実ができてしまっており、今ごろまた書いても遅いのですが、あえて記しました。同じような問題が、どこの被災地でも、今後でも、あるに違いありません。もし参考にしてくださるかたがあれば幸いです。

これまで、津波災害があると人々が海岸から高台に移りました。しかし、年月が経つと次第に元の低地に帰り、また次の津波で被害に遇い、多くの犠牲者がでる。その繰り返しだということが多くの津波災害史研究者の嘆きでした。またまた２０１１年地震津波で多大の被害がでて、今度こそ、この愚を繰り返してはならないと多くの人々が考えたのは当然でしょう。一時、それが国民的世論のような状況を呈し、被災者の高台移転が勧められました。いくつかの行政は、山を大規模に削ってでも平地に盛り土して高台を造りました。陸前高田市高田地区の12メートルのかさ上げはその典型と言えましょう。

ところが、これに対する批判や反発が吹き出るにも時間がかかりませんでした。防災専門家からもでました（注2）。その理由については、ここでは省略しますが、これらも非常にもっともな意見や訴えです。

ここで問題になることの一つは、「平地に住んではいけないのか」という問題です。

結論から言えば、また津波がくれば被災するに決まっているところ、言い換えれば「グレイゾーン」にでも、必ずしも住んでいけないわけではありません。そこに住まねば生業が維持できない場合もあります。私なら、必要な建物を建て、生業・生産の施設も造って、とりあえず生活を安定させることを考えます。

そう私が言う背景には、次の津波はそうすぐには来ないし、もし来ても2011年の津波ほど巨大なものではないという考えがあります。少なからぬ専門家の考えとは違うでしょう。この専門家の意見は、世界的にみて、統計上、大きな地震の直後には、別の大地震が続けて起こりやすいからだと思われます。しかし震源が全く同じだった例はないと思います。

「100年の計」とは高台移転か

もう少し具体的に書きましょう。たとえば東北地方太平洋岸の海浜、港湾や海岸には、今でもグレイ度があることは否定しません。しかし、予想される被害の質や大きさは、ところによって非常に違います。それに応じて、建築物などの設計や避難を考えてください。とくに、水産の灯を消さないでください。消費者国民の一人としてお願いします。

地盤が沈下していることを考慮しなければなりませんが、全般的に言えば、東北・関東沖地震津波と同じクラスの津波が来ても安全と考えられる場所は、低地でも津波に関してはホワイトゾーンです。明治三陸津波やチリ地震津波でも被災したところはグレイなゾーンですが、場所により、その濃さに違いがあります。また、津波警報が出たら逃げるが、家は流される覚悟で住居や店舗その他を建てるという選択もあり得ます。逃げ込む鉄筋の建物を配置する、公園にする、水が引かないところは池にして魚を飼うなど、多様な土地利用、街づくりを、場所毎に検討するのが望ましいと思います。なお、引き波による流れ（破壊力が大きい）が流下する場所は、人為的工事により、変わっているかも知れないし、今後も変わりえます。逆に、防災工事がブラックゾーンを造ることもあり得ます。

何をどうするかは、広い地域を一括して考えるのでなく、個別の現地に即したものでなければなりません。

Ⅳ章で述べたように、東日本大震災では、創造的復興の名のもとに、あるいは地域１００年の計を考えてにせよ、多くの地域で、高台移転一辺倒でゼネコン丸投げの大規模事業が展開されました。その結果、被災者を孤立させたり、かえって復興が遅れたりしたことは、今や明らかです。この轍を、今後また踏まないようにしなければなりません。問題は熊本でも九州北部でも同様です。

［注（引用・参考文献などを含む）］
2：たとえば『現代の災害と防災――その実態と変化を見据えて――』（本の泉社、２０１６年）のなかの室崎益輝さんや上野鉄男さんの論説を参照してください。

二　今後の災害

その時どうする

あるところで、地震災害の話をした時、一人の老婦人から質問がありました。「私は時どき田んぼの真ん中の道を通るのですが、その時に地震が起こったら、何処に逃げたらよいでしょうか」というわけです。避難所から遠いということを心配されたようです。もちろん正解は、「そこにじっとしているのが、一番よろしい」です。一番安全なところにいるからです。たとえそこが震央で、田んぼのあちこちに地割れができている状況でも、とりあえず生きているのに、下手に動くことはありません。一通り騒ぎが収まったところで、ゆっくりと自宅のそばか避難所に向かえばよいでしょう。余震がくるでしょうから、建物には原則として近づかない方が安全です。自宅というのは、家族などが安否を訊ねて来るとすれば、まず自宅だからです。なお、食料などは、避難所に行かないと貰えません。

地震発生のすぐ後でも、何処にいるのが賢いかは刻々に変わります。救援の方の立場からも同じことが言えます。

なお、原発事故については、どの原発でも避難には無理があると言わざるをえません。これについては、何かで別に書くことにしたいと思います。

ここで一言。

「何処にいても同じ」ではないと同様に、「何をやっても同じ」でもありません。「真理は具体的に現れる」のです。

時間ごとの想定をしてみる

今この本を読んでおられるどなたにせよ、正に今、大地震が起きたらどうされますか。5分、半時間、1時間、半日、1日後に何をどうするか、考えてみてください。いくつかの「想定」をしないと考えることができません。たとえば、たまたま近くの特定のコンビニにいるとします。そして、まずは怪我もせず生きているとします。この「想定」を、場所、時刻、季節などいろいろに替えてやってみてください。家族のいる場所その他も想定します。普段から防災に関心があり、いろいろ備えをしている人でも、盲点があることに気づかれるでしょう。これは非常に重要なことです。

本当は最悪の場合を考えるべきなのです。たとえば耐震補強をしたのに不充分で家が倒れて下敷きになった。逃げられない。隣家から火が迫っているといった場合です。しかし、死を覚悟するしか仕方が無いような事態を想定しても、防災訓練にはなりません。ですから、どうしても「想定」は「まず死なないようにする」、「避難ができる」、「救援ができる」といった、すこし甘い場合を考えることになります。テレビでの解説もそのようです。実は原発事故の「想定外」も同様でした。そして、今でも甘いのだと考えねばなりません(注3)。

避難、事前避難

避難については、行政からも多くの解説や情報が出されているので省略しますが、避難所に行くだけが避難ではありません。それに、避難所が安全とは決まっていません。避難所には、小学校などが多く選ばれますが、その敷地は、よく洪水で浸かるなどするので誰も住まず空いていた場所だという場合が少なくありません。

昨今、避難ルート、避難所の安全性の問題、超高層ビルに避難する場合などについて、テレビなどで話がされるようになりました。新しい教訓に基づいていますので、重視するのがよいと思います。

ここで一つ強調しておきます。「まず生きる→そのために逃げる」主義はよいですが、それは、その時と所に即したものでなければなりません。「真理はつねに具体的である」という言葉があります。ここでいう〝真理〟は、この複雑系である世界においての〝真実〟という意味だろうと思います。小学生に「人にかまわず、真っ直ぐに逃げる」と教えて地域全体の死者数を少なくした。いわゆる釜石の奇跡は、その素晴らしい例だったに違いありません。これを導いた片田俊孝群馬大教授（当時）の指導は、津波、現地地形などの自然だけでなく、子どもと大人の心理にまで渡る深い洞察から出されたものであることが注目されます。

何をどうするのが正しいかは、具体的にしか決まりません。「つなみてんでんこ」は三陸海岸では正しかったのです。紀州勝浦や高知県の海浜のムラでも全く正しい標語です。そこでは、1分でなく1秒が貴重です。（地震の初動が）大きくガンと来たら、スマホで津波警報を確かめる暇も惜しんで駆け出すべきです。

しかし、大阪や名古屋では違います。警報が出てから津波が来るまでには、たとえば病気の母親を気遣いながら、一緒に逃げるのに充分な時間があります。預金通帳や当面の食料を持ち出すこともできるでしょう。問題は、高いビルに逃げるにしても、そのビルの階段の入り口の鍵を誰が持っているかです。そして、どうやって、充分高いところまで上るかでしょう。エレベーターやエスカレーターは動きません。

なお、マイカーで逃げるのはいけません。多くの場合犯罪的でさえあります。ただし、東北での例を見てもすべての場合ではありません。道路事情や人口密度にもよります。

避難の後が問題です。〝まず助かった〟はよいですが、その後が〝生きるも地獄〟ではいけません。これは、次の「救援」や「復興」の問題です。

その時ブラックゾーンでは？

未被災地で、もっとも深刻な問題は、真っ黒な災害リスク地に「住んでしまった！　どうする！」ということではないでしょうか。住んでいなくても、そこで働いている場合、あるいは、たまたま脱出困難なところで災害に遭うことが考えられます。たとえば大阪の地下街で現実に生活の糧を得ている人にとっては、津波や浸水や火災から逃れるのにどういう選択肢があるのか、これには簡明で一般的な答えは出せません。「ぐらぐらときたら、すぐ地表へ向かって逃げてください。普段から、何処をどう逃げるかを考え、訓練しておいてください」としか言いようがありません。

救助は期待できません。慌てて走り回るのはかえって危険です。しかし、この世界が複雑多様であるということは、僥倖《ぎょうこう》というものがあり得るということです。ともかく「最後まで諦めず、あらゆる知恵と手段を尽くす」他はありません。

被災地救援について

災害がこれだけ頻発しているのに、これまでの災害の経験、知識、教訓が、最近の災害の救援や復興で、良く生かされているとは、どうも言えないように思われます。

被災者が生きるための要求は、まず今の飲み水、晩の握り飯に始まり、日時とともに変化していきます。その変化には、かなりの法則性があります。被災を経験した地域の住民や行政職員はそれを知っています。しかし、あたらしい災害地で、まるで逆のことをしたケースもあります。

たとえば熊本地震災害では、ボランティアの来援を、一定期間、行政が断りました。受け入れ体制が整わないなどの理由だったようですが、これは、誰からでも良いから一瞬でも早く救援が欲しい被災者の実状を、無視するものだったのではないでしょうか。一方、遠隔各地から集まる救援物資が、人手の不足でなかなか被災者に届かなかったといわれます。また、いうなればテレコになって、一番必要なものが集まらなかったと聞きます。この情報化時代になんとかならないものでしょうか。

振り返ってみると、阪神・淡路大震災の際には、近くに大都会

《コラム》 地下街

地下は地震に対しては、ゆれが少なく物が壊れないという点では、比較的安全な空間です。しかし、天井から物が落ちてきて、道を塞ぐことはあり得ます。現代社会は、電気が通じていることを前提として成り立っています。このことは、原発を始め、あらゆるところで意識され、停電した場合の自家発電設備の設置が進められています。しかし、大都市の地下街でこれがどの程度進んでいるのかは大きな問題です。停電して真っ暗ななかで、地表への脱出口を探さねばならぬと覚悟しておく方が良いでしょう。その出口からは、濁流が滝のように流下しているかも知れません。

があったからではありますが、救援の人々の車や人が溢れました。「ボランティア元年」と言われました。その一人ひとりの力は小さかったでしょう。しかし、総体としてみるならば、現地の必要な力と物資を大量に届けたのです。ですが、国の問題意識は、〝自衛隊をもっと速く入れるべきだったのに、現地の行政がそれを阻んだ〟といったことのようです。

なお、阪神・淡路大震災の時、研究者、技術者も、〝調査公害〟といわれたぐらいに大勢、現地に集まり、歩き回りました。それらが、その後の日本のその後の災害の調査、防災研究に及ぼした効果は計りしれないと思います。現地調査には時間との競争の面があるのです。一方、現地の状況変化を、1年、10年の単位で把握することも必要ですが。

その後、うち続く多くの災害に、ボランティアの救援が続いています。行政も引き続き問題に取り組んでいます。経験や教訓は蓄積されています。そのうちで、何時、誰が、何をするのが有効か。このことが、もう少し整理され、次々に起こる災害の救援に生かされないかと思います。

共助と公助

行政は、〝よく自分の安全は自分で守る〟といいます。一面正しいのですが、行政や政治の無力さ、無責任さを誤魔化している面も否定できません。

本当は、共助は、災害が始まる前から始めなければなりません。住民が結束して、要求行動をするのが、防災のために一番有効な共助といえます。

しかし、たとえば、災害被災者救援と災害対策の改善を政府、行政に要請しても、なかなか成果が得られません。むなしさも感じられることがあります。それでも声をあげなければ支援制度の改善も進まず、人災が今後も生まれ続くこととなりましょう。

ちなみに、雲仙普賢岳噴火災害や北海道南西沖地震災害では、関連死は一人も発生していないのです。一方、2001年芸予地震に際しての広島県呉市の災害では、復興事業のためと言うので、被災者に立ち退きが要求されたそうです。災害の規模に違いがあるとは言え、普段からの市民社会の風土や民主的運動の違いは、地域行政の公助の姿勢や具体的行動に影響します。

［注（引用・参考文献などを含む）］

3：もちろん、テレビの解説では、非常に重要なことが話されています。以前に盲点となっていたことについても、よく具体的に指摘されています。ぜひ注意して聴いてください。

三　復興デザインと地域防災デザイン

高台移転は必要だが

誤解があるかと思いますが、私は、高台移転は間違っていると言っているのではありません。どう生活するか、どうやって食べていくかを忘れた地域計画は、ナンセンスだと言っているのです。

もちろん、津波に襲われる可能性がある地域はグレイゾーンです。しかし、その黒さは年月とともに周期的に変わります。

三陸地方では、昔から、津波に襲われると「こんな危ないところには住めない」というわけで、人々は高いところに居を移しました。その後、生活の不便さからか、いわゆる災害の風化のためか、次第に人々が、また海岸近くに住むようになり、次の津波で被災するということが繰り返されました。識者はこの教訓を叫び続けたのですが、２０１１年東北地方沖地震津波でまた同じことが起こりました。この津波による被災以後、高台での住宅地建設が大規模におこなわれましたが、それは、一つには、「今度こそ同じ愚を繰り返してはならない」との考えが、主に行政の責任ある立場の人たちに浸透していたからではないかと思います。典型は陸前高田市でしょう。

高台移転は必要です。しかし、それをするのが最善の選択肢とは必ずしも言えません。

グレイゾーンは活用できる

先に、雲仙普賢岳のグレイゾーンの牧畜の例や東日本津波被災地復興問題で紹介しまが、被災後のできるだけ早い生活・自給条件保証のためには、土地利用と再被災リスクとの場所と時間経過による多様性に注意しなければなりません。そしてうまく活用すべきです。宮城県や福島県の多くの地域でのように、広い被災地を一括して〝創造的復興〟デザインをするのは、被災を地域化させるだけでなく長期化、深刻化させる元です。

問題は、災害発生の前のグレイゾーンでの日常です。先の諸章のあちこちで触れたとおり、大阪は全体がグレイゾーンですが、まさに活用されています。しかし、そこで働いている人たちには申し訳ありませんが、はっきり言って、私は大阪の地下街にはなるべく入りません。そこは「グレイ」を通り越して「ブラックゾーン」だからです(注4)。

この問題は、都市のあり方を根本的に変えないと、解決するとは思えません。もちろん、ハード、ソフトな対策を、行政も業界も、必死で急ぎ考えるべきですが、とてもあてにできそうにありません。専門家、識者がいくら具体的提言をしても、今の日本の実情では、実効が上がると思えません。現場の住民、市民から、無茶苦茶に強力な声が上がらなくては無理でしょう。

それにしても、地下に、バベルの塔のようなものをつくるこの文明は異常です。誰が責任を負えるのか。万能の神も救いがたいと思っているでしょう。

もちろん、根本的対策はブラックゾーンをなくすことです。しかし、大阪にせよ東京にせよ、地下鉄をなくすことができますか。それは非現実的でしょう。

当面の生業の保障

生命を守ることが一番大切であることは間違いありません。「ともかく生命だけは護る」ということを「減災」の眼目と捉えることは、間違っていません。しかし、それだけで充分ではないことも確かです。何度も言うとおり、生命は助かっても、その後、「生きるも地獄」となっては困ります。

「防災」とは、生命だけでなく、生活を護ることです。さらに、「生業」を護ることが、個人的にも社会にとっても必要です。立派な住宅を造ってもらっても、また日常の衣食には困らぬ条件整備がされても、生業をなくしたままでは、その人々にとっても、社会にも、長く被災、損害が残ります。この視点と、その具体化が、各地の救援や災害復興支援で欠けている場合があるのではないでしょうか。

生活の復興、そのために立ち上がる条件を得ることは、被災者の、憲法に保証された権利だということを、思い起こす必要があると思います。

先に触れましたが、気仙沼では、被災後すぐに、漁業の人たちが自主的に、湾奥の漁港と魚河岸の復興をはじめました。この人たちは、「また津波が来て無駄になるのでは？」といった発想はしなかったのでしょう。「正解」でした。

なお、それまでの生業を続けたくとも、自然条件の変化で、それができなくなる場合があります。この場合、グレイゾーン活用の発想で、生業の転換することが必要な場合があるでしょう。先に紹介したように、住んではいけないところでも、野菜や果樹の栽培ができて、実際にしているところは、河川では現にあります。津波被災地の、塩気で米がしばらく造れなくなったところは、綿なら栽培できるそうです。素人考えかも知れませんが、牧畜や魚の養殖ができるところがありそうに見えます。問題は技術と採算でしょう。

地域コミュニティの再建

コミュニティの再建が、被災地復興の基本であり、山間地過疎問題についてもその課題そのものであることは、言うまでもありません。これは目的、目標であるとともに、減災の条件でもあります。

前に指摘したように、山間過疎地だけでなく、大都市でも、今、地域コミュニティが崩れています。多くのマンションでは、必要上自治会が造られて活動しているようですが、古くからの住宅地は、そうはいきません。実は私が属していた町内会も、数年前、会長が私から新しい人に替わったとたんに解散して今日に至っています。これでは〝共助〟などといっても空念仏です。

このような状況には、地域の高齢化、さらに人口減少、そして障害者の比率の増加が関係しています。問題は根深く、簡単な解決策はありそうに思えません。しかし、一面、災害時にボランティア活動をする人が増えているのは、今日の日本社会の明るい特徴です。意欲ある者が、普段から防災、減災問題に関心を持ち、まず何かの方法で情報を共有し、できるところから活動を始めるしかないでしょう。それが地域コミュニティの再建にも繋がり、災害に対する共助体制としても機能することになるでしょう。

この場合、コミュニティということで町内会といった枠にこだわることは、今の地域の実情では必ずしも合わないようです。市や町など行政もそれを知っていて、意欲ある人々を地域横断的につなぐ努力をしている例もあるようです。しかし、住民が自主的民主的に組織を立ち上げると、圧力団体と感じてか、建前と裏腹に、行政に事実上敬遠されるところもあるようです。住民と行政との信頼関係の改善が必要ですが、工夫がいります。

［注（引用・参考文献などを含む）］
4：たとえば、淀川の支流の桂川などでは、地域住民が河川敷を畑として利用することを、河川管理事務所が話し合いで黙認しています。洪水で被害があれば利用者の自己責任です。

Ⅴ―3　防災体制と日本社会の構造の見直し――諸問題

一　根本を改める防災を

Ⅳ―Ⅰで記した「その時どうするか」の知識は、個人としても、社会としても確かに必要です。しかし、それだけでよいのではないことはもちろんです。日本列島では、何を計画するにあたっても、災害が起こることを想定し、前もって対策を練っておかなければなりません。日本一国の経済を破綻させるに足る巨大地震・津波災害が、この数十年内には必ず起こります。早ければ今年かも知れません。種類の違う災害が複合し、あるいは続けて発生することもあり得ます。この現実を、広く人々の共通認識としなければなりません。これが、防災に関する今日の、もっとも重要な問題ではないかと思います。

Ⅴ―1では、その前に記した日本と世界の災害・防災問題の実態を踏まえて、主に被災者の生活立て直し、復興に直接的に関わる問題を考えました。しかし、今後の防災を進める上では、それが可能な社会的システムをどうつくるかを、もっと検討せねばならないと思います。

二　防災に取り組むにあたって

猿真似的開発・防災に警戒を

どこかで「まあ成功」と見做される開発や防災の例ができると、真似が始まります。関係して行政機関や大学の専門家養成部門ができ、企業の収益手段の一つとなると、もう止まりません。先に紹介した用水問題などその典型的例ですが、この例に限りません。大ダム建設などは世界的です。はじめにできたものが、メリットがあり、防災に付いて良く配慮されたものであっても、2番目、3番目と後のものほど問題が多く災害リスクが大きいものになっていくのが通例です。警戒が必要です。マニュアルは参照すべきですが、それにとらわれてはいけません。世の中に二つと同じものはありません。

自然史、人文史を調べよう

繰り返しますが、危険は場所毎に違います。それを把握するためは、地域の自然史、人文史、とくに災害史をまず知らねばなりません。どこの自治体も、市史とか町史とかを作っています。それの災害史の記述が弱いようだったら、まずそれをチェックしましょう。

自然史を知るとは、その地域の地形、地質の成り立ちを知ることです。これは住民、市民だけではできないでしょう。市民と専門研究者との共同が必要です。

ハザードマップの作成、活用

ハザードマップはどうなっているでしょうか。名称は防災マップでもなんでもかまいません。要は役に立つかどうかです。先に書きましたが、避難に役立つだけでなく、住んではいけない危険な場所が、一軒一軒のスケールで分かる精度が必要です。ただし、その公開には反対があり得ます。困難でも、住んでいる人々の納得、了解を得ることが必要です。

行政の専門職員は、一軒ごとといった精度では、必ずしも（必ずしもです）危険度を正確に把握していません。たとえば斜面の崩壊性については、地質の歴史的特性を知らず、マニュアルに沿って、その傾斜によって判定するのが普通です。渓流と稲田の水利は、それを管理している農家の方が良く知っています。場合によっては喧嘩を経てからでも良いですから、住民と行政職員との信頼関係の構築が必要です。そのためには、地域住民が、まず自身の自覚的な防災意識によるハザードマップ案を作ってみることが有効です。

福岡県朝倉市では、行政と住民が共同して、全17地区の自主防災マップを、すでに2015年に完成させていました。その際の想定雨量は48時間で521ミリだったそうです。ところが、2017年7月の豪雨は、24時間に516ミリと、想定の倍近いものでした。近年、豪雨の規模が大きくなっていることにかんがみ、既存の防災マップは再検討が必要になってきました。

なお、当然ながら、複数の種類の要因によるダブルパンチも考慮する必要があります。ダムがあれば、ダムにもよりますが、突然の放流や、その決壊による被害も想定する必要があります。

技術的対処に必ずまつわる問題

今後、各種観測網を一層細かくする必要があることについては、Ⅱ章の［コラム］に地震予知に関するいわゆる「大衆路線」の話を書きました。これは、言わば社会的な方策です。工学的な、ハードな技術的対処については、私がいろいろ言うべきことではないかも知れません。しかし、先の章には、私が感じていろいろな疑問について、率直なところを述べました。とくに指摘したいのが、すべての工作物は自然条件とともに、時系列的に劣化する——実際にしている——という問題です。もう一つは、地質と地質構造の特徴、実態を、局所的にしか念頭に置かない工事が、実際問題と計画され、実施されているではないかという問題です。是非、検討・善処の取り組みを発展させるよう要請します。

後記の、「重厚長大から軽小短薄への転換」（軽少短薄ではない）も、大きな意味での社会的技術の問題であるだけでなく、個別の多様な技術の開発が要請されることであろうと思います。これこそ工学の得意とするところではないでしょうか。ただし、その答えが「情報化万歳」だとは私は思いません。

三　法制的整備

避難者の生計を保証する法の見直し

先に「被災は続くよ、いつまでも」と書きました。各地で災害被災者の苦しみが続いています。

災害被災者の生活を守る法的保証は、いろいろ制定されたように見えますが、実際には、これが不充分どころか、反対に、原発被災者が国の関係団体に告訴されることさえ起こっています。この事態の解決には、難しい問題はないはずです。住宅無償提供の期限を延長するだけでも、告訴などということはなくなるでしょうから。

１９９8年に、議員立法によって被災者生活再建支援法が成立しました。２０１7年でそれから20年となります。これを機に、「被災者生活再建支援制度の抜本的拡充」の署名運動がはじまりました。具体的には支給限度額の５００万円への引き上げ、半壊や一部損壊なども支給対象とすることなどが求められています。この運動の成功は、各地被災者の自立を早め、ひいては日本の国土の防災力強化に繋がるでしょう。

要するに、災害を継続させ、拡充しているのは、憲法に反する社会のゆがみです。これをなくするためには、そう指摘するだけでなく、具体的に法制を改める努力を進めることが必要でしょう。

とくに開発許可に関する問題ついて

防災に関する法律は、二桁の数あります。行政がすべき、あるいはできる、法的措置については、前の章でも触れましたが、ここでは、とくに開発許可の問題を取り上げます。開発許可や建築許可がおりていれば、普通の市民は危険な場所だとは思いません。これが多くの災害の素因や拡大要因になっているからです。

日本では、後にも述べますが、学校で、災害に関わる自然や人文に関する知識をほとんど教わりません。ブラックゾーンに住んでいる人が被災すると、「そんなところに住んだ者にも責任がある」と評されることがあります。学校教育がこの現状では、そう言っても始まらないのではないと思います。

どの行政にも、その大小を問わず、防災問題に関わる職員がいるはずです。開発の計画や建築許可に関わる担当には防災の知識を持つ職員がいないかも知れません。しかし、多少の問題意識があれば、その場所が危険であることに気付くでしょう。部局間の連絡、情報交流の体制も問題です。ともかく、危険な場所には開発許可が降りないようにすることが肝心です。今の行政の方式では、開発許可が下りると、担当者は建築許可を下ろさざるを得なくなるからです。

悪徳の土建業者はともかく、自治体の開発問題担当者は、まさか、〝災害よ起これかし〟と思っている訳ではありますまい。まして防災担当者はできる限りの努力をしているはずです。しかし、災害は起こります。その社会的メカニズム、なかでも地域の自然条件を調べずにおこなった開発の、許可や促進には、行政に、公務員個人でなく組織としての結果責任があります。行政がそれを認めて、災害の再発を防ぐための努力を約束すれば、被災住民と行政とに争いがあっても円満に解決し、復興と地域100年の計に向かって共に努力する途が開けます。その好例が、1972年の修学院災害でした。この教訓は、同じ京都府内で2012年に起こった、弥陀次郎川災害では生かされていません。難しいものです。

先に開発許可、建築許可に関わる「天の声」のことに触れました。これは、国でも地方自治体でも、滅多には、明確な命令の形をとりません。〝あの件はどうなったかね〟ときます。この〝天の声〟を無視し続けるのは、なかなか難しいようです。許可を下ろすのに都合の悪い文書はなるべく残さず、無かったことにさせられたりします。専門家である担当職員が、防災の見地から批判したり、これを無視したり、内部告発したりしても不利益にさらされないような保障を、法的に整備する必要があります。それをしないと、災害リスクにさらされるのは住民です。

本当は、グレイゾーン都市開発のあり方の根本見直しと法的規制が必要です。一部、個別の問題、たとえば建築物の高度規制といったこと以外では、絶望的に困難に感じます。それでも、討論を訴えねばなりません。


裁判〝闘争〟


被災した住民、あるいは、何者からにせよ被災リスクを押しつけられた住民が、裁判を起こすことがあります。その多くは、二度と同じような災害で苦しむ人を造らないため、あるいは、災害が起こるのを防ぐため、つまり、防災を目的として立ち上げられます。ところが、住民が勝訴することは、かなり少ないと言わざるをえません。これは不思議なことではないと思います。

多くの人々は、裁判では正しい方が勝つはずだと思っています。しかし、何が正しいかの判断は、立場によって違います。裁判官にとって〝正しい〟とは、端的に言えば法律に合致するか、その反対かです。

そもそも法律とは、時の社会の秩序を保全するためのものです。社会が変化して必要が生まれないと改正されません。理想を掲げて、社会の進歩を先取りするなどということは、フランス革命とか、日本の敗戦とかいった特別の場合でないとあまり起こりません。つまり、基本的に保守的なものです。

裁判官は法の番人です。時の法に照らして判断します。ですから、変化した社会の実情に合わない判決がでるのは、不思議ではありません。

地裁で原告住民が勝訴しても、上級に行くほど、よく、国や県などの行政や、大企業に有利な判決がでます。その理由には、上級ほど時の政治や経済の実力者との繋がりがある裁判官が多いという事情があるかも知れません。しかし、それだけではありません、地裁の裁判官は、よく現地を足で歩いて現地の実情を観ます。高裁以上では、現地は観ないで法律の条文だけから物事を検討します。

本当のところ、多くの裁判では、原告、被告のどちらを勝たすかが、はじめから、裁判長の腹では決まっています。専門研究者の証言が原告に有利な内容である場合、それを全く読まなかったとしか思えないような判決がでることは、珍しいとは言えません。

技術論争に持ち込むのも、行政や企業がよくやる手です。裁判官は、多くの場合、どちらの専門家の証言が科学的か分かりません。善良な裁判官でも、行政のなんとか委員会の長などをしている〝専門家〟(実は、いわゆる〝御用学者〟)の方が権威であるだろうと考えて、その意見を採ることになります。

行政は、実は本当のことを知っているので、裁判では原告住民に勝っても、住民が要求している防災工事などを実施することがあります。昔の大東市の水害裁判の例は有名です。

住民が裁判で負けて、勝負に勝った例があります。災害裁判ではありませんが、岡山県の足守川のバイパス利水計画問題は典型です。最高裁で、農水省の主張の勝ちが確定しました。しかし、関係するすべての市や町が、あれこれと検討の末、住民の主張の方がもっともだとして、農水省の案に反対するに至りました。それで、農水省も計画を止めざるを得ませんでした。

生命と生活を守る〝たたかい〟では、正しい方が最後には勝ちます。何十年も頑張れば、歴史が裁きを付けます。ただし、それでは、防災が当面具体的に進みません。前に記したような事情で、災害裁判では、住民が負けることの方が、うんと多いのです。勝つためには、そのための戦略や戦術がいります。まず、この現実が、もっともっと多くの住民、国民の間で知られることが必要でしょう。

四　農村の再建について

Ⅳ—4章の六で都市の脆弱化の問題を述べましたが、過疎と過密の同時進行と障害者人口比率の増大は、今や大都市のなかでも起こっています。これが、減災可能な社会を目指すについて、重大な事態であることは間違いありません。

一方、農村と農業の問題は、かなり以前から重大です。

多くの識者が言っているとおり、今の日本の農業政策については、防災の観点からも、根底的な再検討が必要です。稲田の環境維持・防災機構としての重要性は、多くの人が指摘してきました。そのようなことに止まらず、今や農業の後継者問題が、日本の近未来に関わる重大事態であるに間違いありません。これに関係して、一つ気付いたことがあるので記しておきます。今の農業法規は、日本の農家、農業家の経営規模を大きくしないと、外国の農業に対抗できないという考えで作られているようです。それだからでしょう、5反以下の田しか持たない者は、田を購入できません。これが、今から兼業農業を始めるのが難しい、一つの要因になっているようです。九州の山間では、売りに出された1反の田が売れないところがあります。親から農業を継ごうとする人が、旧村の範囲に一人もいないのです。稲田が荒れれば、山村の防災環境は大きく損なわれます。防災の観点からも、稲田取得の制限措置については再検討をお願いしたいと思います。

漁業についても述べるべきでしょうが、ここでは省略します。

五　軽小短薄技術による社会システムへの転換

以上に見るように、問題の根本は、いつまでも原発の維持などにこだわる社会の機構にあります。これは、経済・政治の矛盾に根ざします。とくに、今、Ⅳ―6で記述した事態の進行が、世界の人々の健康で安全な生活を破壊しつつあります。これをなんとかせねばなりません。しかし、その事態からの転換の政治や経済を考える前に、もう一度、今の科学・技術文明のあり方について見てみたいと思います。

先に過疎の問題にも触れましたが、世界的に見れば、今、そして今後の災害リスク拡大のもっとも明確な社会的要因は、生活と産業の集中です。この事態は、資本主義が本性的に競争主義であることに根ざしますから、簡単に解決する問題ではありません。たたかいに勝つには、集中がもっとも有効な戦略だからです。

しかし、ここに一つ、抜け道があるかも知れません。20世紀型の、いわゆる重厚長大技術の見直しです。

先に書きましたが、効率を追求する重厚長大の技術は、それが発展するほど災害を複雑化、巨大化するばかりで、もはや限界です。では、逆に、自然への手の加え方を、もっと思い切って小さくすることでこの困難を打開できないでしょうか。今の社会は、インフラが停止すれば成り立ちません。とくに電気の供給が維持されないと、いかに情報化が進んでも、いや進むほど、人は生活できなくなります。ですからハードな技術の創造、発展も必要です。それを「軽小短薄」の方向で進めるのです。要するに個別の装置の規模を小にすると同時に数をうんと増やすのです。たとえば、個々の住宅など建築物ごとに太陽光発電をおこなうといったことです。

これは、すでにずいぶん実施されています。このやり方を、テレビで見るイタリアや、日本の一部の例のような〝地産地消〟の文化と結合することが、〝一極集中〟を必要とせずに人間の文化を持続可能とする鍵にならないでしょうか。

これは夢物語ではありません。エコ発電の技術には小型化が可能なものが少なくありません。一家毎、小地域毎の発電を普及させることは、技術的には近い将来でも可能でしょう。2017年7月のNHKテレビ放送によると、太陽光発電については、マイクロチップを折りたためる布に取り付けたテントや鞄を作る技術までが開発されつつあるそうです。

要するに、ハードもソフトも、〝軽小短薄〟の技術がますます開発されねばなりません。一方では、個別の小地域が災害で孤立しても、各地を結ぶ、またグローバルな、情報の交信は維持される必要があるでしょう。これらの結合した文化だけが、環境を傷つけず、災害に強いだけでなく、将来、超巨大火山活動や大隕石落下のような、地球規模の大〝自然災害〟が起こった時にも、人類の一部が生き残れる文化、文明ではないでしょうか。

V—4 防災科学における〝専門馬鹿〟、〝想定外〟問題の克服について

ここで科学者が「想定」を誤る要因の深部を問いたいと思います。言うなれば何をなすべきか、というより、私の訴えです。話が難しくなりますが、一般の人々にも読んでみていただくと幸いです。

一 科学の体系の見直し

今の体系では災害に限界

今、科学・技術の発展にはすさまじいものがあります。ことに、生命に関する分野やＩＴ産業に関わっては信じがたいほどです。しかし、先に触れたように、人類生存の危機を深化させせ

る矛盾がそこに潜んでいる恐れがあることは否定できません。研究をすさまじく発展させている人々の問題意識には、それは入っていないように見えます。問題は、自然も社会も複雑系であり、多様であることの認識に関係すると考えられますが、個別分野の多くの専門家には、この認識があるとは見えません。

この点を防災科学の現状についてみると、その研究当事者のほとんどが、19～20世紀までは有効に発展した研究手法の限界に気付かず、その分野の論理体系を疑っていないと見えます。それは、関係科学者・技術者の視界に盲点が生まれ、「想定外」事態の発生を防げない要因になっているのではないでしょうか。観測データの大量化、精密化が猛烈な勢いで進んでいます。それは有効・必要です。しかし、それだけでは、災害の実態やメカニズムを本質論的に理解して防災を進めるには限界があるのではないでしょうか。

目視の規模で見る科学の振興を

先にも述べましたが、日本の全社会的な自然忘却は、広く日本の災害、環境破壊に見られる問題です。実際のところ、日本の人々の自然や自然史に関する知識、理解は甚だしく低下しています。とくに地質無視は、災害・防災科学にも潜む災害素因です。

科学的「想定外」といった事態が発生する背景には、今の災害調査・研究が、日本では、基本的に地理、地質、地球物理、土木、建築といった専門分化した形でおこなわれているという事情があります。

Ⅲ〜Ⅳ章で述べましたが、物事の物理的メカニズムを解明できても、生の、良く言われる〝身の丈サイズ〟の自然の実態を良く知らなければ、どこの防災問題も環境問題も具体的に究明できません。自然の実態とは何でしょうか。気象、水文、そうして地質（地の質）とその構造です。地形（地理）に関わる地質の調査、認識を欠いた防災計画はナンセンスで危険です。このことが、とくに日本では、市民にも、いわゆる有識者にも、多くの〝専門家〟にも認識されていません。

今のままでは、せっかく自然史が明らかにされても、その防災問題に関わる意義が、地理・地質学関係以外の研究者、技術者に理解されません。まして、一般市民、住民には、「市史のはじめには難しい〝お経〟のようなことが書いてある」といったことになりかねません。

情報技術の爆発的発展の影響か、災害に関する地球科学に、古典的知識の無視や〝専門馬鹿〟的混乱が見られます。大学をでた〝専門家〟の自然理解には、しばしば農村の古老の失笑を招くような欠落があります。この本の最後に、用語の概念や用法について記しましたが、その大部分に地質や地形に関する言葉を挙げたのも、このことを遺憾と思っているからです。ともあれ、現地を知り、被災もした住民の主体的行動や参加は、実効ある防災的地域造りに必須です。この観点からの、初等から高等まで、また社会での、地学教育の再検討と再建が望まれます。

生命の母でありその活動舞台である地球の3圏（気圏・水圏・岩圏）に関する教育は、今、同様な性格を持つ科学である生物学に比べても、はなはだ軽視され、とくに高校ではほとんど壊滅状態にあります。まずこれを復興しなければ、防災の社会教育などできません。

とくに、観測の大衆化について

先に触れましたが、中国で、一般国民に広く協力を求めて宏観現象を観測し、複数回、地震の予知に成功したことがあります。もちろん、前提として、その取り組みの意義と手段についての社会教育がなされたでしょう。この例は大いに参考になると思います。

気象災害について一つ提案をしてみます。

局地的豪雨による水害の多発に鑑み、今後、観測網を一層細かくする必要があることは確かです。中・高校の地学部やその活動経験のある市民ボランティアとタイアップし、機器と目視による観測の網を、全国に展開することが考えられないでしょうか。その際、積乱雲の局部的で異常な発達の目視観測が、ひとつのターゲットとなるでしょう。ただし、極端現象の際は危険が生じえます。充分な注意や早めの避難が求められます。指導者や関係官庁官の責任は大きい

《コラム》ＫＪ法と四面対話（会議）法

以前、川喜田次郎さんが提唱さえたＫＪ法は、たとえば企業の経営問題に関係する具体的事項の列挙、位置づけに適用され、効果があるといわれました。その後、羅貞一・岡田憲夫さんなどから、環境保全的、防災的街つくりを、多様な立場、視点から検討する方法として、「四面会議法」（図Ｖ—１、注５）が提起されました。要するに、立場ないし問題意識が違う４者がそれぞれ机の一つのサイドに座り、討論するというものです。

たとえば一つのサイドに地域住民が、一つには関係行政の者が、他の一つには専門研究者がすわるといいった具合です。たとえば市民・住民でも、行政でも、研究者でも、職種や専門その他によって二つに分かれても良いでしょう。適当なところで机の場所を変わることも、言わば“お薦め”です。ＫＪ法との違いは、最後に何をするべきかの答えを見つけるという点です。また、現地、現場の自然や社会の実際を良く反映できるのが、この方法のミソです。

この方法が普及すれば、全国の防災が革命的に前進するに違いありません。もちろん、ハザードマップの作製には全面的に活用されるべきでしょう。

ことを忘れてはなりません。

［注（引用・参考文献などを含む）］
5：羅貞一・岡田憲夫　四面会議システムでおこなう知識の行動化形成過程の構造化検証に関する基礎的な研究。京都大学防災研究所年報、52（B）、２００９年。

二　科学者とその発言を見分ける

〝科学者の言うことは信用できない〟とか、〝行政はウソばかり言う〟と思っている人は多いでしょう。これは一面正しいと言えます。しかし、人にもよるのではないでしょうか。同じ人物でも、その時どきの置かれた立場により変わります。科学者は真面目な人ほど、自分の知識や言えることの限界を知っています。しかし、〝限界がある〟は、〝何も分からない〟ではありません。「限界」を立場上言いたくないことの逃げ口上にしている場合もありそうです。原発の規制委員会の審査など正にそうでしょう。これらの実際を見分けるリトマス試験紙はないでしょうか。

一般的に言って、「安全」と言いたがる者のすることは危ないと思う方が良いでしょう。原

図V－1

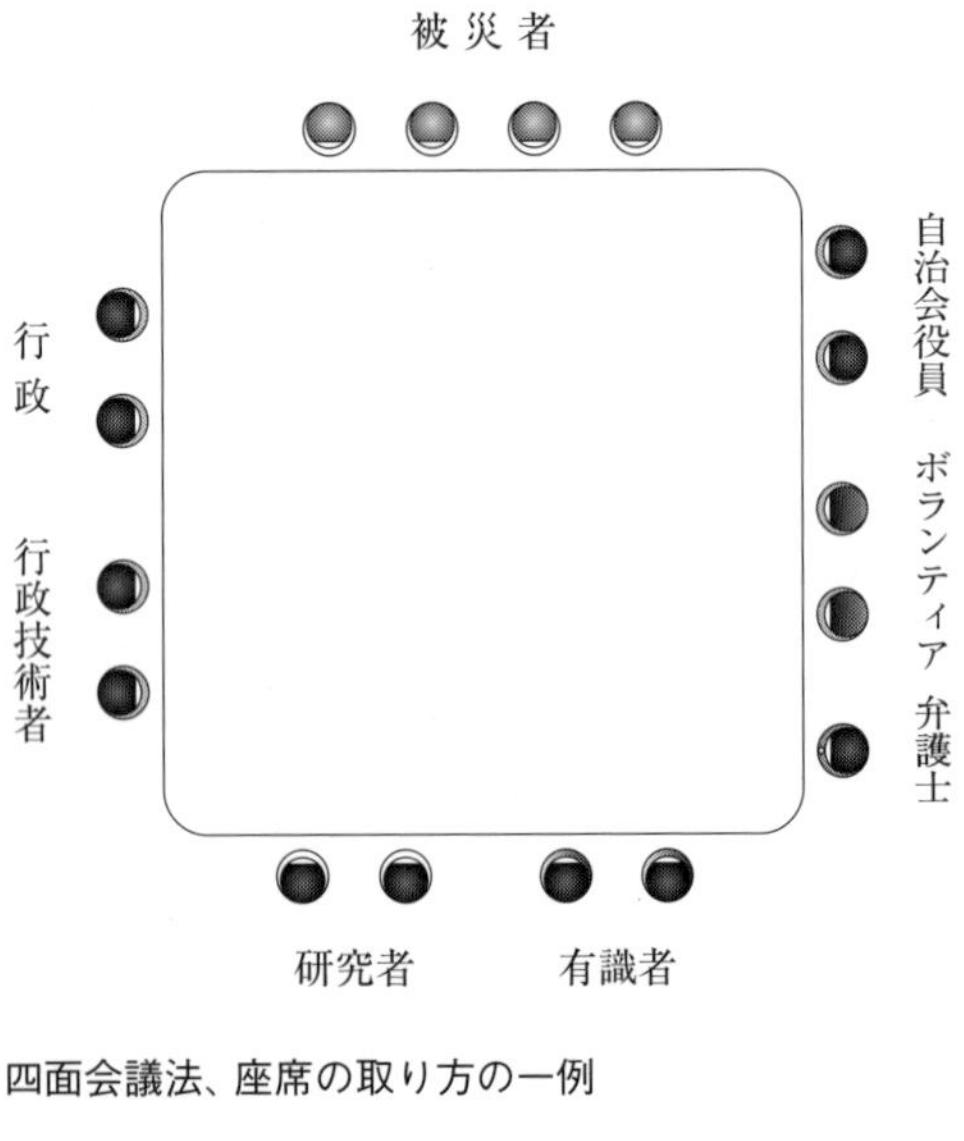

四面会議法、座席の取り方の一例

発関係者には多いですね。ダムだろうがトンネルだろうが、埋め立て土地の利用だろうが同じです。「予防原則」(用)に立とうとするかどうかが、見分ける一つのポイントです。もっと根本的には「民主・自主・公開」を護ろうと努力するかどうかです。

一見これと反対のことをいうようですが、「危ない、危ない」というだけで具体的に何をするべきかを言わない人も、専門性に不安があります。人柄は信用できても頼りにはなりません。災害、とくに「自然災害」を防ぐには、自然についての理解が必要です。これが乏しいようでは、どんなに良心的な人がすることでも信用できません。

なお、「自然についての知識」とは学校理科の学力、知識のことではありません。どんなに優れた学者でも、ノーベル物理学賞の受賞者に、個別の斜面の崩壊可能性を聞いて意味があるでしょうか。

ちなみに、もっと具体的に言えば、先にも触れましたが、地質調査といえばボーリングしか思わず、地表を這いずり歩いて地質図をつくることの意味を軽視するようだったら、自然を知らない証拠です。その〝専門家〟の〝ご託宣〟は、信頼してはいけません。

Ⅴ―5　戦争を起こさない

経済・政治体制の転換は、防災の根本問題ですが、その方策を具体的に論ずることは、この本の主題からはずれます。ここでは、とくに戦争、紛争の防止についてだけ触れておきたいと思います。戦争はそれ自身災厄であり、大きければ大きな災厄を、小さくとも小さいなりに自然と社会を壊し、将来に渡り災害に弱い社会をつくるからです。災害を起こさないためにも、戦争は防がねばなりません。

寺田寅彦が言ったという「災害は忘れたころにやって来る」という言葉には、憂慮だけでなく、問いと訴えが込められていたのだと思われます。「今、国防ばかりが叫ばれ、盛んに軍備が進められているが、いつかならず起こる自然災害のことを忘れている。危ないことである。」これが彼の訴えでした。先験的だっただけでなく、当時、1930年代はじめの政治状況下では、勇気ある発言でした。

戦争が自然災害と違う点がもう一つあります。ここでは、とくにそのことを指摘したいと思います。「予防原則」は防災の大原則ですが、戦争を防ぐには無力であるだけでなく、戦争の備えが戦争リスクを逆に増大させます。それに、古今の歴史を見ても、専門家による戦争への備えは、しばしば見当外れでした。近年の軍備増強による抑止力強化も正にそうです。

この昨今、日本の政治状況が、寺田寅彦が「戦争よりも災害への備えを」と訴えていた当時に酷似してきました。それどころか、2017年のことですが、東京では、北朝鮮からミサイルが飛来するかも知れぬというので、地下鉄の運行を一時停止したそうです。ある県では避難訓練までがおこなわれました。この本の主題でないので、詳しくは記しませんが、ニュートンの慣性の法則を思い出せば、このような、あわてた行動が馬鹿げていることはすぐ分かります。

古今の戦争は、「自衛のための軍備競争」で始まりました。とくにかつての帝国海軍が、したくなかった対米戦争に備えて軍拡を続けたあげく、それに突入せざるを得なくなった経過を知る私としては、昨今の日本政府がやっている国防施策、とくに軍備は、再び巨大な惨禍を国民に招くリスク造りと言わざるをえません。

Ⅴ—6　日本をどうする

以上に述べ、考えたことは、すべて、日本の社会の構造をどう変えるかという問題に関わります。

と言っても政治体制の話ではありません。たとえば、避難場所を確保し、避難訓練を進めるだけで死ぬ人は減ります。しかし、それだけでは、日本が災害を契機に世界最貧国になるのを防ぐことはできません。ではどうするかです。

はっきり具体的に言いましょう。

東京の製造業を福島か札幌に、大阪などの製造業は岡山か熊本に集団移転してもらうことを考えねばなりません。要するに、日本列島で、巨大自然災害のリスクが今一番低いところへ避難するということです。途方もないと思われるかも知れませんが、今や、こういうことも考えねばならない事態なのです。

Ⅵ　おわりに――文明の自滅を避ける道

世の中は、下からの目線で見ないと具体的真実が分かりません。これをこの本では心がけたつもりです。他方、宇宙の高所から見ると、どっちに転んでも大差ない瑣末《さまつ》なことと大事なことの見分けができます。もう一つ、この本では、この自然と社会の、また災害と防災の諸問題を、複雑系の問題として見る見方を通したつもりです。いずれも、盲点を見つけ、想定外の事態を避ける上で重要だと思うからです。

Ⅱ章で、一体、最大でどのぐらいの規模の災害が、日本列島で、さらにこの地球上で起こりうるのかという話を取り上げました。世の中には、このように、普通の人からは馬鹿馬鹿しいと思うだろう問題に、大真面に取り組んでいる人たちがいます。私たちの生活は、こういう〝宇宙人〟のような科学者によって見護られているのです。巨大カルデラの大爆発のような超巨大自然現象は、予知できても防げません。減災も困難でしょう。研究しても経費の無駄使いになるかも知れません。しかし、私には、この人たちの努力は菩薩行にみえます。

ここで、世界中の科学者が指摘している一つの事実に触れたいと思います。46億年の地球ガイアの歴史のなかで、生物の大絶滅事変が何度か起こりました。そのうち、約6500万年前の絶滅は、宇宙からの隕石に落下によることを、多くの人々が知っています。今まさにそれに匹敵する規模で、生物種の絶滅が進んでいます。その原因を造っているのが人類であることも、その報いが人類自身に及びつつあることも、アメリカのゴア元副大統領や世界の少なからぬ政治家が知っています。そして、なんとかしなければと努力しています。ですが、国際政治の上では多数者になれていません。しかも、問題が、いわゆる「温暖化」だけに特化されているのが現状です。

巨大カルデラの爆発は止められないにしても、隕石の落下には対応できそうな今日なのに、他の多数の生物を巻き添えに自滅するなど、ホモサピエンス（智の人の意味）として情け無いと思いませんか。今のまま行けばそうなります。

「人類は絶滅を逃れられるのか」それを決めるのは人間の自覚と行動です。

もっと具体的に考えねばなりません。Ⅳ章で見たように世界の経済や政治を握っている人々が災害についてどのような認識を持っているかが、現実には、人々の、人類の、近未来の安全に大きく影響します。これは善し悪しでなく、具体的な問題です。

アメリカ共和党の議員の多くは、地球温暖化とハリケーン災害リスクについて、トランプ大統領と同じような認識しか持っていないようにみえます。では石油資本家はどうなのでしょうか。金融資本、とくに投機資本家は何を考えているのでしょうか。20世紀のセンスで、災害や戦争が適当にあれば相場が動いて（動かせて）利益が得られると思っている者が、まだ多いに違いありません。どういう努力をすればこの状況を構造的に変えられるのか、この本ではその論議を目的としていませんが、これが現代の災害、防災の根本問題だということだけは、もう一度強調しておかねばならないと思います。

グローバルな問題だけでなく、日本列島の災害についても同じです。多分、この世の中には、「どんなに資産を積んでも、どんなに巨大な資金を運用しても、防げない自然災害がある」という事実を、経済・政治権力者たちにどうやって知らせるかが、今、一番必要なことではないでしょうか。

今、人間生存の危機と、それが人為的に深化させられている現実を認識している人々は、世界に大勢います。しかし、それらの人々の協力、共同が、できていません。今からでもそれができれば、当面の災害や紛争を減らせるだけでなく、人類の近未来を護る道が開けるでしょう。

1970年代から指摘されている地球の有限性に基づく危機のほとんどは、社会の経済構造を変えても解決至難だと思います。人間文明、とくに科学・技術の発展それ自体が危機を深めているからです。近年とくにその深刻な恐れを見せつつあるかと思われるのが、V章で書いた情報災害による破滅です。この問題は全人類の問題です。国際的な研究者の共同で研究を組織することが必要です。多分ユネスコでは、すでにそれに取り組み始めていると思いたいところです。

それにしても、世界の社会の経済や政治の病を治し、小さい宇宙船地球号に乗っている人類共通の持続的生存を図る国際的な研究努力を可能にする政治・社会状況を造らなければ、科学者は何もできません。それも（その道を研究するのも）、科学者の責任？　そうかもしれません。

補記2018年7月～9月の災害

原稿を出版社に送付して以後に、またもや西日本各地で、続けて災害が発生しました、まだ分かっていないことが多いのですが、すでに報告、指摘されたこともあります。今後の参考のため、速報的に記載します。

まず、大阪北部地震災害です。この地震は、エネルギーは兵庫県南部地震の60分の1程度でしたが、比較的に浅いところから、いきなり衝き上げたので、加速度は、兵庫県南部地震のそれに近い値を示しました。男山八幡宮の山の稜線での灯籠の倒れ方や擬宝珠の跳び方は、それを映しています。

この地震の被害の特徴は、屋根瓦が落ちたことでした、また、ブロック塀が多く倒れて人命の被害まででたことが、大きな問題となっています。しかし、これら被害のでかたと、地震動の性質や、家屋の耐震性、地盤の性質などとの関係は、まだ良く分かっていないようです。さらに、震源からはるかに遠いところで新幹線が止まったわけも、いまだに聞いていないと思います。困ります。

なお、被災者の生活再建支援問題ですが、たとえば茨木市では、ブロック塀の撤去費や、一部損壊住宅補修修理費用の助成が動きだしています。今後の日本各地の街づくりや被災地復興の参考として注目されます。

次に西日本豪雨災害ですが、これまで記録されたことがないほどの豪雨が各地で降りました。ただし、被害が激しかったところが、どこでもそうだったわけではなく、かなりの大雨が何日も降り続いたことの方が、斜面崩壊や洪水氾濫の要因となった場合が多いようです。

私が注目するのは、もともと危険リスクが高い場所で被災したケースが目に付くことです。個別の家屋についてもそれがありますが、岡山県倉敷市の土砂・洪水災害などは、ハザードマップで記されていたのとほとんど全く同じ範囲で起こっています。愛媛県のダムの緊急放水による人命被害も、以前から危惧されていたものでした。

これら二つの災害を忘れる間もなく、西日本各地は台風21号に襲われました。その被害のうち、とくに関西空港の被害を取り上げます。これは、まさに文明災害であり、一方想定されていたのに起こしてしまった災害の典型例でした。この空港建設の時に、地盤沈下についての地質専門家の警告を重視して、もう5メートルでも高く盛り土をしておけば防げた被災だったのです。

この復旧対策がほとんど進まないうちに、北海道南西部で、最大震度7に達する地震が起こりました。札幌市街も被災しましたが、この都市は、明治初期（1870年代）に、地質条件の場所による違いに、あまりに配慮することなく開発されたのでした。そのために、地盤の液状化も起こり、あちこちで家屋が被害を受けました。

この地震に関して、またしても、既知でなく未知の断層が活動したということが、指摘されています。しかし、驚くようなことでしょうか。

震源となった石狩低地帯東縁、つまり日高山脈の西縁は、そもそも、地質時代にオホーツクプレートとユーラシアプレートの境界をなしていた地帯です。詳しくは述べませんが、そのプレート境界の名残が、今もいくつもの活断層として、残っているのです。そして、あえて言えば、もう1本、深いところに根を持つ断層があって不思議でないところに震源が生じました。

おしなべて言えば、これら今年（２０１８年）の災害発生には、これまで例がないほどの豪雨によるものでさえ、自然科学・技術的には〝想定外〟の要素がほとんどなく、従来の知識での対策がしっかりなされていれば、かなり防ぎ、減らすことができたものだったと思います。

さらに言えば、地質などの自然条件無視の問題を含む開発災害であり、災害が、文明とともに進化・発展することを、またも示すものであったと言わねばなりません。

この教訓は今後に生かされなければなりません。

用語・語彙の説明

本書中の言葉で、専門的で、多くの読者になじみがないと思いながら、注にも説明しなかったものがあります。とくに地質学の多くの言葉は、地球物理学など関連分野の研究者にも取り付きにくいようです。逆に、地球物理学の専門家には分かりきった用語で、地質や地理の多くの研究者にとっては、分かりにくいかも知れぬ術語があります。社会科学的用語にも、補足的説明を必要と思われるものがありそうです。さらに、複雑系科学の諸概念は、多くの人々に知られていないと思われます。

地球科学や土木の専門術語には、一般や関連分野の研究者の理解の混乱の元となるものが少なくありません。先に触れましたが、たとえば、「土砂」に「巨岩塊」までが含まれるなど無茶です。「地滑り」に瞬間的な崩壊を含められては、一般市民は混乱します。地震の定義も、一般地質関係者が知らぬうちに〝進化〟しました。

以下に、このような言葉について、ほぼ章ごと、あるいは関連事項ごとに、解説、あるいはコメントしておきます。

【複雑系】

確定的な定義はまだないと思います。

20世紀まで成功裏に発展してきた研究方法による科学に限界が見えてきて、そこからの脱皮が今進んでいます。

たとえば、遡上する津波の流れ方は流体力学の法則に従っているのですが、途中の偶然的なちょっとした条件の違いで千変万化します。自然や社会には、このような予測困難な（カオス的）性格をもつシステムが広く存在します。世界の複雑な属性、状態の研究（複雑系科学）が、今発展しています。それが複雑系の科学です。自己組織化、漸進と急変イベント・カタストロフ、カオス、フリーズなど、新しいいくつかの概念が、複雑系の科学を特徴付けています。


【弾性】

たとえば、バネに外力を加えて押すと縮みます。押す力を除くとバネは直ちに元の状態に戻ります。物体のこのような性質を弾性と、またそのような性質を持つ物体を弾性体いいます。すべての物体（固体）は多少とも弾性を持ちます。


【脆《ぜい》性】

岩石に一方向から力を加えると、多くの場合、応力—歪み曲線に特別な変化がないうちに、つまり変形が小さいうちに破壊してしまいます。このような破壊を脆性破壊といいます。破壊した後には、普通に塑性流動が現れます。


【塑性】

堅く練った粘土は、そのまま放置すれば普通の固体と同じで変形しません。しかし、小さい力でたやすく整形することができます。力が小さいうちは弾性を持ちますが、ある力に達すると弾性を失い、力を取り去っても元の形に戻らない性質を持つからです。この限界の力を降伏点といい、これ以上の力が継続する限り流動が継続する性質を塑性といいます。

【延性】

力を加えると延びる性質。金属に顕著です。これは岩石をつくる鉱物のイオン結晶と異なり、金属結晶をしているからです。温度によっても変わります。たとえば日本刀や鎌を造るには、鉄を熱して叩くと延びも曲がりもする性質を使っています。正に叩きあげます。

【粘性】

気体や液体は流体です。流体は一定の力に対して一定の速度で流動します。地球上で大気の動きや流水がとどまることがないのは、重力が常に働いているからです。ところが、液体を器に入れて撹拌して放置すれば、やがて自然にとまります。これは液体の粘性のためです。粘性の正体は液体内部の摩擦です。消滅した運動エネルギーは熱エネルギーに変化しています。気体や液体の内部では、下記の地震波についていう縦波（粗密波）だけが伝わり、横波は伝わりません（なお、〝粘性流体〟という言葉は、粘性がある流体という意味ではなく、粘性を持たない仮想の流体（完全流体、理想流体）のことです）。

【（超過）洪水】

洪水という言葉は必ずしも、河川以外の土地（堤内地）を水が流れる場合を意味しません。河川の流路内（堤防に挟まれる間）に収まっていても、平常より激しく流れる水は洪水と言います。

「超過洪水」については、86頁のコラム「基本高水」参照。

【堤内地、堤外地】

堤防で洪水被害から守られていて、人が住み、田畑がある方を昔から堤内地と呼びます。そうでない、川が流れる側が堤外地です。

【不連続堤】

昔、日本では堤防を意識的に不連続に造りました。とくに、一つの堤防の下端部と次の堤防の上端部とを、左岸側では杉の字の旁《つくり》のように、右岸側ではミの字のように重複させ、その間に開口部を設けるという工夫をよくしました。このような堤防を霞堤と言います。連続堤防の一部の高さを意図的に低くして、洪水がそこを乗り越えるようにすることもあります。これは乗越堤と言います。いずれも、洪水を、正に〝適当〟に氾濫させ、洪水被害を軽減させる工夫です。こうして堤内地側に出た水を、〝適当に〟遊ばせる遊水地（遊水池）を設けるのも効果的です。

明治以後、とくに「戦後」の河川改修によって、これらがどんどん破壊されました。破壊は今でも続いています。ひどい例の一つが、京都府亀岡のサッカー場建設です。

【火砕流】

火山の噴火活動によって、マグマの破片（軽石・岩破・火山灰など）が、高温のガスとともに、濃密な一団をなして流下するものです。雲仙普賢岳の１９９１年の噴火に際しては、溶岩ドームが山頂で張り出して重力的に不安定となり、崩落して発生しました。密度の小さい部分は高温の雲（熱雲）をなして舞い上がりました。

【剛体】

弾性体は折れも曲がりもし、脆性破壊を起こせばその変形が保存されます。折れも曲がりもしないものを仮想して剛体といいます。プレートテクトニクスは、地球表層が剛体の板（プレート）に覆われていると近似しての理論です。

【応力】

要するに力のことですが、そういうと、物体に外から働く力（外力）をイメージしる人が少なくないでしょう。むしろ、内部で働いている力（内力）と捉える方がよいでしょう。厳密には、任意のある単位の面積を通して、その両側の物が互いに及ぼす力を、その面に関する応力といいます。ストレスと言う方がピンとくるかもしれませんので、本書では、主にこれを使います。ストレスの大きさが場所により違うと歪み（ひずみ）が生じます。外から力がかかれば、内部のストレスや歪みの増大が起こります。

【セグメント】

直訳すれば部分あるいは分節です。北丹後地震の郷村断層、若狭湾のF～0断層などは細かくみれば、いくつもの断層が、杉の字の旁のような具合に並んでいるものの集まりです。これらの部分断層をセグメントと言います。地下深くでは一つに繋がっていると考えられます。

【地震】

弾性体（前記）にストレスをかけ続けると変形します。その内部に応力歪が蓄積し、降伏し、撓曲します。そして限界に達すると破断します。

地殻やプレートは固体です。ですから弾性があります。地殻あるいはプレートをつくる岩盤の内部、プレート境界面、などにストレスや歪みが生じて溜まり、それが弾性限界に達すれば、一つ、あるいはそれ以上の面を境として破断が起きます。その時、ストレスのエネルギーが岩盤の振動として解放されます。今の地震学では、この現象全体を地震と言い、振動を「地震動」と言います。破断面の両側はずれます。この面が断層面です。
昔は「地震動」、つまり地面の振動を地震と言っていました。今でも、街頭の会話などで「昨日の地震は大きかった」と言えば激しく振動したという意味でしょう。テレビのニュース番組でははっきりしませんが、解説番組では、今の地震学での定義によって説明されます。岩盤がずれることが、むしろ「地震」の主な内容になっています。しかし、そのことの説明はないので、聞いていて混乱したりします。

【地殻と地盤】

地殻は地球の表層部分の構成物体をいう術語です。一方、地盤は、たとえばダムの基礎地盤というように、狭い範囲について使います。人工建造物との関係を意識している感じがします。地震について語るときに、これらの中間の規模や意味の言葉があれば都合がよいのですが、見当たりません。仕方がないので、本書では、地殻の一部についても、ただ「地殻」と呼んだり「地盤」と呼んだりしています。同様なケースは地球科学では珍しくありません。

【地震波】

岩盤、地盤を伝わる自然や人工の弾性波。地球内部を伝わる地震波を実体波といいます。これにはP波（縦波）とS波（横波）があります。ここで〝縦〟、〝横〟とは、上下、左右ではなく、波の進行方向に対してそれに沿う方向か横方向かという意味です。一方、地球表面に沿って伝わる波を表面波といいます（これには、実体波が地表面で反射を繰り返し、干渉しあって一つの波群をなすものを含みます）。震源から離れると、表面波が目立つようになります。大地震では、対策上、これにも留意が必要です。

【アスペリティ】

海溝型地震の断層には、毎回の地震発生に際し、断層面上で強い地震動を生ずる場所とそうでない場所があります。金森博雄さんは、前者は後者に比べて強く固着している部分と考え、摩擦の研究で使われる名称であるアスペリティという言葉を与えました。アスペリティでない部分は、ゆっくりと滑る（あるいは地震を発生させずに滑っています）。最近は、この概念が、内陸直下型地震にも適用されはじめました。

【地震活動空白域】

ある地域である大きさ以上の地震が起きていない現象をいいます。元々活断層がなく地震が起きない場所（第一種空白域）もありますが、問題なのはかつて活発だった地域の地震活動が静穏化した場合（第2種空白域）で、少なくない専門家に、地震前兆の一つとして注目されています。いくつもの大地震の前に観測例があります。ただし、地震の前に必ず現れるとは言えません。２０１６年熊本地震の前にはこれが現れました。

【長波】

波長が水深に比べて非常に長い波をいいます。極浅水波の性質を持つと言っても同じです。長波の波速は水深によって定まります。水粒子は水平的に往復運動をしますが、その速度が深さ（鉛直方向の位置）によって変わりません。津波は深海では長波ですが、浅いところに進むにつれて、中間波、浅水波を経て、極浅水波へと変わります。

【段波】

津波は、水深が小さいところに入ると、前部に比べて後部の速度が速いので、後ろの水が前面に追いつき、段をなして盛り上がります。この段が進むものを段波と言います。典型的段波ではそれに続く海面も高く続きます。しかし、波状の形を持つ場合（波状段波）には、各波がソリトン波（孤立波）のような性質を持つので、長波と異なり、水粒子が単に往復運動をするのでなく、波の進行に伴って前進します。この波が前進し、構造物にぶち当たるときには、大きい圧力（破壊力）を及ぼします。

【砕波】

段波はしばしば砕けます。これを砕波といいます。一般に砕波には崩れ波、巻き波、砕け寄せ波などがあります。海底が極めて急勾配な場合に波の全面が全体的に崩れるのが砕け寄せ波で、波長が極めて長く、波高が小さな波（津波はこの特徴を持つ）だけに起こるとされます。

【射流】

簡単に言えば、平均流速が、波の伝搬速度よりも大きい流れです。フルード数が1より大です。フルード数については水理学の教科書をみてください。

【常流】

平均流速が波の伝搬速度よりも小さい流れです。フルード数が1より小。

【跳水】

射流から常流への遷移現象。水路床の勾配、幅、高度、形状などの急変するところで起こります。激しい乱流をなすためエネルギーを消費します。跳水を経験した直後の流れは厚さが増大し、断面平均速度が減少します。

【基準地震動（基準とする地震動）】

原発の新耐震設計での「基準地震動」の定義を一六七頁に引用しました。他の建造物についても同様な定義で設計がなされています。実に悪文でわかりにくいのですが、要するに「当該の建造物の耐震性がクリアしなければならない（とする）地震動の大きさ」のことでしょう。――ということは、社会的・技術的・事情の下で、総合判断でエイと決められるということです。自然科学的根拠による数値ではありません。

【スケーリング則】

ある事象（函数）が、ある二つの物（変数）の比だけに良く近似して起こると見做せる場合、この事象はスケーリング則に従うと言います。二つでなく、三つの場合も同様です。物性論の分野では、いろいろな事象でこのことが成立することが判っています。地震の大きさについて、そのような扱いがなされていますが、「良い近似」と言えるかは問題です。実際には、散らばりは無視できる大きさとは言えません。

【下部構造】

経済学の言葉です。社会の経済構造を、生産諸関係の総体であり、政治形態、法律制度、イデオロギーなどの上部構造に対してその基礎をなすものととらえ、下部構造と呼びます。

情報伝達のシステムが下部構造に入りこんでいるのが、以前と異なる今の社会の特徴であると思われます。

【自己組織化】

複雑系科学のもっとも基本的概念です。意味は、文字どおりにとっていただいたら結構ですが、ここでは少し斜めに見たコメントをしておきます。哲学者の加藤尚武さんは「自然に内在する目的性はない。自然現象のすべては因果関係によって説明されるか、もしくはたんなる偶然である。」と書いています。言いかえれば、「自然（世界、宇宙）には確率論的現象がある」ということです。これが災害についても言えることを、まず認識しないと、防災は始まりません。

【ガイア】

地球の無生物と生物は、互いに作用し合って、あたかも一つの生物体のように、自己組織化し、存続していいます。それをここではガイアと呼んでいます。もともとは、Lovelock, J. が、地球が生物の生存に適していることの説明として、１９８９年に仮説的に提出した概念です。

【予防原則】

万一の、最悪の場合に備えなければならないという原則。土木建築工学関係の人は、よく「安全側に立つ」と言います。英語からの直訳でしょう。とくに原発の安全性に関しては、これを曲げるようなことがあってはなりません。

●著者略歴
志岐 常正（シキ　ツネマサ）

1929年生まれ。京都大学名誉教授。
専門：堆積・海洋・防災地質学・国土問題学
著書：『北部フィリピン海の地質』東海大学出版会（編著、英文）、『ツナミアイト』エルゼビア社（共編著、英文）、『人間生存の危機』法律文化社（共編著）、『堆積学辞典』朝倉書店（共編著）、『現代の災害と防災──その実態と変化を見据えて──』本の泉社（編著）、その他。

災害《さいがい》と防災《ぼうさい》　これまでと今《いま》
──土砂《どしゃ》・洪水災害《こうずいさいがい》、地震《じしん》・津波災害《つなみさいがい》、原発災害《げんぱつさいがい》

2018年12月19日　初版第1刷発行
2024年10月5日　　第2刷発行

著　者　　志岐《しき》　常正《つねまさ》

発行者　　浜田　和子

発行所　　株式会社 本の泉社
〒160-0022 東京都新宿区新宿 2-11-7　第33宮庭ビル1004
電話：03-5810-1581　Fax：03-5810-1582
mail@honnoizumi.co.jp ／ http://www.honnoizumi.co.jp

ＤＴＰ　　田近裕之

印刷・製本　株式会社ティーケー出版印刷

ISBN978-4-7807-1912-3　C0036